国家社科基金
GUOJIA SHEKE JIJIN HOUQI ZIZHU XIANGMU
后期资助项目

U0862396

中国滑雪旅游目的地时空格局形成机制及其空间优化

Spatio-temporal Pattern, Formation Mechanism and Spatial Optimization of Ski Tourism Destinations in China

王世金　魏彦强　徐新武　著

科学出版社
北　京

内 容 简 介

本书利用Google Earth、网络爬虫等多技术手段，借助典型雪场实地调研，建立了中国雪场及其空间属性数据库。基于中国雪场及其空间属性数据，利用多种空间分析融合方法，揭示了中国雪场空间结构、格局演变及其驱动机制。同时，利用最大熵模型，综合分析了未来不同气候情景下雪场适宜性变化态势及其潜在风险。在此基础上，提出了中国雪场空间结构优化方案及其保障机制。

本书可作为旅游学、体育学、地理学、管理学等相关领域科研人员和高等院校师生的参考书，亦可供从事冰雪产业、冰雪运动和冰雪旅游的管理、运营、营销等工作的人员参考与阅读。

审图号：GS（2022）343号

图书在版编目（CIP）数据

中国滑雪旅游目的地时空格局形成机制及其空间优化／王世金，魏彦强，徐新武著. —北京：科学出版社，2022.4

ISBN 978-7-03-072098-6

Ⅰ. ①中… Ⅱ. ①王… ②魏… ③徐… Ⅲ. ①雪上运动-旅游地-旅游业发展-研究-中国 Ⅳ. ①F592.3

中国版本图书馆CIP数据核字（2022）第065281号

责任编辑：周 杰 王勤勤／责任校对：何艳萍

责任印制：吴兆东／封面设计：无极书装

科学出版社 出版

北京东黄城根北街16号

邮政编码：100717

http://www.sciencep.com

北京虎彩文化传播有限公司 印刷

科学出版社发行 各地新华书店经销

*

2022年4月第 一 版 开本：720×1000 1/16

2024年1月第二次印刷 印张：13 3/4

字数：280 000

定价：165.00元

（如有印装质量问题，我社负责调换）

国家社科基金后期资助项目
出版说明

后期资助项目是国家社科基金设立的一类重要项目，旨在鼓励广大社科研究者潜心治学，支持基础研究多出优秀成果。它是经过严格评审，从接近完成的科研成果中遴选立项的。为扩大后期资助项目的影响，更好地推动学术发展，促进成果转化，全国哲学社会科学工作办公室按照“统一设计、统一标识、统一版式、形成系列”的总体要求，组织出版国家社科基金后期资助项目成果。

全国哲学社会科学工作办公室

前　言

《中国冰雪旅游消费大数据报告（2018）》显示，滑雪、冰上活动以及冰雪观光旅游已成为当前主要的冰雪旅游类型。旅行社组团、自助游等成为主要的出游方式，以观光为主要形式，辅之以冰雪体验已成为当前众多游客出游的主要目的。“千里冰封，万里雪飘”的北国风光以及浓郁的当地民俗风情等独具特色的多样旅游资源已成为冰雪旅游的重要吸引物。伴随着冰雪旅游产品的进一步挖掘和深入，滑雪休闲度假也成为冰雪旅游的一种重要旅游方式。特别地，以冰雪旅游为核心的冬春季旅游产品正在成为大众出游的新选择，已成为春节黄金周广大游客出游的重要动机，且深受南方地区游客的喜爱与推崇。

在2022年北京举办冬奥会和“带动三亿人参与冰雪运动”双重利好政策的背景下，中国滑雪旅游市场呈井喷之势迅速发展壮大，这些利好政策的出台给中国滑雪旅游产业发展带来了千载难逢的历史机遇。《2020中国滑雪产业白皮书（暨2020—2021雪季财年报告）》显示，2020年，因疫情等因素影响，实际对外营业的雪场总数为715家。2020年，国内滑雪场的滑雪人次共1288万，相比2019年的2090万，同比下滑38.37%。

文化和旅游部数据中心发布的《中国冰雪旅游发展报告》（2018～2020年）显示，2017～2018冰雪季，中国冰雪旅游人次达到1.97亿，冰雪旅游收入约3300亿元，中国冰雪旅游已进入爆发式增长的黄金时代。2018～2019冰雪季，中国冰雪旅游人次、收入分别达2.24亿、3860亿元，同比增长13.7%、17.1%。冰雪旅游人均消费是国内旅游人均消费的1.87倍。预计到“十四五”规划末期的2025年，中国冰雪旅游将超过5亿人次，冰雪旅游收入超过1.1万亿元，冰雪旅游将成为中国冬季旅游和冰雪经济的核心引擎。

对比美国、法国、日本、瑞士、奥地利、挪威等滑雪发达的国家，中国滑雪旅游起步较晚、发展缓慢、滑雪运动普及率低、滑雪运动意识较弱，滑雪旅游市场和产业化仍处于初级阶段，较冰雪资源禀赋，其滑雪产业开发仍显缓慢，其滑雪旅游经济潜力仍未完全挖掘出来，与滑雪运动发达国家仍存在较大差距。改革开放至今，中国冰雪运动得到了快速发展，特别是近十年，实现了跨越式发展及质的飞跃。冰雪运动范围在逐年扩大，向“南展西扩”演进，发展目标向全民普及迈进，发展重点则更为突出冰雪活动、冰雪运动及其冰雪产业链。在这一过程中，冰雪运动政策演变对其影响巨大。总体上，中国冰雪运动政策的演变经历了蛰伏、初始、腾飞和赶超四个发展阶段。在政策刺激、资本助推、冬奥效应的全方位驱动下，近年来，中国滑雪旅游得到了空前发展，滑雪产业变得更加多元，市场容量不断扩大，滑雪旅游潜力将被进一步放大。

1990 年之前，全国仅有 7 家雪场，分布于黑龙江与吉林两省，吉林省只有 1 家雪场，其余均在黑龙江省。1990 ~ 1999 年，河北省、新疆维吾尔自治区、四川省相继出现了雪场，在这十年，全国雪场数量增长了 186%，哈尔滨市与乌鲁木齐市是全国雪场数量最多的城市。2000 ~ 2009 年，雪场数量呈爆发式增长，雪场数量增长了 1140%，是增速最快的十年。截至 2009 年，全国雪场增至 248 家，这依赖于当时国家经济的快速发展，旅游产业逐渐兴起，以及冰雪旅游、滑雪旅游的大范围普及和推广。此时，东北三省和京津冀是雪场数量最为密集地区，其次是新疆维吾尔自治区和其他省份。2020 ~ 2021 冰雪季受疫情影响，冰雪产业有趋缓现象，但随着 2022 年冬奥会的举办，冰雪产业将以“星火燎原”之势向华北、华中、西北乃至南方扩展。黑龙江省冰雪产业“一枝独秀”局面正逐步被打破，周边省份相继打出冰雪品牌，一个多元的冰雪产业市场正在形成。中国雪场空间集聚明显，总体呈现“小集聚、大分散”“片状与点状”并存的空间形态格局。中国雪场距离城市中心的平均最短旅行时间为 1. 24h，南方可达性普遍较差，北方同一城市内部差异较大。全国各城市到达某一雪场最短时间呈圈层式分布，可达性最好的区域位于河南省，最差的区域地处新疆维吾尔自治区。滑雪场空间集聚效应明显受积雪-气候资源、冰雪文化、赛事引领（政府主导）、经济基础、商业资本运作、客源市场六大驱动机制的综合影响。其中，高纬地区主要由积雪-气候资源、冰雪文化共同影响，中纬地区主要由冬季赛事引领（政府主导）和客源市场共同驱动，西北地区和青藏高原地区积雪资源富集，但高度依赖商业资本运作，南方低纬地区则主要受巨大的客源市场驱动，且辅之以较强的经济基础。

本书借助最大熵（MaxEnt）模型，对中国雪场适宜性进行了评估与等级区划。结果显示，高适宜区与当前雪场空间分布一致，主要集中在华北地区、东北地区，而青藏高原和南方地区雪场适宜度较差。21 世纪 30 年代，综合适宜度变化非常显著，适宜度较高区域将从当前的 32. 40% 增加到 38. 5%。滑雪季气候的暖化使得西北、东北、华北等地区的寒冷趋势减弱，体感温度升高，变得更加适宜户外滑雪运动。相反，由于温度升高，南方滑雪季平均温度过高而变得不适宜经营室外滑雪场的区域占到了全国面积的16.70%，届时将有近100家雪场因无法人工造雪或造雪成本急剧增加而关闭。至50年代，雪场将会主要聚集在东北、西北、华北地区，而华南、华中和长江以南地区雪场运营将举步维艰。在纬度较低的地区，滑雪场的运营者需要思考怎样在越来越有限的运营期内收回成本、赚取利润。

不同区域积雪资源、气候条件、水资源条件、文化资源各异，考虑已有滑雪旅游及其冰雪体育产业开发基础，通过集聚发展、点轴带动思路，未来5~10年须着力培育、布局和优化“四核、五带、四区”（四核为哈尔滨—牡丹江、长春—吉林、乌鲁木齐—昌吉、北京—张家口冰雪旅游集聚区；五带为长白山、哈大线（哈尔滨—大连）、燕山—太行山、秦岭—伏牛山—大别山、巫山—大娄山—乌蒙山一线滑雪旅游带；四区为东北、华北、北疆、南方冰雪旅游区）雪场空间格局，以提升现有雪场等级规模及其旅游效应，以及带动其他区域滑雪产业的快速稳步发展。

当前，中国雪场空间结构正经历由早期的积雪-气候资源驱动向当前的客源市场、商业资本驱动的演进过程。随着气候变暖影响的加剧，室外雪场空间布局必将继续回归积雪-气候资源为依托的主要驱动方向，且雪场数量将呈先增后降趋势，而质量则得以不断提升。未来，中国滑雪场应立足积雪-气候资源禀赋及客源市场条件等因素，全面推进冰雪运动“南展西扩”战略，以提升东北三省现有滑雪场服务水平为基础，发挥当前京津冀冰雪运动引领带动作用，促进北方其他地区后发优势，带动南方地区和青藏高原协同发展，通过集聚发展、点轴带动思路，最终形成多区协同、多点扩充的冰雪旅游空间网络发展格局。

鉴于疫情原因，本书数据以2020年之前为主，且因数据源不同，在进行冰雪旅游市场、雪场空间结构、雪场适宜性等因素分析时，存在不同年份雪场数量不一现象，但这并不影响雪场空间结构及其不同气候情景雪场适宜性评估结果，特此说明。在本书中使用了伍斌《中国滑雪产业白皮书》（2017~2020年）多期雪场相关数据，在此特别感谢。同时，本书得到了国家社会科学基金后期资助项目“中国滑雪旅游目的地空间格局形成机制及其空间优化”（19FGLB061）、中国科学院A类战略性先导科技专项“地球大数据科学工程”子课题“三极冰冻圈服务与功能”（XDA19070503）和“美丽中国生态文明建设科技工程”子课题“冰雪旅游资源的品质提升与示范”（XDA23060702）、国家自然科学基金委员会重大项目课题“中国冰冻圈过程与人文服务功能评估”（41690143）以及云南丽江玉龙雪山冰冻圈与可持续发展国家野外科学观测研究站自主课题（YLXS-ZZ-2022）的联合资助。在本书的写作过程中，硕士研究生窦文康、颉佳对滑雪场可达性及其空间演变进行了系统分析，并对全文文字进行了校对，在此一并表示谢意。

王世金
2021 年 12 月

目　　录

第一章　绪　　论

冰雪产业是以冰雪资源为依托，以冰雪旅游、冰雪体育设施建设和装备制造为基础，通过提供多样冰雪产品和服务，满足消费者各种冰雪活动需求的综合性行业。冰雪旅游是冰雪产业之基石，其发展态势决定了冰雪产业的开发前景。2022 年北京冬奥会的举办，必将带动中国滑雪旅游进入快车道，在其发展过程中，机遇与挑战并存，其挑战主要来自变暖背景下雪场空间布局是否合理。对此，亟须加大雪场空间格局演变、空间优化布局研究等。

一、研究背景

冰雪旅游与人类需求、福祉密切相关。中国滑雪场大多分布于青藏高原外围、新疆天山与阿尔泰山以及东北三省、华北地区和南方部分山区。这些地区是中国重要的生态功能屏障区，同时又是连片相对贫困区（2020 年已全部脱贫，故加相对二字）的主要分布区，冰雪资源对其生态系统服务及人类福祉作用很大。冰雪旅游正经历着诸多国家重大社会需求的历史机遇。国家层面不断增加的多方需求，迫切需要深化冰雪旅游与美丽中国、旅游扶贫、生态文明建设统筹研究。因此，亟须加强当前滑雪场空间格局演变、格局形成机制等研究，以有效指导当前滑雪旅游发展进程和发展方向，使滑雪旅游与生态保护、旅游扶贫等美丽中国和国家生态文明建设紧密相连。

本书较为系统地梳理了全球滑雪旅游发展状况，阐述了中国申办冬奥会成功后的诸多助推冰雪旅游快速发展的政策机制，进而系统揭示了中国滑雪场空间结构特征、格局演变规律、空间结构影响因素。在此基础上，通过滑雪场及其空间属性数据库的建立，在统筹滑雪场自然属性和社会属性影响双重作用基础上，建立了中国滑雪场适宜度评估体系，并对其适宜度等级进行了区划，提出了中国滑雪场空间结构优化及其开发方略，旨在使中国滑雪场布局科学、合理，并促使其滑雪旅游健康持续发展，以此提升中国滑雪旅游目的地空间效应，以期为近、中、远期中国滑雪旅游及其产业空间规划提供基础资料或科技支撑。

二、滑 雪 旅 游

（一）冰雪旅游内涵

冰雪旅游起源于冰雪运动，冰雪运动源于冰冻圈区域人类的一种基本生活、生产方式，或交通方式，或狩猎等谋生手段，或迁徙交通工具等。冰雪旅游是以冰川、积雪、河/湖/海冰、人造雪/冰等资源为主要载体，以形态各异的山体景观、复杂多变的山地气象气候资源、底蕴深厚的文化积淀为依托，开展的一项集观光体验、竞技运动、康体健身、休闲度假等功能于一体的专项旅游形式（王世金等，2019）。冰雪旅游综合了冰川旅游、滑雪旅游、冰川滑雪、冰雪竞技、冰雪艺术、冰雪节庆等多种旅游形态（Wang et al.，2010；Fischer et al.，2011），开展冰雪旅游可以有效补足冬春季淡季旅游产品单一的问题。冰雪旅游是冰雪产业（利用冰雪资源，与冰雪装备制造、冰雪旅游、冰雪体育、冰雪文化、交通、房产等高度关联的产业集合）的重要组成部分。冰雪旅游开发主要受制于寒冷气候条件和适宜地形条件，目前冰雪旅游目的地大都分布于高纬度及中低纬度高海拔地区（王世金等，2019）。

按冰雪旅游体验方式，可分为观光类、运动类、赛事类、娱乐类、节庆类、演艺类和其他休闲类型。其中，观光类如雪雕、冰雕、冰灯展，冰瀑、冰挂和雾凇等；运动类如滑雪、滑冰、冰钓、雪地足球等；赛事类如滑雪、滑冰、冰球、冰壶、雪雕、冰雕、雪橇、冰上拔河等；娱乐类如雪地摩托、冰帆、雪地卡丁车、雪地马车等；节庆类如冰雪旅游节、冰雪文化节、冰雕/雪雕艺术节、冰灯节、雾凇节、滑雪节等；演艺类如冰雪文艺演出、冰上舞蹈、冰上体操、冰上模特秀、冰雪驯兽等；其他休闲类如冬捕、冰雪高尔夫、雪地温泉等（张大春等，2021）。

（二）滑雪旅游内涵

考虑冰雪旅游目的地可达性及其旅游成本，冰雪旅游类型主要为滑雪旅游，其受众群体最大，关联产业最多，活动形式也最多。总体上，按滑雪目的，可分为竞技（运动）类滑雪和旅游（大众）类滑雪，其中，竞技类滑雪项目有高山滑雪（alpine skiing）、北欧滑雪［越野滑雪（cross-country skiing）、跳台滑雪（ski jumping）］、自由式滑雪（freestyle skiing）、现代冬季两项（biathlon）滑雪、雪上滑板滑雪等（王世金等，2017）；旅游类滑雪项目有雪地摩托、狗拉爬犁、马拉雪橇、雪上飞碟、雪地足球、冰雪高尔夫、冰雪冬令营、冰雪拓展训练等。当然，在能够较好掌握滑雪技术手段时，游客也可尝试竞技类滑雪运动。冰雪旅游目的地总体上分为竞技类和旅游类两大类。竞技类技术要求较高，普通大众较难参与，但它却与旅游类冰雪旅游目的地相辅相成，它的发展是当今旅游类冰雪运动快速发展的助推器。

当前，全球分布有5000余家滑雪场。特别是在阿尔卑斯山（Alps）、落基山（Rocky Mountains），一些冰川实现了夏秋季可以滑雪的可能。在6~9月，目前奥地利多达8座冰川开放（尽管半数在6月初关闭，直到9月下旬才能重新开放），在意大利有3座，在法国有3座，在挪威有3座，在瑞士有2座，在加拿大和美国各有2座。在20世纪80~90年代，主要位于阿尔卑斯山的40多家滑雪场提供了夏季滑雪的选择，其中包括著名的韦尔比耶（Verbier）、拉普拉涅（La Plange）、楚格峰（Zugspitze）、葱仁谷（Val Thorens）、蒙特罗莎（Monte Rosa）和马尔莫拉达峰（Marmolada）。然而，在21世纪初，因为冰川快速消融，许多滑雪场取消了夏季滑雪。7~8月，开设夏季滑雪的雪场数量达12家，奥地利后图克斯（Hinter Tux）、瑞士采尔马特（Zermatt）、美国俄勒冈州 Timberline，几乎是全年开放（天气情况、维修期间除外）。加拿大不列颠哥伦比亚省珍宝冰川（Jumbo Glacier）滑雪胜地也长期计划建设全年开放滑雪场（Vanat，2019）。

（三）滑雪旅游与滑雪运动

滑雪旅游具有参与性、趣味性、刺激性、休闲性和大众性特征，滑雪运动则具有竞技性、小众性特征。滑雪旅游与滑雪运动是相得益彰、相互渗透和相互促进的关系。滑雪运动加快了其配套设施的建设，进而促进了滑雪旅游产业和市场的形成及发展。滑雪旅游则带动了滑雪运动的普及。滑雪旅游为滑雪运动的普及提供了大众基础和环境，滑雪运动则反过来助推了滑雪旅游的快速发展。从最初的“滑雪功能性活动”变成“滑雪竞技性运动”再转变为“滑雪娱乐性活动”是滑雪旅游产生、发展的历程

（曹继宏，2017）。

三、滑雪旅游发展历程

冰雪旅游历史悠久，且主要起源于阿尔卑斯山地国家、北欧挪威、西伯利亚、乌拉尔山区。其中，滑雪活动一直是环北极地区、阿尔卑斯山区、中国北部、东北亚等地区远古人类捕鱼、打猎、谋生的主要交通方式和基本技能。

（一）古代滑雪活动

“Ski”（滑雪板）这个词起源于古挪威的“Skith”（雪鞋）一词，表示劈开一片木材。挪威神话故事将UII称为滑雪之神，将Skade称为滑雪和打猎的女神。《不列颠百科全书》滑雪运动条目称：在瑞典和芬兰沼泽地发现的古代滑雪板考证年代为距今4000～4500年。滑雪运动起源于北欧，距今已有5000多年历史，北欧也是现代滑雪发源地。在位于瑞典中部胡廷（Hoting）的泥岗地里发现了保存完好的距今4500年的古代滑雪板，而在11世纪左右的瑞典石碑上发现了刻有手持弓箭乘雪板的猎人。在挪威首都奥斯陆（Oslo）以北的利勒哈默尔（Lillehammer），距今4000多年的壁画上就有古人滑雪打猎的简单图案，被誉为世界滑雪的故乡（曹继宏，2017）。奥斯陆滑雪博物馆现存有1500年前的滑雪板样品，是迄今发现的最早的滑雪板。随着对人类滑雪起源研究工作的深入，随着对滑雪起源研究工作的深入，多项历史证据表明位于阿尔泰山脉南麓的中国阿勒泰地区是人类滑雪最早的起源地。2007年，上海大世界吉尼斯总部正式确认新疆阿勒泰地区为人类滑雪发祥地，这也进一步印证了中国新疆维吾尔自治区阿勒泰地区是人类滑雪最早起源地的观点（单兆鉴，2011；单兆鉴和Jiashan，2016）。

在中国新疆维吾尔自治区阿勒泰地区汗德尕特蒙古族乡敦德布拉克岩画棚上，曾被发现绘有人类滑雪姿态的图案，据权威部门鉴定此岩画，距今有1.2万～2万年，阿勒泰地区被认为是人类滑雪发源地。至今该地区仍在传承着的古老滑雪器具包括“阿勒泰古老毛皮滑雪板”及配套的单木杆滑雪杖、兽皮条制作的固定器、普通棉鞋（单兆鉴，2011）。《山海经》记载“有丁令国，其民自膝以下有毛，马蹄善走”。当时的丁令国便是生活在贝加尔湖以南的阿尔泰山一带从事游牧的聚居地。《隋书·室韦传》记载“北室韦，分为九部落……冬则入山，居土穴中，牛畜多冻死。地多积雪，惧陷坑阱，骑木而行”。可以看到，1400多年前居住在大兴安岭地区的室韦族人便开始了“骑木而行”（类似于雪橇的木板）的滑雪活动。据史料记载，黑龙江室韦族人夏季的主要交通工具是木筏，而在冬季出行则采取滑雪。每年2月鄂温克族猎人都会穿上自制的滑雪板在林间进行捕猎活动，部落头人还会主持带有奖励性质的滑雪比赛，这形成了滑雪比赛雏形。《钦定满洲源流考》记载“木马形如弹弓，长四尺，阔五寸，一左一右系于两足，激而行之雪中冰上，可及奔马”。《黑龙江志稿》记载“赫哲人擒兽之器曰踏板。值雪深数尺，以木板长五尺，贴傅两足，手持长竿，如泊舟之状。划雪上，前进则板乘雪力，瞬息可出十余里”。可见，中国滑雪活动源远流长，历史积淀浓郁深厚。

滑雪不仅是人类征服自然的重要交通方式，而且还是人类用于战争的重要工具。例如，公元1200年奥斯陆战争时期，为了能够迅速摸清瑞典人的军事行动，挪威的斯法礼王命令侦察兵练习滑雪技术。在14～18世纪的战争中，俄国、瑞典、芬兰、波兰和挪威等国家纷纷将滑雪运用于军事行动，滑雪射击成为一些国家军事训练的必修项目。1719年，挪威成立了第一支滑雪部队。1733年之后，一般性的滑雪技巧成为男性必备的技能之一。1767年，驻守挪威与瑞典边界的滑雪巡逻队首次举行了滑雪射击比赛。在第一次世界大战期间，德国、法国、奥地利等都成立了高山滑雪部队。

（二）近现代世界滑雪运动

到了近现代，滑雪发展成为人类的一项体育竞技活动。滑雪运动崛起却是发生在19世纪的欧洲。近现代，欧洲为滑雪运动的兴盛与发展做出了巨大的贡献。在这里，诞生了载入世界滑雪运动发展史册的多项纪录。奥地利被颂为“滑雪王国”，而挪威则被称为“滑雪运动的故乡”。19世纪40年代，意大利、奥地利、法国等国家相继举办了各种形式的滑雪比赛。为了更好地交流滑雪技术，开展滑雪活动，1861年在挪威成立了世界上最早的滑雪俱乐部。1868年，挪威人首先研制了质地坚硬、能将鞋尖和鞋跟固定住的扣具，此项技术攻克了长距离在弯道的滑行瓶颈。此外，在美国、瑞典等国家也相继成立了滑雪俱乐部。1877年，精尔·里姆斯特维兄弟在瑞典建立了世界上最早的滑雪学校。1879年，在挪威首都克里斯蒂安尼亚（现挪威首都奥斯陆）霍尔门科伦雪场，举行了世界上最早的、大型的全国滑雪运动会，且在比赛中正式举行了北欧两项

(nordic combined) 滑雪运动竞赛，包括挪威国王在内的 1 万多名观众现场观看了此次运动会盛况。同年，在瑞典斯德哥尔摩郊外也举行了一次大规模的滑雪比赛。1893 年，在奥地利举行了中欧第一次滑雪比赛。1902 年，瑞士举行了首次全国性滑雪比赛。1903 年，英国举行了首届滑雪比赛。

自 20 世纪中期开始，在冬季运动会及索道、缆车迅速发展的影响下，滑雪旅游风靡世界。1911 年，世界第一条滑雪铁路和索道开始建设，之后冰雪旅游逐步被更多人关注。经过多国努力，1924 年，国际滑雪联合会（International Ski Federation，FIS）成立。同年，第一届冬季奥林匹克运动会在法国沙莫尼（Chamonix）成功举办，该届冬奥会将滑雪项目正式列入竞赛项目。1929 年，世界上第一台以机械为动力的专门运送滑雪者上坡的装置出现在加拿大。1932 年，滑雪运动逐步发展为冬奥会的关键比赛项目。而滑雪运动真正进入大众化普及阶段则是在第二次世界大战以后。随着生活水平的改善、技术手段的不断改进，滑雪运动及其衍生的滑雪旅游度假蓬勃发展。1951 年，第一台人工造雪机的发明对滑雪旅游业具有划时代意义。20 世纪 50～60 年代，金属雪具出现，欧洲和北美洲滑雪度假旅游兴起。70 年代以后，滑雪度假旅游业开启了大规模的市场营销活动和产品扩张。80 年代以后，滑雪运动的参与程度不断提高，并逐步发展为最受欢迎的冬季休闲运动之一。目前，全球约有 100 个国家开展了滑雪及相关项目，包括 85 个开展户外滑雪的国家和 15 个开展室内滑雪的国家。

截至 2019 年，全球室外滑雪场约有 6000 家，其中，欧洲和美国便超过 4000 家，当然，被认同的滑雪场仅为 2000 家，滑雪人次超过了 4 亿（包括室内滑雪人次）。滑雪旅游已成为许多积雪资源禀赋优越国家的优先支持发展产业。滑雪产业大部分集中在年均滑雪人次超过 10 万的顶级滑雪场（44 家滑雪场）。尽管它们数量只占滑雪场总数的 2.2%，但其滑雪人次却占了总滑雪人次的 80%。奥地利、瑞士和挪威是滑雪人次最高的国家，30% 以上人口参与滑雪（Vanat，2016）。在日本、法国、瑞士等发达国家，目前已经形成成熟的滑雪旅游产业结构。当前，国际滑雪旅游逐步走向高水平、多样化。目前，欧洲滑雪产业大体持平，北美呈下滑态势，日本、韩国则呈急剧下滑态势，唯有中国滑雪产业处于快速发展阶段，且需求巨大。

（三）现代中国滑雪运动

中国现代滑雪始于 20 世纪 30 年代。1931 年，当时旅居在东北的白俄罗斯人在黑龙江省哈尔滨市的玉泉北山修建了玉泉北极滑雪场，这也是中国第一个滑雪场，主要用于冬季室外娱乐和运动。同期，中国抗日联军为了和日本的滑雪部队作战，组建了自己的滑雪部队。在滑雪用于战争的期间，士兵间流行滑雪比赛，表现并提高滑雪技能。他们不仅仅限于越野滑雪，还进行滑降甚至是跳跃滑雪的比赛，并且经常使用同一副滑雪板，竞争非常激烈。1940～1942 年，日军在吉林省通化市建立了通化江南滑雪场（又称千叶湖滑雪场）。1951～1956 年，中国东北地区曾多次举行规模较大的地区性滑雪比赛，但这项运动当时没有在国内流行开来。1952 年，中国成立了第一个滑雪队伍。1957 年，第一届中国滑雪运动会在吉林省通化市举行。1958 年，为发展中国滑雪运动，在吉林市大青山修建了青山滑雪场（原松花湖滑雪场）。1959 年，第一届全国冬季运动会滑雪和冰上项目分别在吉林省吉林市和黑龙江省哈尔滨市举行。同年，吉林省通化市金厂滑雪场建成，成为中国历史上第一座具有国际水平的竞技滑雪场，不仅是中国滑雪运动的发祥地，而且成为培养中国滑雪运动员的摇篮。1961～1963 年，解放军滑雪队分别在罗马尼亚和波兰参加了社会主义国家友谊滑雪比赛，这是中国滑雪运动首次迈出国门。之后中国陆续修建了牡丹江市海林市八一滑雪场（1960 年）、哈尔滨市尚志市①乌吉密滑雪场（1964 年）、哈尔滨市延寿县长山滑雪场（1969 年），但只作为运动员训练基地而存在，并配备了简易拖牵。1975 年，黑龙江省哈尔滨市尚志县举办了第一次全国滑雪竞赛。1976 年，第三届全国冬季运动会在哈尔滨市尚志县举办。1979 年，第四届全国冬季运动会分三地举行，黑龙江省尚志县承办了雪上项目，新疆维吾尔自治区乌鲁木齐市承办了速度滑冰项目，而冰球、花样滑冰由北京市承办。这是冰雪体育运动在空间上的一次拓展。1980 年，中国首次参加冬奥会，开始引进现代竞技滑雪，这无疑是中国滑雪史上的一个里程碑。

国内滑雪旅游始于 20 世纪 80 年代中期黑龙江滑雪旅游活动的开展。1984 年，黑龙江伊春市建成了真正意义上的中国第一家旅游滑雪场——桃山滑雪场。从 1985 年开始，哈尔滨市人民政府同意将每年 1 月 5 日设立为哈尔滨冰雪节，1 月为冰雪活动月。滑雪旅游在中国就此展开，其主要活动内容有速滑比赛、高山滑雪邀请赛、冰雕比赛、冰雕展览、冬泳比赛、女子冰球赛、冰灯游园会、冰上集体婚礼、诗书画冰雪笔会、冰雪摄影比赛等。1985 年哈尔滨冰雪节基本确立了中国冰雪旅游的雏形。1987

---

① 原尚志县，1988 年撤县设市。

年，吉林省松花湖滑雪场成功举办了全国第六届冬季运动会。

事实上，中国大规模滑雪旅游活动始于 20 世纪 90 年代。1992 年，借助“中国友好观光年”契机，国家旅游局首次将“冰雪风光游”列为中国 104 个专项旅游产品之一，同时拉开了全国范围内开展冰雪旅游开发的序幕。1995 年，“全国滑雪旅游研讨会”在国家旅游局的支持下成功举办。冬季旅游活动的“空白”被大众滑雪运动有效填补，且在全国范围内取得了较好的效益。1996 年，中国首批造雪机试验成功。同年，在哈尔滨市举办了第三届亚洲冬季运动会（简称亚冬会）。该亚冬会也促使中国第一家旅游滑雪场——亚布力风车滑雪场对社会公众开放。亚布力风车滑雪场的开发与示范效应，加速了全国雪场的空间布局，并掀起了中国新一轮以滑雪为主的冰雪旅游热潮。1996 年黑龙江省哈尔滨市第三届亚冬会也加速了中国旅游滑雪开始向大众化迈进。1998 年，首届中国黑龙江国际滑雪节开幕，这也是中国第一个国际性滑雪节。同年，中国第一家以市场为导向的滑雪场——二龙山龙珠滑雪场诞生。

2000 年是中国滑雪产业发展的一个分水岭。之前，由于创办初期，技术还不成熟，当时兴建滑雪场的只有黑龙江和吉林两省。此后，在大规模掌握造雪及其相关技术基础上，在黑龙江和吉林两省以外区域，尤其是北京市、河北省两地，大批滑雪场如雨后春笋般出现，且呈明显增加态势，2000 ~ 2005 年每年雪场数量增长率达 50% 。2007 年，第六届亚冬会在吉林省长春市举办。2016 年，我国第十三届冬季运动会在新疆维吾尔自治区乌鲁木齐、阜康、阿勒泰、石河子 4 个赛区联合举办。2020 年，第十四届冬季运动会在内蒙古自治区多地举行。新疆维吾尔自治区和内蒙古自治区成为了继黑龙江省、吉林省之后第三和第四个承办全国冬季运动会的省份。

四、国内外滑雪旅游研究述评

除受到全球变暖和雪质属性变化影响外，滑雪旅游发展经历了快速增长后速度趋于缓慢也是一大主因。当前，日韩滑雪产业发展仍面临较大威胁，2018 年韩国冬奥会并未带动韩国滑雪产业朝着积极的方向发展，滑雪场的游客人数仍处于持续下降趋势，而日本也仅仅稳定在一个极低的水平。滑雪旅游及其产业受季节性影响明显，其雪场又极易受气温、积雪、地形、水资源等地理环境影响（Steiger and Mayer, 2008；Demiroğlu, 2016；

Rutty et al., 2017）。已有研究多集中在气候变化与积雪期、滑雪人次、人造雪成本（Steiger, 2010；Fang et al., 2019）、雪场积雪模拟（König and Abegg, 1997；Wobus et al., 2017；Hanzer et al., 2020），以及冰雪运动、滑雪场运营及其安全、雪场效益、冰雪体育产业等方面（Hongmin et al., 2019；伍斌等, 2019；Moreno-Gené et al., 2020；张瑞林和李凌, 2021）。近几年，雪场空间结构、雪场可达性方面也取得了一定的研究成果（吴丽敏等, 2013；Pan et al., 2015；王世金等, 2019；刘传瀛等, 2021；窦文康等, 2021）。然而，从未来不同情景、不同时期雪场适宜性及其风险格局演变入手探讨滑雪旅游乃至滑雪产业可持续性问题还较少（Hantel et al., 2000；Sophie and Romain, 2009；Rixen et al., 2011；Gilaberte-Búrdalo et al., 2014；Rutty et al., 2017；伍斌等, 2019）。

中国大部分滑雪场依靠天然降雪已远远不能满足雪道的正常运营，95%以上的滑雪旅游目的地仍以人造雪维系。气候变暖给滑雪场降雪带来了深远影响，平均降雪日数和积雪存留的天数减少，使得雪场经营时间缩短，维持雪道运行成本增加，雪场运行风险随之增加。中国北纬35°以南大部分区域滑雪季均温高于2℃，人造雪气象条件极为脆弱。当前，中国滑雪场空间结构正经历由早期的积雪–气候资源驱动向当前的客源、资本驱动演进。随着气候变暖影响的加剧，室外雪场空间布局必将继续回归人造雪气候资源为依托的主要驱动方向，且雪场数量将呈先增后降趋势，而质量则得以不断提升。未来，伴随着不同的温升情景，高度缺水的华北地区和升温影响极大的南方地区滑雪场空间格局势必会发生巨大变化。

不同气候情景，中国滑雪场人造雪条件随之变化，进而波及雪场的空间结构格局，滑雪场空间格局的变化，则反过来影响全国滑雪场空间布局及整个滑雪产业发展进程。可以说，科学评估不同气候情景下中国积雪资源、人造雪气候条件、雪场适宜性状况及风险程度，是未来中国滑雪场乃至滑雪产业科学合理布局和优化的理论基础。

五、研究意义

“绿水青山就是金山银山，冰天雪地也是金山银山”，其中，滑雪场则是冰天雪地金山银山供给的重要物质载体。2022年北京冬奥会，中国政府承诺“带动三亿人参与冰雪运动”，《冰雪运动发展规划（2016—2025年）》也指出要“带动三亿人参与冰雪运动”，这为中国未来滑雪旅游快速发展提供了重大契机。滑雪场是滑雪旅游的物质基础和空间载体，是冰雪产业得以发展的前提和依托。中国滑雪场的空间结构、格局演变特征及其模式是否合理，滑雪场布局现状是否能满足国家冰雪产业发展规划需求或目标，是当前迫切需要解决的科学问题。

（一）滑雪旅游服务功能巨大

滑雪旅游服务功能显著、潜在价值巨大，但发展缓慢，巨大的气候-积雪资源优势并未转化为经济优势。冰冻圈是地球表层连续分布并具有一定厚度的负温圈层，是气候系统五大圈层之一。冰冻圈在维持生物多样性、保护自然景观、调节气候、造就景观、稳定水资源供给和生态系统完整性等方面均具有重要角色（Marshall，2011；Qin et al.，2018），是全球人类社会经济与环境可持续发展的物质基础和基本要素，其服务功能显著（人类社会可以直接或间接地从冰冻圈系统获得资源、产品和福利等各种惠益）。其中，滑雪旅游服务则是冰冻圈服务的重要组成部分（Xiao et al.，2015）。目前，全球室外滑雪场约 6000 个，其中，欧洲和美国便超过 4000 个，滑雪人次超过了 4 亿（包括室内滑雪人次）。滑雪旅游是以滑雪场为吸引地物，以形态迥异的景观特征、复杂各异的气象气候资源、积累深厚的文化底蕴为依托，将观光体验、探险、科考、康体与教育融为一体的专项特色旅游活动，现已经成为世界各国大力发展的一项新兴旅游项目。2016 年 3 月全国两会期间，习近平总书记参加黑龙江代表团审议会议时指出："绿水青山是金山银山，黑龙江的冰天雪地也是金山银山"，这也是对冰雪旅游服务功能及其潜在价值的最高评价。

中国的积雪面积可达 900 万 km^2，其中约 5 万 km^2 为稳定积雪区，零星分布在西部高山冰川积累区。积雪日数超过 60 天的稳定季节积雪区面积有 420 万 km^2，分布区域主要是中国的东北三省、内蒙古东部和北部、新疆北部和西部、青藏高原。若包含适宜人造雪的区域，中国积雪旅游资源禀赋及潜在价值巨大（王世金等，2017）。然而，当前具有竞技功能的滑雪场不足 50 处（如吉林北大湖及长白山滑雪场、黑龙江牡丹江市亚布力滑雪场、河北张家口市崇礼万龙滑雪场等），主要表现为发展缓慢，景区（点）分布稀疏，与冰雪气候资源禀赋极为不符，并未将巨大的冰雪资源优势转化为当地经济优势（王玲，2010；王世金，2015；王世金等，2017）。尽管如此，中国滑雪旅游仍显示出巨大的服务效应。2022 年冬奥会申办成功以来，中国滑雪旅游将会迅速发展。2018 ~ 2019 年，黑龙江积雪期接待省外游客超过 2044 万人次。吉林 2017 ~ 2018 年雪季，接待游客总计 7263.89 万人次，同比增长 17.18%；冰雪旅游收入达到 1421.81 亿元，同比增长 22.57%，冰雪旅游收入占全省当年旅游总收入的 36.85%。截至 2017 年，浙江滑雪场总数达到 15 家，参与滑雪人次共有 55 万，产值高达 1.25 亿元，同比增长 15%，浙江的冰雪运动处于升温阶段。为吸引更多人参与冰雪旅游项目，浙江大明山万松岭滑雪场特别推出了非节假日不限时的滑雪项目。

（二）滑雪旅游是中国全民参与奥运的切实举措

滑雪旅游是中国全民参与奥运的切实举措。2015 年，中国成功获得 2022 年冬季奥运会举办权，为此，中国政府向国际奥林匹克委员会（简称国际奥委会）也作出承诺“带动三亿人参与冰雪运动”。在此历史机遇下，中国“白雪变白银”的目标将迅速实现。据初步估算，这将迅速带动冰雪关联产业的发展，收益将突破 3000 亿元。事实上，2017～2018 冰雪季，冰雪产业总收入已达 3300 亿元。截至目前，中国举办过冰雪旅游节活动的城市，大小已有 40 余个，举办城市不仅数量激增，并且呈现“北冰南展、西雪东进”之势。在此背景下，各地争相抢占 2022 年北京冬奥会“机遇”，这将会使全国“冰雪经济”悄然走俏，似有星星之火燎原之势。

从新疆维吾尔自治区、宁夏回族自治区、甘肃省西北地区到中部平原的京津冀、河南省，再到湖北省、四川省，全国各地迅速抢占“冰雪旅游市场”份额，争相打造冰雪旅游项目及群众性冰雪运动。一些自然积雪无法满足需求的地区，则相继采用人造雪方式发展冰雪旅游业与冰雪运动。当然，与奥地利、瑞士、美国、加拿大、日本、韩国等冰雪资源大国相比，中国冰雪旅游产业仍处于发展初级阶段，整体水平相对较低（Vanat, 2018；伍斌等，2018）。但中国积雪资源和人造雪气候资源禀赋巨大，这为未来高标准、高要求开展滑雪旅游提供了基础性条件。可以说，中国依托丰富而广布的积雪资源和人造雪气候资源禀赋开展滑雪旅游是未来几年全民参与奥运的切实举措。东北地区、北京—张家口地区已成为中国滑雪旅游重要的目的地。其中，“黑龙江是中国冰雪旅游的发祥地。经过 50 多年的改革与发展，塑造了一批叫得响的冰雪旅游品牌”。2018 年底，黑龙江省共建滑冰场达 40 余个，滑雪场 122 家。其中，雪场全国最多，占同期全国总数的 18%。为贯彻落实习近平总书记“带动三亿人参与冰雪运动”的指示精神，依托黑龙江省冰雪资源和冰雪体育优势，黑龙江省持续丰富冰雪运动产品供给，使其成为全国冰雪运动的核心区域。《黑龙江省冰雪旅游产业发展规划（2020—2030 年）》提出，到 2030 年，力争全省冰雪旅游人数突破2亿人次，冰雪旅游收入突破2000亿元。

（三）滑雪旅游是山区、林区旅游扶贫的重要手段

滑雪旅游是山区、林区旅游扶贫的重要手段，更是一些欠发达地区经济快速发展的重要引擎。中国大多数雪场地处老少边穷山区、林区，山大沟深、产业单一是其重要特征，在主体功能区划中多属于限制或禁止开发区，这些区域大部分是相对深度贫困、贫困连片区。这些区域交通不便，乡村经济发展压力较大，如何将冰天雪地转变为金山银山，是这些区域最大的问题。然而，这些区域积雪资源和人造雪气候资源丰富，资源开发不但可以丰富该区域旅游资源的内涵及组成，扩充和丰富当前旅游业态，而且将有力弥补华北地区、西北地区冬春季旅游淡季之不足。冰雪旅游与乡村旅游、乡村振兴、精准脱贫相结合，多部门联合将有利于促进山区经济的快速发展。滑雪旅游直接促使村民就地就业（住宿、餐饮、导游、滑雪教练、景区管理员等），同时促进农产品的就地营销。可以说，滑雪旅游是巩固脱贫成效的有效方式，是山区典型的产业发展模式，也是欠发达地区经济快速发展的重要引擎。例如，河北省张家口市崇礼区，以往就是一个贫困县，近些年，依托优良的积雪和人造雪气候资源，大力带动了县域经济发展水平。2012～2013年，河北省张家口市崇礼区在雪季接待游客数量已经达101.6万人次。2015～2016年，游客数量已增至205万人次，增幅高达101.8%。2016～2017年，游客数量达267.6万人次、收入18.9亿元，分别同比增长30.5%和22.7%。目前，崇礼区万龙、太舞、云顶、富龙、多乐美地、长城岭及翠云山银河七大滑雪场已成为带动该地发展的重要引擎。崇礼区精准扶贫的独特方式就是开展滑雪运动或滑雪旅游。

（四）空间结构优化是滑雪旅游可持续发展的重要措施

由于巨大的市场需求，在商业、市场运作的推动下，冰雪资源在全国各地开发态势迅猛，滑雪旅游和滑雪运动得以广泛普及，新建雪场连续几年出现每年新增几十个的增长态势，当前滑雪场已达800余处，数量跃居世界第一。

中国滑雪旅游业起步晚、滑雪运动的普及程度低、大众滑雪运动意识不强，滑雪旅游的市场和产业链发展仍处于起步阶段，与冰雪资源相比，滑雪产业开发速度缓慢，滑雪旅游的经济潜力和产业发展仍需挖掘。同时，由于盲目的市场驱动导向，滑雪旅游目的地存在诸多问题。例如，大

部分初级滑雪旅游目的地不同程度选址不当，滑雪旅游缺乏统一的规划，重复建设现象严重，产业同构情况异常。目前，国内滑雪场数量庞大，场地狭小，空间布局混乱，滑雪器械和基础装备简陋，管理经营落后，服务意识不到位，进而出现了滑雪人次较多但经济效益低等状况。雪场空间结构存在发展不均衡和不合理情况，滑雪场普遍存在缺乏科学规划、盲目建设等问题（明君等，2009），冰雪区中旅游节点的城镇旅游职能不显著，辐射力弱，在与其他景点组合时协调度差。现阶段，中国雪场选址和规划还没有统一的方法与标准，缺乏一致的理论与技术支撑，尤其是在前期勘察和论证阶段存在一定数量的感性决策现象，这也使雪场布局存在一定的风险因素。同时，滑雪旅游及产业受季节性影响明显，雪场又容易受气温、积雪、风力、地形和水资源等地理环境影响（Steiger and Mayer，2008；Rixen et al.，2011；Demiroğlu，2016；Rutty et al.，2017），雪场运营时间短、资金回收周期长，“一年闲三季”是大多数滑雪场面临的现状与瓶颈。大多数滑雪场旅游项目及盈利模式单一，依靠滑雪吸引游客，同时存在滑雪产品单一雷同，出现“叫好不叫座”局面。雪场空间布局现状和单一的滑雪经营模式已经严重阻碍全国滑雪产业的快速健康发展。当前，如何破解“雪场空间布局混乱”“滑雪人次多，但效益低下”“一年闲三季”“产品单一”等一系列问题，是中国滑雪产业可持续发展的关键所在。基于此，亟须开展当前中国滑雪场空间格局、驱动机制和结构优化研究工作，科学指导当前滑雪场的升级改造和未来滑雪场的合理布局，以推动中国滑雪旅游健康、快速发展。

已有研究多集中在气候变化与滑雪人次、滑雪运营期波动、人造雪成本，以及冰雪运动、滑雪场运营及安全等方面，较少从滑雪场空间格局形成的驱动机制入手探讨滑雪旅游乃至滑雪产业可持续性问题。旅游空间结构涉及景区（点）分布状况及品位、数量组合关系，体现了旅游活动的空间属性和相互关系，以及旅游要素相对区位关系和分布的表现形式，而且直接引发旅游者的空间行为，对旅游资源开发速度、规模、效益以及时空布局有深刻影响（Sophie and Romain，2009；Pan et al.，2015）。研究滑雪场空间结构特征，不仅有利于揭示其空间结构形成机制，而且有利于整合区域滑雪场旅游资源，优化区域滑雪旅游产业要素配置，提升滑雪旅游的市场影响和综合竞争力。滑雪场空间结构或格局的形成有其特定的驱动机制。驱动滑雪场空间布局的主导机制不同，其空间形成格局也各具特质。随着人民生活水平的提升，滑雪场空间扩展驱动机制也处在不断变化与组合之中。在当前生态文明建设和经济新常态时代背景下，研究中国滑雪场空间结构特征、驱动机制及其结构优化，对于未来滑雪场空间布局合理调控和滑雪旅游可持续发展具有重要的理论指导意义。

针对以上问题，如何利用遥感与地理信息系统（geographic information system，GIS）技术和空间分析方法，系统分析中国积雪及人造雪气候资源分布状况，揭示当前滑雪场空间格局模态、变化及其驱动机制，并将滑雪场与社会经济、道路交通、人口分布、地形地貌等相结合进行适宜度区划，进而提出滑雪场空间结构优化方案，是合理设置滑雪场空间布局的关键所在，其研究旨在为中国滑雪旅游乃至产业健康、持续发展提供科学合理的决策支持。

滑雪场是冰雪旅游供给的物质或空间载体，是冰雪旅游业赖以发展的重要依托。旅游目的地空间结构指自然和文化景观资源在空间上的相互关系与组合形式，它是节点（景点）、通道（交通线）和面域（行政区）的集合。旅游空间结构涉及景区（点）分布状况及品位、数量组合关系，体现了旅游活动的空间属性和相互关系，以及旅游要素相对区位关系和分布的表现形式，而且直接引发旅游者的空间行为，对旅游资源的开发速度、规模、效益以及时空布局有深刻影响（Christaller，1964；Weaver，1998；Douglas，1999；Andreas，2004；Sophie and Romain，2009；Wu and Yu，2010；Pan et al.，2015；王世金等，2019）。特别是，冰雪旅游空间结构或格局的形成有其特定的驱动机制。因此，研究冰雪旅游目的地空间结构特征，有利于揭示空间结构形成机制，有利于整合区域旅游资源，加强区域协调，优化区域冰雪旅游产业要素配置，提升冰雪旅游的市场影响和综合竞争力。然而，当前中国滑雪旅游目的地空间结构、驱动机制及其空间优化研究鲜有涉及。

基于此，本书以中国 2019 年滑雪季在运营的 770 个室外滑雪场为研究对象，通过点格局分析方法对景点的空间分布模式进行整体探讨，并尝试从旅游目的地可达性入手，利用 GIS 栅格成本加权距离方法和探索性空间数据分析，分析冰雪旅游目的地可达性分布空间格局，揭示不同级别冰雪旅游目的地驱动机制，进而提出中国冰雪旅游目的地空间结构优化方案，目的在于科学指导中国冰雪旅游及其产业的健康、持续发展。

第二章　世界滑雪旅游政策机制

2015年，中国获得2022年冬奥会的举办权。2016年，国家体育总局相继发布了《冰雪运动发展规划（2016—2025年）》、《全国冰雪场地设施建设规划（2016—2022年）》和《群众冬季运动推广普及计划（2016—2020年）》三项规划。在政策刺激、资本助推、冬奥效应的全方位驱动下，近些年中国滑雪旅游得到了空前发展，滑雪产业变得更加多元，市场消融容量不断扩大，滑雪旅游潜力将被更深层次地挖掘。

一、国内外滑雪产业状况

（一）当前全球滑雪市场概况

美国、日本、法国和意大利拥有较多的滑雪场，每个国家超过200家（不少于5部提升设备）。法国、奥地利和美国是提升设备最多的国家，每个国家约为3000部。中国拥有全球最大的国内滑雪市场，远超过其他国家，但目前滑雪产业比例较小。印度人口也超过10亿，滑雪者却非常少。美国人口超过3亿，却是最大的成熟市场。列支敦士登、瑞士、奥地利和挪威是滑雪人次最多的国家。美国、德国和中国受益于人口较多，成为国内滑雪者最多的国家。随着参与人数的不断增加，中国已成为全球最大的初级滑雪者市场。在此之前，日本占据第三位，但现在失去了一些年长的滑雪者。法国、美国和西班牙是外国游客最多的国家，但只有法国，外国游客对滑雪场的贡献明显，然而大多数外国游客并不是来滑雪的。对于美国和西班牙，外国游客对滑雪场的访问人次仅有少量贡献。在安道尔和奥地利，外国客户代表占滑雪人次的66%～92%。其中，坐落在比利牛斯山脉中的安道尔风景秀丽，冰雪旅游和冰雪运动享誉世界，当地每年接待外国游客超过800万人次，而当地居民仅不到8万人，冰雪旅游为其重要产业，其对经济的直接贡献率达 4%，而由冰雪旅游和冰雪运动带来的包括住宿、餐饮和购物等对经济的间接贡献率高达 30%。全球最大入境滑雪市场位于阿尔卑斯地区，其 2017 ~ 2019 年滑雪游客占全球滑雪总人次的 40% 以上，总计超过 10000 部的提升设备也使其成为全球滑雪设备配备最齐全的产业区。不足为奇，4 个主要滑雪大国都位于阿尔卑斯山（Vanat，2019）。

（二）国际滑雪产业状况

《2017 全球滑雪市场报告》显示，全球年均滑雪人数在 4 亿人次左右。其中，世界上最大的滑雪胜地阿尔卑斯地区每年吸引了约 43% 的滑雪者；第二大滑雪胜地是北美洲（主要是美国科罗拉多州），其每年滑雪人数约占全球滑雪人数的 21%；亚太地区滑雪人数曾与美国份额相同。但随着日本市场的下跌，中国市场滑雪需求日益增长，现已成为亚太地区滑雪核心地区。2016 年雪季结束之后，大部分雪场滑雪人数较过去有下滑趋势。例如，2015 ~ 2016 滑雪季，法国滑雪人数约为 5200 万人次，较上一个滑雪季减少了 3.50%，最近五年平均滑雪人数略有下降。2015 ~ 2016 滑雪季，瑞士滑雪人数约为 2160 万人次，较上一个滑雪季减少了 4.40%。不过在经历了三年的停滞不前或下降后，从 2016 ~ 2017 滑雪季开始，全球滑雪游客总人数呈现上升趋势，这一增长是由中国引领的，且是全球性的。

除受到全球变暖和雪质属性变化影响外，滑雪用户发展经历了快速增长后速度趋于缓慢也是一大主因。当前，日韩滑雪产业发展仍面临较大威胁，2018 年韩国冬奥会并未带动韩国滑雪产业朝着积极的方向发展，滑雪场的游客人数仍处于持续下降趋势，而日本也仅仅稳定在一个极低的水平。这两个国家的情况表明，人口老龄化和滑雪者在此项运动中的花费较少是制约当前滑雪产业发展的重要因素。因此，需要引导更多人来参与冰雪运动，进而带动全球冰雪产业的发展。2022 年北京冬奥会成为目前中国冰雪运动发展的最佳契机。就现在来看，2022 年北京冬奥会也的确使中国冬季冰雪运动得以蓬勃发展。以往研究显示，人均 GDP 超过 8000 美元情况下，人均消费能力将持续增加，其滑雪人口将呈现高速增长趋势。人均 GDP 超过 10000 美元后，滑雪人口的增长将步入爆发期，且这个快速发展期将维持 10 年以上。而 2020 年，中国人均 GDP 业已突破 11000 美元。

（三）国内滑雪产业状况

文化和旅游部发布的《中国冰雪旅游发展报告（2018）》显示，2017～2018 冰雪季，中国冰雪旅游人数达 1.97 亿人次，冰雪旅游收入约 3300 亿元（图 2-1），冰雪旅游已进入爆发式增长黄金时代。受疫情影响，2019～2020 冰雪季，中国冰雪旅游收入达 1460 亿元，同比损失约 2400 亿元。2021～2022 冰雪季，中国休闲旅游收入有望达到 6800 亿元。同时，中国与北极多国建立了广泛而深入的冰雪产业合作关系。然而，“外热内温”在一定程度上仍然是中国冰雪产业的现状。随着冬奥会进入“北京周期”，滑雪产业曝光率增高，资本青睐让滑雪行业热起来，但实际上国内滑雪产业的发展并没有表面上看到的这么光鲜。从硬指标来说，国内垂直落差超过 300 m 的滑雪场仅有 23 家左右。不容忽视的是，中国滑雪人口渗透率（滑雪人口/总人口）和滑雪人口转化率（滑雪人次/滑雪人口）相比其他主要滑雪国家差距巨大。2018 年，中国 13.9 亿人中滑雪人口为 0.12 亿人，渗透率低于 1.0%，仅为 0.86%，远低于日美两国的 9.0% 和 8.0%，更难比瑞士和奥地利的 37% 和 36%（平均 3 人中就有 1 个滑雪爱好者）（图 2-2）。

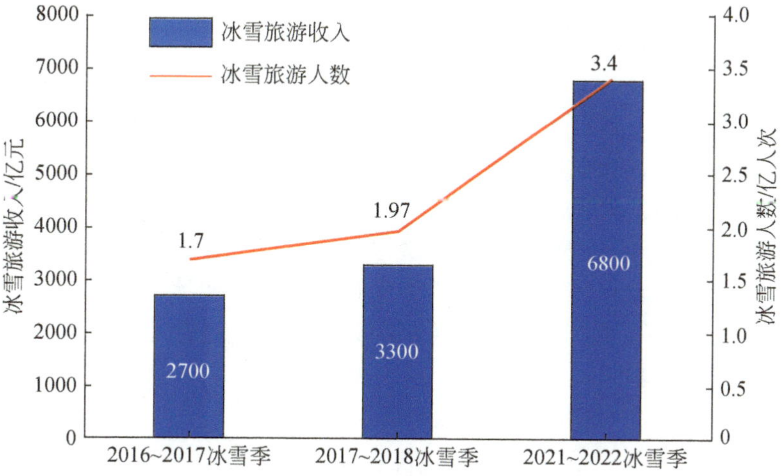

图 2-1　冰雪旅游人数与收入变化

说明：来自文化和旅游部发布的《中国冰雪旅游发展报告（2018）》

相应地，中国滑雪人口转化率较低。2015～2019 年，奥地利、法国、瑞士滑雪人口年均滑雪次数分别为 5.9 次、4.6 次和 4.2 次，中国仅 1.1 次。

从国外的发展经验来看，滑雪产业有其发展规律，中国滑雪产业较为成熟还可能需要10年左右的时间，对于中国滑雪产业我们要充满希望，同时也要抱有耐心。国家体育总局发布的《冰雪运动发展规划（2016—2025年）》显示，2025年，中国冰雪产业总规模将达到1万亿元，可以说，冰雪产业各环节蕴含的商机潜力巨大，亟须加大滑雪市场的培育与扶持。

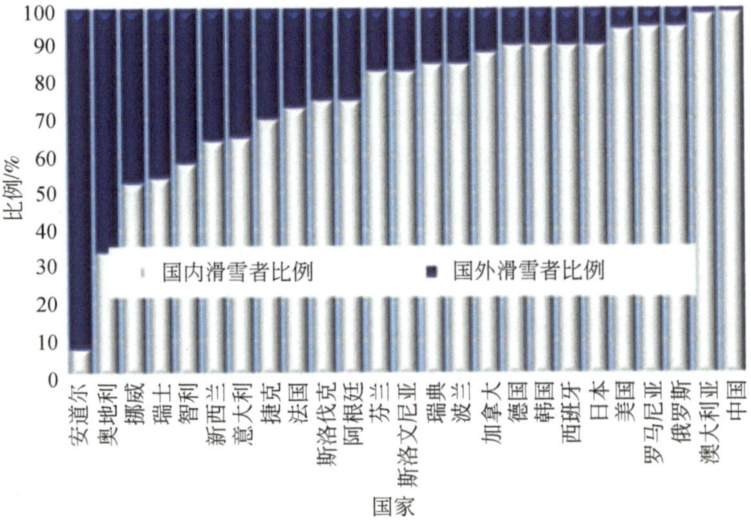

图 2-2　冰雪运动人口的参与率

说明：来自《2019 全球滑雪市场报告》

随着中国滑雪产业进入黄金发展期，中国将成为未来全球重要的冰雪旅游市场。然而，对比瑞士、法国、奥地利、美国、日本等滑雪发达国家，中国冰雪旅游起步较晚、发展缓慢、冰雪运动普及率低、冰雪运动意识较弱，冰雪旅游市场和产业化仍处于初级阶段，较冰雪资源禀赋，其冰雪产业开发仍显缓慢，冰雪旅游经济潜力仍未完全挖掘出来，与冰雪运动发达国家仍存在较大差距。

二、中国滑雪旅游发展政策

中国滑雪产业起步较晚，但国民滑雪消费需求及消费观念在持续升温，滑雪运动乃至旅游政策及机制的制定对于滑雪旅游的快速发展具有显著的引导和促进作用。特别是2022年北京冬奥会的举办，势必将国内滑雪产业带入一个快车道，滑雪旅游也将迎来巨大的发展机遇。

（一）冬奥会申办成功前的冰雪旅游政策

1996 年，是中国冰雪旅游快速发展的重要时间节点。1998 年，国家旅游局公布了《中国旅游业发展优先项目》。其中，与冰雪旅游相关的项目 6 项（占项目总数的 16%），为冰雪旅游的产业化发展指明了方向。2001 年，联合国工业发展组织、国家旅游局、国家体育总局和黑龙江省人民政府共同举办了“国际滑雪产业合作论坛”。2008 年，黑龙江省旅游局和黑龙江省质量技术监督局共同制定了《旅游滑雪场质量等级标准》（DB23/T 125—2008），表明中国冰雪产业国家化、规范化的开始。2009 年，黑龙江省成功举办世界第二大国际滑雪赛事——世界大学生冬季运动会，这是中国历史上首次承办的规模最大、人数最多、水平最高的世界综合性冬季运动会。2013 年，黑龙江省旅游局、黑龙江省质量技术监督局、黑龙江省文化厅等单位联合起草《旅游滑雪场质量等级评定标准》。2014 年，《旅游滑雪场质量等级划分》（LB/T 037—2014）上升为国家标准。这是中国滑雪场行业首个国家级等级划分标准，体现了黑龙江省冰雪旅游的领军地位。2014 年 10 月，国务院印发《关于加快发展体育产业促进体育消费的若干意见》，明确支持西部地区充分利用江河湖海、山地、沙漠、草原、冰雪等独特的自然资源优势，发展区域特色体育产业。

（二）冬奥会申办成功后的冰雪旅游政策

2015 年 7 月 31 日下午，国际奥林匹克委员会（简称国际奥委会）第 128 次全会在吉隆坡举行，投票选出 2022 年冬奥会举办城市，经过 85 位国际奥委会委员的投票，国际奥委会主席巴赫正式宣布：北京获得 2022 年冬奥会举办权。2022 年北京冬奥会是中国历史上第一次举办冬奥会，为中国滑雪场发展带来了千载难逢的历史机遇。冬奥会申办成功后，中国政府承诺“带动三亿人参与冰雪运动”。此次冬奥盛会必将成为冰雪运动和冰雪旅游在中国普及与快速发展的重大契机，且会极大地激发人民群众参与冰雪运动的热情。正是因为巨大的市场需求，在商业化、市场化运作的推动下才出现连续几年新建雪场以几十个数量级递增的趋势。各类冰雪体育赛事的举办，各地冰雪资源得以推广，冰雪运动得以普及。加之，近年国内市场运作机制发展和诸类媒介的推介，中国冰雪旅游得以快速发展。截至 2019 年，滑雪场达 770 个，这些滑雪场中，有架空索道的雪场只有 155 家，垂直落差超过 300m 的雪场仅有 22 家。在这种冰雪运动快速发展的背景下，中国相继出台了许多利好政策，政策出台密集程度之大，前所未有。

2016 年 5 月，《体育发展“十三五”规划》正式发布。该“十三五”规划提出“新型外交战略将为展现体育文化软实力提供广阔舞台，筹办 2022 年北京冬奥会等国际大赛将不断提升中国体育的国际影响力，我国冰雪体育运动和冰雪产业将迎来快速发展新时期”。在“大力普及冰雪运动项目”一节中，该“十三五”规划提出，研制并实施《群众冬季运动推广普及计划》，大力发展大众冰雪健身休闲项目，扶持滑冰、冰球和雪上等有潜力的冰雪健身休闲项目快速发展。加强冬季项目场地设施建设，加强冰雪运动专业指导和培训，支持有条件的企业和个人成立冰雪运动俱乐部、培训学校。积极打造“全国大众冰雪季”和“青少年冰雪运动普及”等群众性品牌冰雪活动，举办花样滑冰、冰球、冰壶和单板滑雪等赛事，积极推动冰雪运动进校园。大力发展冰雪运动产业，以带动冰雪设备和冰雪运动装备生产、大众冰雪健身服务平台建设为抓手，逐步打造多元冰雪产业链，有效扩大冰雪体育产业市场供给。推动有气候条件优势、有产业基础的东北地区加快发展冰雪运动。推进“冰雪运动‘南展西扩’”战略，鼓励有条件的南方和西部省市积极开展冰雪运动。“十三五”期间，实现体育产业总规模超过 3 万亿元。同年 10 月，国务院颁布《“健康中国 2030”规划纲要》，纲要指出，要积极培育冰雪、山地、水上、汽摩、航空、极限、马术等具有消费引领特征的时尚休闲运动项目。11 月，国务院办公厅提出《国务院办公厅关于进一步扩大旅游文化体育健康养老教育培训等领域消费的意见》，该意见指出要大力促进体育消费，制定实施冰雪运动、山地户外运动、水上运动、航空运动等专项运动产业发展规划。同期，《冰雪运动发展规划（2016—2025 年）》《全国冰雪场地设施建设规划（2016—2022 年）》《群众冬季运动推广普及计划（2016—2020 年）》相继发布。《冰雪运动发展规划（2016—2025 年）》指出，到 2025 年，形成冰雪运动基础更加坚实、普及程度大幅提升、竞技实力极大提高、产业体系较为完备的冰雪运动发展格局，冰雪运动普及度大幅提高，群众冰雪活动极大丰富，参与冰雪运动的人数稳步增加，直接参加冰雪运动的人数超过 5000 万，并“带动 3 亿人参与冰雪运动”。力争在 2022 年冬奥会上综合实力跻身世界先进行列，实现运动成绩与精神文明双丰收。政府引导、社会参与，初步形成以冰雪场地设施建设运营为基础，冰雪大众休闲健身和竞赛表演为核心，以冰雪体育旅游为带动，冰雪装备制造为支撑的冰雪产业体系。到 2020 年中国冰雪产业总规模达到

6000 亿元，到 2025 年中国冰雪产业总规模达到 10000 亿元。《全国冰雪场地设施建设规划（2016—2022 年）》建设目标是到 2022 年，全国滑冰馆数量不少于 650 座，其中新建不少于 500 座；滑雪场数量达到 800 座、雪道面积达到 $10000m^2$、雪道长度达到 3500km，其中新建滑雪场不少于 240 座、雪道面积不少于 7000 万 m^2、雪道长度不少于 2500km。全国冰雪场地设施有效供给极大提升，经济社会效益明显提高，初步形成布局合理、类型多样、基本满足需求的冰雪场地设施网络。《群众冬季运动推广普及计划（2016—2020 年）》旨在把推广普及冬季运动、增强人民体质、提高健康水平作为根本任务，坚持因地制宜、科学布局、统筹协调、广泛参与的原则，实施“冰雪运动‘南展西扩’”战略，夯实冬季运动群众基础，传播积极健康的生活方式，引领全民健身新时尚。以京津冀为引领，以东三省提升发展为重要基础，发挥新疆、内蒙古等地区的后发优势，带动南方地区协同发展，点线面结合布局群众冬季运动生态圈（带）。12 月，国务院印发《“十三五”旅游业发展规划》，规划提出，以办好 2022 年冬奥会为契机，大力推进冰雪旅游发展；支持黑龙江、吉林等地做好冰雪旅游专项规划；建设一批融滑雪、登山、徒步、露营等多种旅游活动为一体的冰雪旅游度假区或度假地，推出一批复合型冰雪旅游基地，鼓励冰雪场馆开发大众化冰雪旅游项目；支持冰雪设备和运动装备开发；推动建立冰雪旅游推广联盟，搭建冰雪旅游会展平台；支持院校与企业合作，培养冰雪旅游专业化人才。

2017 年 7 月，国家旅游局办公室和国家体育总局办公厅联合印发《关于开展“国家体育旅游示范基地”创建工作和“国家体育旅游精品赛事”申报工作的通知》，公布了首批 30 个“国家体育旅游示范基地”创建单位，以及 33 个“国家体育旅游精品赛事”。在 30 个“国家体育旅游示范基地”名单中，一条以新疆为起点，连接京津冀三地和东北地区的北方冰雪旅游带，基本形成。此次发布的 30 个“国家体育旅游示范基地”创建单位中，北方地区至少有 6 家创建单位与“冰雪旅游”息息相关。其中，最为明显的为天津蓟洲国际滑雪场、张家口市万龙滑雪场、黑龙江亚布力滑雪旅游度假区以及吉林北大湖体育旅游经济开发区。四地作为滑雪度假目的地，无疑具有天然的“冰雪旅游”属性。

2018 年 2 月，教育部、国家体育总局、北京 2022 年冬奥会和冬残奥会组织委员会（简称北京冬奥组委）印发关于《北京 2022 年冬奥会和冬残奥会中小学生奥林匹克教育计划》的通知，通知主要强调在东北、华北和西北地区，开展冰雪运动进校园系列活动；开展青少年冰雪普及活动；举办青少年冰雪冬夏令营、青少年公益冰雪系列等活动，弘扬奥林匹克精神，普及冰雪运动项目；积极鼓励支持学校与滑雪场、滑冰馆、冰雪运动俱乐部、冰雪培训机构及其他相关社会机构合作开设冬季运动技能课程。2018 年 9 月，国家体育总局公布《"带动三亿人参与冰雪运动"实施纲要（2018—2022 年）》，该实施纲要总体目标提出到 2022 年，实现"带动三亿人参与冰雪运动"目标。同时该实施纲要还制定了阶段任务。2018～2019 年，重点扶持一批群众性冰雪品牌项目；2019～2020 年，动员各方力量，逐步形成政府主导、社会协同、群众参与的发展格局，初步实现冰雪运动进校园、进机关、进社区、进家庭；2020～2021 年，冰雪运动"南展西扩东进"战略深入实施，冰雪运动基本覆盖全国各省区市；2021～2022 年，群众性冰雪运动发展态势基本形成，努力实现"带动三亿人参与冰雪运动"目标。该实施纲要的发布，彰显了中国冰雪运动向世界更高水平迈进，不断加快冰雪运动强国建设进程的决心。

2019 年 3 月，中共中央办公厅、国务院办公厅印发了《关于以 2022 年北京冬奥会为契机大力发展冰雪运动的意见》，意见提出，"力争到 2022 年，我国冰雪运动总体发展更加均衡，普及程度明显提升，参与人数大幅增加，冰雪运动影响力更加广泛""冰雪产业蓬勃发展，产业规模明显扩大，结构不断优化，产业链日益完备"。同年 5 月，工业和信息化部、教育部、科学技术部、文化和旅游部、国家市场监督管理总局、国家广播电视总局、国家体育总局、国家知识产权局、北京 2022 年冬奥会和冬残奥会组织委员会九部门，按照中共中央办公厅、国务院办公厅《关于以 2022 年北京冬奥会为契机大力发展冰雪运动的意见》部署，为加快培育发展冰雪装备器材产业，助力制造强国和体育强国建设，联合编制了《冰雪装备器材产业发展行动计划（2019—2022 年）》，计划提出，"到 2022 年，冰雪装备器材产业年销售收入超过 200 亿元，年均增速在 20% 以上。开发一批物美质优的大众冰雪装备器材和北京冬奥会亟需装备，大幅提升供给能力。建立较为完善的综合标准化体系，培育一批具有国际竞争力的企业和知名品牌，创建若干特色产业园区，初步形成具备高质量发展基础的冰雪装备器材产业体系"。此外，计划还提出四项重点任务，包括开发大众冰雪装备器材、实施精品示范应用工程、完善产业支撑体系、加强企业品牌培育。同时，计划对冰雪装备器材产业发展提出五项保障措施：加强组织领导、加大政策激励、优化产业发展环境、推动高水平开放合作、加快专业人才培养。

2021 年 2 月，文化和旅游部、国家发展和改革委员会、国家体育总局共同发布《冰雪旅游发展行动计划（2021—2023年）》（以下简称《行动计划》）。当前，冰雪旅游已成为践行“冰天雪地也是金山银山”冰雪产业的主导产业。该《行动计划》旨在调整冰雪产业供需侧改革，推动冰雪产业高质量发展，以全方位服务于国民冰雪旅游消费需求。《行动计划》明确确立，到2023年，推动冰雪旅游形成较为合理的空间布局和较为均衡的产业结构，助力2022北京冬奥会和实现“带动三亿人参与冰雪运动”目标。同时，《行动计划》也明确提出，推动冰雪主题旅游度假区和景区建设。建设一批冰雪主题A级旅游景区，引导以冰雪旅游为主的度假区和A级旅游景区探索发展夏季服务业态。推出国家级、省级滑雪旅游度假地。鼓励各地结合自身冰雪旅游资源，推出一批兼具民俗风情和冰雪文化特色的冰雪旅游主题精品线路，建设一批融滑雪、登山、徒步、自驾、露营、非遗体验、冰雪文化展示等多种文化和旅游活动为一体的高品质、复合型的冰雪旅游基地。以2022北京冬奥会为契机，大力拓展冰雪竞赛表演市场。推动乡村冰雪旅游发展。《行动计划》同时指出，未来将促进冰雪旅游与文化、教育、装备制造、科技等融合。深入挖掘各地传统冰雪文化资源，加强冰雪文化相关非物质文化遗产保护和利用。大力推广青少年冬季冰雪运动，推进冰雪运动进校园。培育一批具有较高知名度和影响力的冰雪装备器材制造企业。大力发展“互联网+冰雪旅游”，推动冰雪旅游与大数据、物联网、云计算、5G等新技术结合。

2021年3月，《中华人民共和国国民经济和社会发展第十四个五年规划和2035年远景目标纲要》发布。其中，第三十二章和第四十四章提出，大力发展寒地冰雪、生态旅游等特色产业，打造具有国际影响力的冰雪旅游带。持续推进冰雪运动发展，发展具有世界影响力的职业体育赛事。此外，中国10个省市将冰雪旅游写入“十四五”规划纲要。其中，黑龙江“十四五”规划纲要提出，要构建大冰雪产业体系，促进冰雪旅游、冰雪运动、冰雪文化、冰雪节庆、冰雪娱乐、冰雪装备、冰雪教育培训等协同创新发展，培育冰雪全产业链，打造成最具知名度和影响力的冰雪旅游首选目的地、人才培养基地、装备研发制造基地和赛事承办地。同年4月，文化和旅游部《“十四五”文化和旅游发展规划》发布，规划提出要建设生态、海洋、冰雪、城市文化休闲等特色旅游目的地。发展冰雪、避暑、避寒等气候旅游产品。认定一批国家级滑雪旅游度假地。7月，国务院印发的《全民健身计划（2021—2025年）》指出，持续开展全国新年登高、纪念毛泽东同志“发展体育运动，增强人民体质”题词、全民健身日、“行走大运河”全民健身健步走、中国农民丰收节、群众冬季运动推广普及等主题活动。巩固拓展“三亿人参与冰雪运动”成果。促进体旅融合。通过普及推广冰雪、山地户外、航空、水上、马拉松、自行车、汽车摩托车等户外运动项目，建设完善相关设施，拓展体育旅游产品和服务供给。10 月，国家体育总局《“十四五”体育发展规划》发布，明确指出以筹备北京 2022 年冬奥会为契机，实现冰雪运动跨越式发展。积极备战北京 2022 年冬奥会。力争取得我国冬奥会参赛史上最好成绩。推广普及冰雪运动。加强冰雪运动进校园顶层设计。加快推进冰雪运动“南展西扩东进”战略实施，实现全域发展，“带动三亿人参与冰雪运动”。促进冰雪产业全面升级。不断提升本土冰雪企业自主研发能力，面向国内外市场，打造冰雪产品高端品牌。提升冰雪运动国际影响力。加强与国际奥委会、冰雪项目国际组织合作，积极申办、承接国际大型综合性冰雪赛事。

三、地方滑雪旅游政策

冬奥会申办成功后，国家出台了诸多冰雪旅游政策，足见国家促进冰雪产业和雪场建设的决心之大、力度之强。与此同时，京津冀、东北地区、西部地区、南方地区等省市也相继发布各种优惠政策支持冰雪旅游发展。

（一）京津冀滑雪旅游政策

伴随着 2022 年冬奥会的成功申办，滑雪运动受到很多人的追捧。2017 年 9 月，国家体育总局会同国家发展和改革委员会、国家旅游局编制的《京津冀健身休闲运动协同发展规划（2016—2025 年）》发布，提出到 2020 年京津冀地区常住人口中经常参加健身休闲活动人数达到 3850 万，到 2025 年达到 4150 万，推动实现全国“三亿人参与冰雪运动”目标。以崇礼为中心在北京西北建设以开展冰雪和户外休闲运动为主的国家运动休闲区。充分利用崇礼、延庆等地的冰雪资源开展冰雪健身活动。重点进行崇礼滑雪核心区域各滑雪场、中央游憩区、围场滑雪场以及延庆八达岭滑雪场和石京龙滑雪场等场地设施的改造和扩建，扶持张家口建设国家级冰雪运动示范城市和冰雪装备制造基地。根据张家口、北京、承德三地的地理地貌、降雪气候等特点，以京津冀高纬度地区（崇礼、沽源、承德、蓟州、延庆）为主要建设场所，并辐射北京平谷、密云、昌平等区域，打造冰雪运动休闲带。张家口地区以建设雪上项目为重点，借鉴国外滑雪休闲运动发展的经验，打造具有中国特色的冰雪运动休闲目的地。

2015 年北京市滑雪场已超过了 30 家。2016 年 3 月，北京市在全国首次以地方政府名义出台冰雪运动发展规划，即《北京市人民政府关于加快冰雪运动发展的意见（2016—2022 年）》及七项配套规划，这也是对于冬奥会与全民健身之间紧密联系的一种呼应，该规划明确了发展冰雪工作的核心任务（群众冰雪、竞技冰雪、青少年冰雪、冰雪体育产业、冰雪赛事、冰雪场地设施和冰雪运动人才）：打造 1 张“冰球名片”——冰球是北京市目前基础最扎实、发展势头最旺盛的冰雪项目；建设 2 套竞技队伍——北京市将因地制宜，重点发展基础较好的冰上项目，逐步组建雪上项目专业队伍，改变首都竞技体育夏强冬弱的局面，力争在北京 2022 年冬奥会上取得良好成绩；实现 400 亿元产业收入——积极促进冰雪体育消费；鼓励引导社会资本投资冰雪体育产业，2022 年北京市冰雪体育产业收入规模力争达到 400 亿元左右，实现增加值 80 亿元；普及 800 万冰雪人口——以北京市民快乐冰雪季系列活动为龙头，推动冰雪运动进校园、进公园、进商业场所，掀起群众参与冰雪运动的热潮；北京市参与冰雪运动人口规模将扩大到 800 万人。2018 年 4 月，北京教育委员会联合有关部门研究制定《北京市冰雪运动校园辅导员准入条件和培训大纲》，以首都体育学院为依托，增设冰雪运动专业，加快冰雪运动专业人才培养，快速培养一批冰雪运动骨干师资。同时，拟借助社会力量实施“海外引智”计划，通过与丹麦等冰雪运动强国合作，引进优秀冰雪运动教师或者教练以及培训模式。2021 年 1 月，北京“十四五”规划和 2035 年远景目标纲要通过决议，冰雪运动发展长期向好趋势不变，拟建设一批群众身边的冰雪场地，打造一批冰雪品牌赛事活动，打造以冰雪运动休闲、四季山水度假为主的世界知名冰雪小镇。到 2025 年，北京市参与冰雪运动人数要达到 1000 万人。2021 年 9 月，《北京市“十四五”时期教育改革和发展规划（2021—2025 年）》发布，强调推进冰雪运动进校园，持续建设 200 所中小学冰雪特色学校，引导百万学生参与冰雪运动。

2017 年 2 月，天津市《关于进一步扩大旅游文化体育健康养老教育培训等领域消费的实施方案》出台，指出要推动高端健身休闲业发展。建成海河赛艇皮划艇运动基地，打造东疆港海上运动基地、蓟州山地户外运动基地、团泊湖自行车运动营地、大港航空运动营地等时尚、多元化的健身休闲营地。打造冰雪运动产业基地，鼓励建设改造多功能冰场、雪场、山野基地和登山设施，推广普及冰雪、轮滑、山地等运动项目。4 月，《天津市冰雪运动发展规划（2016—2025 年）》推动天津冰雪运动实现全面发展，形成适合本市全民健身普及、竞技水平提高和体育产业发展的天津市冰雪运动发展运行机制。直接参加冰雪运动的人数超过 30 万，并“带动 200 万人参与冰雪运动”；冰雪竞技水平进一步增强，力争 2022 年北京冬奥会上有天津选手参赛。各类滑冰馆、滑雪场、人造冰场等达到 50 个左右。打造综合性冰雪基地及特色示范项目 1 ~ 3 个。进一步加大冰雪项目教练员和专业人员培训力度，扩大队伍，提高指导水平。

2017 年 7 月，河北省政府办公厅发布《关于支持冰雪运动和冰雪产业发展的实施意见（2017—2022 年）》，意见明确指出加大雪场建设力度，扩大雪场规模，支持雪场完善场地配套服务设施。《河北省冰雪活动蓝皮书（2016—2017）》显示，2016 ~ 2017 年雪季，省内滑雪场接待的滑雪者主要来自省内及京、津、豫、晋、鲁等周边省市，其中超过七成的滑雪者来自省内。相比之下，黑龙江、吉林两省冰雪旅游的游客则大多来自省外，其中以南方游客居多。这在一定程度上反映了河北冰雪旅游的“巷子深”。2018 年 3 月，河北省印发的《关于创新冰雪运动发展体制机制的实施意见》指出，2022 年全省滑雪场达到 80 个以上、滑冰场（馆）达到 200 个以上；冰雪运动人才规模稳步提升，到 2022 年，冰雪运动竞技人才达到 1200 名以上，冰雪运动普及人才 16000 名以上；实施精兵战略，专业运动员编制达到 250 人左右；建成国家级冰雪特色小镇 2 ~ 3 个，省级冰雪特色小镇 10 个。2018 年 5 月，河北省政府办公厅印发《河北省冰雪产业发展规划（2018—2025 年）》，发展规划提出，立足于培育河北经济新的增长极，建成冰雪产业强省；到 2022 年全省滑雪场馆达到 80 个，滑冰场馆达到 200 个，冰雪产业规模达 1200 亿元；到 2025 年全省滑雪场馆达到 100 个，滑冰场馆 250 个；培育 10 个国际品牌赛事和活动，打造 10 个冰雪产业龙头企业，冰雪产业总规模达 1500 亿元。2018 年 7 月，《河北省冰雪活动蓝皮书（2017—2018）》发布，数据显示，2017 ~ 2018 雪季，河北省参与冰雪运动人次总计 856.78 万，发展势头良好；比上一雪季增长 30.31%，其中直接参与人次 344 万，占比 40.15%；间接参与人次 512.78 万，占比 59.85%；滑雪人次为 267.36 万，滑冰人次为 61.16 万。然而，河北省滑雪场目前总数达到 37 家，滑冰场总数达 33 家，距 2025 年目标任务差距尚大，且分布不均；“冰雪六进”除“进学校”，其他“五进”还有很大推动空间；居民参与冰雪运动尚不具有普遍性和广泛性。《河北省冬奥人才计划实施方案（2016—2022）》提出，重点培养引进赛事保障、赛区服务、城市运行、工作人员队伍、冰雪运动及产业五大类人才，着力做好冰雪普及人才、冰雪竞技人才、冰雪专业人才的培养，推动冰雪人才培养和引进工作进一步发展。同期，《河北省人民政府关于加快推进现代服务业创新发展的实施意见》正式印发，实施意见提出，以举办 2022 年冬奥会和冬残奥会为契机，支持张家口市抓住举办 2022 年冬奥会和冬残奥会有利时机，发展文化旅游、冰雪旅游、体育健身、新能源技术研发等现代服务业，以延伸拓展冰雪产业链条。

（二）东北地区滑雪旅游政策

东北地区是中国降雪最多的地区，冬季降雪较多，地表积雪时间长。得天独厚的自然环境使东北拥有中国主要滑雪区域的一半资源。《中国滑雪产业白皮书》（2017 年度报告）显示，东北三省的雪场目前有 202 个（黑龙江 124 个、吉林 41 个、辽宁 37 个），占到中国滑雪场地（703 个）的近三成。在经济下行结构调整中，冰雪旅游产业成为东北地区经济转型的方向之一。针对东北地区的发展政策是黑龙江冰雪产业发展的直接动力。国家先后出台《国务院关于进一步实施东北地区等老工业基地振兴战略的若干意见》《关于近期支持东北振兴若干重大政策举措的意见》，明确指出要做强传统优势产业、加快培育新兴产业、大力发展现代服务业，并提出加强旅游设施建设，提升旅游业竞争力，打造大东北旅游品牌的战略目标。2016 年 3 月 7 日，习近平总书记参加十二届全国人大四次会议黑龙江代表团审议会议中强调，“绿水青山是金山银山，黑龙江的冰天雪地也是金山银山”。2018 年 9 月 28 日，习近平总书记在主持召开深入推进东北振兴座谈会时强调要充分利用东北地区的独特资源和优势，推进寒地冰雪经济加快发展。

黑龙江省是中国最早开发冰雪、运营冰雪的省份，是中国现代冰雪旅游产业的肇兴之地。作为中国冰雪旅游资源、冰雪运动和冰雪旅游品牌第一大省，经过多年的发展，黑龙江省冰雪旅游产业取得了令人瞩目的成绩。2015 年 10 月，《黑龙江省人民政府关于加快发展体育产业促进体育消费的实施意见》发布，其中提出，从省情及地域特点出发，以冰雪体育产业为基础，以户外休闲养生为重点，以品牌赛事打造为依托，以科技创新为引领，构建以哈尔滨为轴心，哈牡绥冰雪产业带、哈大齐体育制造产业带、哈伊生态户外体育旅游产业带、哈佳水上休闲产业带和黑龙江、乌苏里江界江国际赛事产业带为拓展延伸的体育产业发展框架。突出哈尔滨、齐齐哈尔、牡丹江、佳木斯、伊春等体育特色产业“五环”城市圈，形成全省上下衔接、纵横交错的产业布局。从 2016 年起，将每年的 12 月 20 日设立为“黑龙江省全民冰雪活动日”，大力推进冰雪产业深度融合发展、快速发展。2016 年，《黑龙江省冬季体育战略发展实施意见》提出到 2022 年，每年省内有 2000 万人次参与群众性冰雪体育活动，吸引省外 5000 万人次来黑龙江省参与冰雪体育活动；冰雪体育产业规模占全省体育产业总规模的 40% 以上，初步形成布局和结构合理的冰雪体育产业格局。同期，黑龙江省制定出台了《省委省政府关于加快我省冰雪旅游产业发展的实施意见》，提出了冰雪旅游产业的发展目标，到 2022 年，力争全省冰雪旅游人数突破 1 亿人次，冰雪旅游收入突破 1200 亿元。同时提出，要促进装备制造业与冰雪旅游融合发展，依托哈尔滨、齐齐哈尔、牡丹江等地现有制造加工生产能力，积极引入国外先进冰雪旅游装备制造企业，合资合作研发制造索道、压雪机、造雪机、制冰机、雪地摩托等冰雪设施装备，打造核心品牌。2017 年 8 月，《黑龙江省冰雪装备产业发展规划（2017—2022 年）》提出，依托省内冰雪资源优势，利用冰雪产业基础和现有冰雪场地装备生产企业和寻求转型发展的优势装备制造企业，加快雪上运动装备、冰上运动装备、冰雪场地装备等冰雪装备产业发展，加强冰雪场地装备开发生产，发展冰雪场地装备制造服务业，提升经营规模和效益。力争到 2022 年，冰雪场地装备产业实现主营业务收入 11 亿元以上。2017 年 9 月，《黑龙江省冰雪旅游专项规划（2017—2025）》发布，提出依托黑龙江整体生态化优势、独特的冰雪风光资源、顶级的滑雪场资源和丰厚多元的民族地域文化资源，巩固冰雪基础产品-冰雪观光产品，加快丰富完善冰雪度假产品、冰雪运动产品、冰雪娱乐产品，同时创新发展冰雪文化产品、冰雪演艺产品、冰雪科教产品、冰雪节庆产品、冰雪商贸产品等冰雪支撑产品，打造具有黑龙江特色的冰雪旅游产品体系，提高核心竞争力。以黑龙江冰雪资源为依托，强化优势资源整合，发挥冰雪观光产品在整个黑龙江省冰雪旅游体系中的基础性作用。在现有冰雪观光产品的基础上，进行创新提升，提高冰雪观光旅游的参与性和趣味性，推动冰雪观光旅游产品向体验型产品提档升级。依托城市内部及近郊的冰雪旅游资源，重点发展城市核心区冰雪度假和城郊冰雪度假两类度假产品，共同支撑黑龙江城市冰雪度假产品体系。开发一批特色冰雪旅游村镇。以雪乡、雪谷、雪村景区为乡村冰雪度假的示范引领，以乡土生活、民俗民族文化体验为核心，构建乡村冰雪度假产品。打造一批冰雪旅游度假区。以冰雪森林、冰雪湿地、冰雪温泉、冰雪湖泊等资源为基础打造一批冰雪旅游度假区。同期，出台了《黑龙江省人民政府办公厅关于加快发展健身休闲产业的实施意见》，意见提出，围绕“三亿人参与冰雪运动”目标，大力推进冰雪运动普及发展，将冰雪活动作为全民健身活动重要内容，纳入各级体育部门考核指标，不断加大推进力度。持续开展“百万青少年上冰雪”活动，制定冰雪进校园规划，积极举办大中小学生冬季运动会等活动，增加青少年参加冰雪运动数量。打造“赏冰乐雪”系列活动品牌，重点开展好以大众冰雪系列比赛、冰雪汽车拉力赛、雪地足球、冬泳、冰钓、冰上龙舟等为代表的大众冰雪赛事活动，积极推进越野滑雪运动的普及。鼓励各地依托当地自然、人文资源开展形式多样、喜闻乐见、健康有趣的冰雪健身休闲项目。

2016 年 9 月，吉林省为贯彻落实习近平总书记关于“冰天雪地也是金山银山”和“三亿人参与冰雪运动”的重要指示精神，制定出台《关于做大做强冰雪产业的实施意见》，提出将大力发展“白色经济”，加快推进“白雪换白银”，引领服务业发展，助推吉林老工业基地全面振兴。该实施意见围绕做强冰雪核心产业、壮大冰雪关联产业、增强冰雪产业支撑、加强组织保障四个方面提出 32 项具体举措，力争到 2020 年初步建成以“冰雪旅游、冰雪体育、冰雪文化”为核心的“3+X”冰雪全产业链，使冰雪产业成为该省经济发展新的战略增长极。同时提出构建以冰雪旅游为本体、冰雪体育为基础的吉林特色冰雪产业体系。2018 年 10 月，“冬奥在北京·体验在吉林”系列旅游推广活动在北京举行。本次推广活动中，吉林省推出一系列惠民政策刺激冰雪旅游消费，本次推广活动发布吉林旅游“冰雪令”，包含土地政策、扶持政策、奖励政策、惠民政策等 7 项务实举措，诚邀全国各地朋友来吉林投资兴业、赏冰玩雪等。2018 年 12 月，《关于加快推进吉林省全域旅游发展的实施方案》指出，冰雪产业是吉林旅游竞争发展的特色与亮点，要果断抓住难得的历史机遇和全域旅游发展的政策机遇，全面落实省委、省政府《关于做大做强冰雪产业的实施意见》，破解发展难题，全力推进冰雪十大工程，精心构建“冰雪旅游、冰雪体育、冰雪文化”为核心的“3+X”冰雪全产业链，推动吉林市等地区创建国家级冰雪产业发展集聚区，使冰雪产业成为本省经济发展新的战略增长极。到 2022 年，初步建成冰雪旅游强省和国内一流冰雪旅游目的地。2021 年 1 月，吉林省十三届人大四次会议审查批准《吉林省国民经济和社会发展第十四个五年规划和 2035 年远景目标纲要》，规划纲要提出，大力发展寒地冰雪经济，推进服务业转型提质，培育壮大新动能。坚持生活性服务业品质化、生产性服务业融合化发展方向，突出发展旅游产业和冰雪经济，实施服务业转型提质十项行动，把服务业打造成为经济增长“稳定器”和结构调整“加速器”。2021 年 10 月，《吉林省冰雪产业高质量发展规划（2021—2035 年）》发布，这是推动吉林省冰雪产业高质量发展的蓝图性文件，也是全国完成的第一个省级冰雪产业高质量发展规划。坚持“生态优先、绿色发展”，明确构建“一心、三廊、两区、三组团、两环线、多点支撑”冰雪产业空间发展格局，充分发挥冰雪产业在国家对外开放战略及区域协同发展格局中的作用，创新构建综合保障体系，探索将“冰天雪地”转化为“金山银山”的实现路径。规划将吉林省战略定位为“中国寒地冰雪经济高质量发展示范区”、“‘带动三亿人参与冰雪运动’重要承载区”、“世界知名的国际冰雪旅游胜地”、“中国冰雪文化品牌高地”、“冰雪装备技术研发和成果转化中心”、“冰雪配套服务业创新发展区”和“中国寒地特色产业集聚区”。

2016 年 12 月，《辽宁省体育领域供给侧结构性改革实施方案》出台，明确指出，“借助北京冬奥会，探索我省申办 2024 年全国冬运会”。把原有的辽宁滑雪场经营模式单一、配套不完善的小雪场，改造提升为大型雪场，利用地域优势整合资源，通过提高服务质量，完善各项基本配套设施等举措，发展高质量冰雪产业，抓住北京冬奥会的机遇，大力发展辽宁省冰雪旅游。2018 年 3 月，《辽宁省人民政府关于加快发展体育产业促进体育消费的实施意见》明确提出，到 2020 年，全省体育产业总规模达到 2000 亿元。其中，冰雪产业将占据相当大的比重。2018 年 6 月，辽宁省人民政府印发的《辽宁省落实振兴东北科技成果转移转化专项行动实施方案三年行动计划（2018—2020 年）》中提出，到 2020 年，建设年平均游客接待量达到 3000 人的规模滑雪场 30 个，培育具有品牌效应的大型科技冰雪主题乐园 2 个以上。在 2018 年度目标任务分工表中指出，平均游客接待量 3000 人规模滑雪场达到 10 家以上。同年 8 月，辽宁省政府《关于进一步加快旅游业发展的实施意见》提出，打造中国冬季休闲度假新高地，补齐冬季旅游产品短板。着力开发一批专业滑冰滑雪、大众溜冰嬉雪、冰雕雪雕观赏、健康养生温泉、冬捕狩猎冰钓、民族民俗体验等冬季旅游产品。2019 年 1 月，辽宁省冰雪温泉旅游协会贯彻全省文化和旅游局长会议精神暨 2019 会长工作会议在沈阳召开。随着生活水平的提高，养生被人们越来越关注，就此，会议提出冰雪与温泉行业发展需做出新的贡献，推行自驾游与冰雪温泉相结合的营销共享服务平台项目等。

2017 年 2 月，《内蒙古自治区“十三五”旅游业发展规划》印发，提出发展冬季旅游，实施四季旅游发展战略。按照“全域+四季”的旅游发展定位，深入挖掘冰雪草原、冰雪森林、雾凇、林海雪原等冬季旅游资源。打造东北林草文化四季全生态旅游片区、环京津冀草原风情旅游片区等旅游胜地，全面展示壮美内蒙古。2018 年 6 月，为进一步推动内蒙古冰雪运动繁荣健康发展，满足群众多样化体育文化需求，提高体育公共产品和服务供给的质量和效率，内蒙古自治区发展和改革委员会、内蒙古自治区体育局、内蒙古自治区教育厅、内蒙古自治区旅游发展委员会4部门联合编制了《内蒙古自治区冰雪运动中长期发展规划（2016—2025年）》。该规划提出到2025年，内蒙古自治区参与冰雪运动人数明显增加，冰雪竞技水平明显增强，冰雪运动产业体系基本健全，冰雪场地设施条件大幅改善，努力将内蒙古打造成“贯穿东西、沿京津冀、连接三北”的冰雪运动和产业大区。2021年发布的《内蒙古自治区“十四五”体育事业发展规划》指出，做好“后冬运”时代的冰雪体育资源开发利用工作，大力推广雪地足球、保龄壶、冰上龙舟等特色体育运动项目，为“带动三亿人参与冰雪运动”继续贡献力量。

（三）西北地区滑雪旅游政策

新疆同样拥有雪期长、雪质好等自然环境优势，再加之亚高原地带的“逆温层”效应，无论是南疆还是北疆都是开展冰雪运动的沃土。2015年，新疆出台了《新疆维吾尔自治区关于加快发展体育产业促进体育消费的实施意见》，明确提出将体育产业发展纳入“十三五”规划。特别针对冰雪运动产业发展提出了明确目标：到2025年，形成以自治区冰上运动中心为核心的冰上运动产业园，促进新疆冰雪运动和冬季旅游的发展。2016年，新疆成功举办了第十三届全国冬季运动会。2018年，国家体育总局冬季运动管理中心与自治区体育局签署了组建国家高山滑雪队新疆组合作协议，并授予阿勒泰将军山滑雪场“国家高山滑雪队训练基地”称号。国家高山滑雪队新疆组的成立，对推动地方和社会广泛参与备战冬奥会起到了积极作用。《中国冰雪旅游发展报告（2018）》发布新疆获多个冰雪旅游奖项。《中国滑雪产业白皮书》（2017年度报告）显示，2017年，新疆以59家滑雪场全国排名第三。2018年9月，“冬游新疆”中国西部冰雪旅游节暨第十三届新疆冬季旅游产业交易博览会新闻发布会上推广新疆冰雪旅游资源和产品，扩大了新疆冰雪旅游知名度和美誉度。2021年，《中国（长白山脉—阿尔泰山脉）冰雪经济高质量发展试验区总体规划》发布，该规划按照吉林新疆两省区战略合作部署，旨在加快推进两地冰雪经济高质量发展试验区建设工作。

2018年1月15日，陕西首届冰雪旅游季暨太白县首届冰雪旅游大会启动仪式在宝鸡市太白县鳌山滑雪场成功举行。此次大会的举办，旨在进一步提升陕西健康旅游和陕西冰雪运动知名度、美誉度和影响力，通过

“旅游+体育”融合发展，喜迎冬奥盛会，助推全民运动健身，是加快陕西全域旅游建设和全面深化供给侧结构性改革重大举措，对于推动全省“旅游+”战略，形成多产业与旅游产业融合发展，丰富全省健康旅游产品具有重要意义。同年3月发布的《陕西省人民政府办公厅关于进一步扩大旅游文化体育健康养老教育培训等领域消费的实施意见》指出，大力开展冰雪、户外、水上、航空等运动。提升全省范围内滑雪场设施条件和服务水平，鼓励兴办冰雪运动培训学校。加快建设秦岭户外健身基地，推广登山、徒步、攀岩、露营、溯溪、漂流、山地等户外运动项目。推进榆林、汉中、安康、商洛、杨凌等水上运动场地建设，扩大龙舟比赛、摩托艇、皮划艇、赛艇等活动影响和规模。依托渭南蒲城内府机场、榆林横山机场等航空营地，发展滑翔伞、动力伞、热气球等通航和航模运动项目，办好航空航模大会等系列品牌赛事。2020年3月，陕西省发布《陕西省人民政府办公厅关于加快建设体育强省的实施意见》，重点提出“落实国家冰雪计划，广泛开展群众性冰雪运动”“加快冰雪、户外、航空、水上运动等健身休闲产业发展”等推动冰雪运动发展相关内容。同年6月，陕西省体育局、省教育厅、省财政厅联合印发《关于大力发展冰雪运动的实施意见》，目标是到2022年，全省冰雪运动参与人次达到500万，冰雪产业规模居西部前列。围绕发展目标，该意见从加快冰雪运动普及推广、提升冰雪运动竞技水平、加快冰雪体育产业发展、统筹建设冰雪场地设施四大方面给出若干实施意见。该意见明确，扶持现有滑雪场完善场地配套设施，支持宝鸡太白鳌山滑雪场、铜川照金国际滑雪场、延安国际滑雪场、延安黄龙滑雪场、西安伏羲令滑雪场、汉中紫柏山国际滑雪场、汉中龙头山森林旅游开发有限公司滑雪场的标准化建设，打造滑雪健身体育示范点。推动各市（区）利用公园、广场、体育场馆及空置场所建设嬉雪场地，到2022年底前至少建成一块嬉雪场地。

2018年8月，甘肃省政府正式出台《关于加快发展健身休闲产业的实施意见》，明确发展冰雪运动，且要引导社会力量建设体验型冰雪产业综合体。2022年北京冬奥契机之下，国家冰雪运动“南展西扩”发展战略正值厚积薄发之际，大力挖掘甘肃省冰雪资源，推进冰雪运动在甘肃省落地，将为甘肃省内经济社会发展产生一定的积极影响。2020年12月，“第七届全国大众冰雪季”甘肃省启动仪式暨甘肃省首届冰雪欢乐季冰雪运动进校园系列活动，主要目的是带动引领全省各地积极开展群众性冰雪活动，营造浓厚的冰雪运动氛围，推进甘肃省冰雪运动快速发展。大力推进校园冰雪运动的普及发展，探索建立以滑轮、陆地冰壶、轮滑、旱地冰球等夏季替代项目为主要课程，就近就便、因地制宜、宜冰则冰、宜雪则雪的“一校多品”冰雪特色学校模式。

青海省开发的滑雪场所已达 10 余处，大多数位于人口密集的河湟谷地，每年参与活动的人数达 20 万人次，并且呈逐年增长趋势，已经成为冬季体育消费的一大主力。2017 年 3 月发布的《青海省加快提升旅游业发展行动方案》指出，要加快冰雪旅游运动项目开发；推进环西宁冰雪旅游区建设，开发冰雪运动、冰雪观光和民俗风情综合旅游项目；大力发展冰雪运动，科学规划冰雪运动场地，推广冰雪健身项目，发展冰雪体育社会组织，开发冰雪旅游项目，打造冰雪旅游景区、线路和赛事活动等。2018 年 11 月，青海省冬季冰雪体育运动旅游活动暨第四届青海省全民健身冰雪运动会在乐都瞿昙寺滑雪场隆重开幕，此次活动重点突出冰雪旅游，深入挖掘资源潜力，大力开发冬季冰雪旅游产品，以培育冬季冰雪旅游的产业链，打造青海冬季旅游的核心竞争力品牌，将青海冰雪旅游市场逐渐扩大。2019 年 11 月，《青海省推动冰雪运动发展实施方案》印发，实施方案明确了力争到 2022 年，建成公共滑冰馆 10 个、具有一定规模的滑雪场 10 个以上，2021 年举办全省首届冬季运动会，全省每年举办各类冰雪赛事活动 100 项次以上的工作目标，确定了加快冰雪基础建设、推广普及冰雪运动、发展竞技冰雪项目、培育冰雪特色产业、加大冰雪人才培养、扩大对外交流合作六项具体任务。

近年来，宁夏回族自治区积极响应“带动三亿人参与冰雪运动”号召，以 2022 年北京冬奥会为契机，不断推进体育产业供给侧结构性改革，从建设冰雪场地、培育冰雪人才、组织冰雪赛事活动、引进高水平冰雪赛事等方面着手，促进体育文化普及和产业升级。2021 年 8 月自治区全民健身领导小组正式印发《关于促进冰雪运动发展的实施方案》，提出到 2025 年，全区大众冰雪运动发展将更加均衡，场地设施条件不断完善，赛事活动日益丰富，参与人数和普及程度明显提升。冰雪运动竞技水平逐步提高，冰雪运动消费不断扩大，冰雪运动文化氛围日益浓厚。根据该方案，宁夏将充分利用区内滑雪、滑冰场（馆），开展冰雪嘉年华、冰雪挑战季、冰雪旅游节等群众性冰雪健身休闲活动。开展滑草、仿真雪（冰）、滑雪机等项目，推动冰雪运动向四季拓展，扩大冰雪运动人群。到 2025 年，力争全区参与冰雪运动项目达到 70 万人次。支持有条件的市、县（区）结合本地自然环境、气候条件、社会需求等因素，科学规划建设公共冰雪场地、冰雪运动综合体，完善配套服务设施（无障碍设施）。到 2025 年，全区具有一定规模的冰雪场地稳定在 10 个以上。

2018 年 11 月印发的《西藏自治区“十三五”旅游业发展规划》提出三大战略产品：高原生态观光、健康休闲度假、高端户外运动，明确了西藏将依托森林雪山、冰川峡谷、高原湖泊、特色乡村、动植物等优势资源，发展生态观光旅游；以舒适宜人的气候、珍贵的温泉医药资源等为载体，大力发展避暑养生、温泉度假、休闲养生等健康休闲度假旅游产品；积极发展山地徒步、汽车越野、漂流探险、航空体验、冰雪运动等高端户外旅游产品，举办水上竞技、自行车骑行、徒步运动、攀岩速降等旅游赛事类产品，推进将巴松错建设为西藏户外运动示范基地。

（四）南方地区滑雪旅游政策

北京成功申办 2022 年冬奥会，带动了冰雪运动在南方地区风靡，滑雪爱好者数量呈现井喷式增长。对于冰雪运动，南方人其实有着和北方人一样的热情，但以往由于条件受限，大家无法接触到这些运动，所以在传统观念中，滑雪成为“北国运动”。随着经济发展和大众生活水平的提高，对运动休闲项目的多样化需求越来越大，借助 2022 年的冬奥之风，四川、浙江、湖北、贵州的冰雪运动也就自然形成了热潮。如今四川、浙江已经成为长江以南不但冰雪运动开展得好，而且设施全的地区。

2016 年 10 月，贵州省发布《贵州省“十三五”体育发展规划》和《贵州省全民健身实施计划（2016—2020 年）》，支持有条件的地区建设人工滑雪场，开展形式多样的滑雪运动，让更多的人参与和喜爱冰雪运动。发展冰雪运动是贵州省弥补冬季体育产业空白、满足人民群众多样性健身需求的重要举措。根据人口占比和自然条件，贵州省计划到 2025 年带动 400 万人参加冰雪运动。2017 年 1 月，在“世界雪日”，贵州省举办了第一届滑雪节和全国高山滑雪青少年邀请赛及冰雪产业发展国际论坛。目前，贵州省已先后建成推出六盘水玉舍国家森林公园滑雪场、六盘水梅花山国际滑雪场、云上雪野盘州云海乐园滑雪场、贵阳高坡云顶草原滑雪场、安顺关岭奇缘谷冰雪小镇、黔南荔波的冰雪水世界、六盘水乌蒙大草原滑雪场七大滑雪场，吸引了大批省内外及境外游客前来感受贵州冬季滑雪的独特魅力。依托七大滑雪场资源禀赋，贵州在 2017 年多彩贵州冬季旅游主题营销活动中推出“山地公园省”冰雪汇，绘就贵州冬季激情运动游。倾力推出“青少年滑雪体验”、“滑雪比赛”、“浪漫冰雪”和“雪上亲子游”等活动，力图将自然冷资源变旅游热产品，引领贵州冬季旅游经济升温。2021 年，《贵州省“十四五”文化和旅游发展规划》将六盘水列为“避暑康养+冰雪运动”旅游功能区。该规划建议发挥六盘水

“中国凉都”品牌优势，依托绿色生态、夏季气候凉爽、冬季冰雪以及温泉、桥梁等优势资源，以满足游客避暑、康养、度假等休闲旅游需求，创新多元市场营销方式，建设国内著名避暑度假旅游目的地和南方滑雪健身旅游目的地，重点以梅花山、玉舍等滑雪场为依托，打造南方冬季滑雪休闲度假区。

四川省以成都市大邑县西岭雪山为起点，成都、阿坝、广元、达州、乐山、眉山、巴中全省 7 个市（州）分布有 22 个冰雪运营场所。2017 年 7 月，四川省发布的《关于加快发展健身休闲产业的实施意见》提出要打造南国冰雪运动目的地。充分依托得天独厚的“暖雪”优势，以滑雪、滑冰、攀冰等运动项目为重点，以迎接举办 2022 年北京冬奥会为契机，深入挖掘横断山脉东南缘、秦岭南麓冰雪资源，开发大众冰雪旅游项目，普及冰雪运动。加强茂县九鼎山国家体育产业示范项目、中国南方（秦岭南麓）滑雪场项目群建设。同年 10 月发布的《四川省冰雪运动发展规划（2016—2025 年）征求意见稿》指出，主要任务为大力普及冰雪运动，推广大众冰雪健身项目；提高冰雪运动竞技水平，积极探索冰雪运动竞技项目共建模式，创新发展格局，建立省冰雪运动协会和冰雪运动中心联合运行创新模式，发展冰雪运动竞技项目；促进冰雪产业发展，建设一批滑雪、攀冰、登山、徒步、露营等多种健身休闲运动为一体的旅游景区、度假区，建设运动休闲特色旅游目的地；创新发展冰雪装备制造业。支持冰雪装备制造企业与冰雪场地等用户单位联合开发冰雪装备。支持高等院校、科研院所和企业加大协同创新力度，以企业为主体开发一批科技含量高、绿色环保、拥有自主知识产权、可替代进口的产品，培育具有较高知名度的冰雪用品企业。2021 年发布的《四川省体育事业发展“十四五”规划》提出，要大力发展冰雪运动，加大冰雪项目选材力度，动员社会资本加强冰雪项目场地设施建设；打造白色冰雪运动产业带；以成都西岭雪山、阿坝九鼎山、绵阳九皇山、广元曾家山等得天独厚的“暖雪”资源优势为依托，开展户外滑雪、旱雪、室内滑雪（都江堰融雪世界）、室内滑冰与冰球等冰雪运动项目；联合重庆市共创“国家体育产业发展协同创新中心”。

谈起冰雪旅游，人们很难将它与素有“火炉”之称的重庆联系在一起。然而，事实并非如此，随着近年来“北冰南移”对冰雪运动的推广普及和中国获得 2022 年冬奥会主办资格的重大机遇，冰雪运动这项“冷门”运动宛如重庆气温一般，渐渐地热了起来。2017 年 4 月，重庆市人民政府出台了《关于加快发展健身休闲产业的实施意见》，根据该实施意见的要求，重庆市将利用渝东北生态涵养发展区和渝东南生态保护发展区的高山冰雪资源，因地制宜打造“三山三坝一湖”（仙女山、金佛山、摩围山，红池坝、茅草坝、黄安坝，南天湖）冰雪运动带，创建3～5个以竞赛表演、健身休闲等为特色的市级冰雪产业基地。支持鼓励滑雪、滑冰等有群众基础的冰雪项目发展，鼓励建设室内滑冰馆等冰雪场地设施，扩大冰雪运动参与人群规模。至此，冰雪运动在重庆的推广普及开始发力。重庆计划通过政府购买服务的方式，与冰场所在地教委加强合作，实施“冰雪进校园”行动，借助冰场场地和教练引导周边学校开展滑冰课程和培训；实施市、区（县）共建，与社会共建青少年冰雪项目队伍等方式，为重庆市培养后备力量；建立市级青少年冰雪项目竞赛平台，将冰雪项目纳入市运会和年度比赛，调动区县发展冰雪运动的积极性；制定冰雪运动发展的保障政策，投入机制，确保冰雪运动稳定可持续发展。2018年，重庆市丰都南天湖国际滑雪场、重庆巫溪天子山国际滑雪度假村、重庆金佛山北坡滑雪场、重庆金佛山西坡坡滑雪场、重庆石柱冷水滑雪场、重庆际华园室内滑雪场6家重庆本土滑雪场一起倡议，联合发起倡议成立“重庆滑雪大联盟”，共同打造重庆滑雪投资建设、社会服务和行业自律平台，形成重庆滑雪产业技术创新链条，促进重庆滑雪产业快速发展。2018年3月，重庆市社会体育指导中心冰雪部正式成立，专门负责全市冰雪运动项目的开展、冰雪产业的规范管理及全国冬运会冰雪运动项目的备战。根据重庆冰雪运动发展规划，该市将充分利用主城冰雪俱乐部为基础，开展以冰上项目为主的培训，在有自然条件的区县开展以雪上项目为主的培训。

2017年1月，安徽省人民政府办公厅相继发布《关于加快发展健身休闲产业的实施意见》（皖办发7号文件）、《安徽省健身休闲产业发展规划（2017—2025年）》。意见提出要大力推广安徽省冰雪和山地户外运动项目，深入谋划和推进“体育+旅游”，拉长体育旅游产业链条。规划则突出了六大领域战略，即确立山地户外运动产业、水上运动产业、冰雪运动产业、航空运动产业、汽车运动产业、传统体育运动产业六大主攻领域，持续推进冰雪设施建设、青少年参与工程、冰雪产品供给工程等冰雪运动四大普及工程。

2017年4月，湖北省《关于加快发展健身休闲产业的实施意见》（鄂政办发〔2017〕29号）出台，实施意见显示，湖北省将以神农架、黄冈、咸宁、恩施为重点，以大众滑雪、滑冰为抓手，推动冰雪运动相关设施建设，着力提升冰雪运动在全省的普及程度和产业发展水平。

2017 年 7 月，湖南省《关于加快发展健身休闲产业的实施意见》（湘政办发〔2017〕38 号）出台，实施意见明确表示要扶持冰雪运动。根据国家提出的“三亿人上冰雪”和“北冰南移西扩东展”计划，在具备条件的地区率先建设冰世界冬奥文化广场，有计划地建设一批公共滑冰馆、室外滑冰场和滑雪场等冰雪运动场地，加强冰雪运动的专业性指导和培训，支持一批有条件的企业和个人成立冰雪运动俱乐部或冰雪运动培训学校。2020 年 1 月，为大力普及推广冰雪运动，满足人民群众多样化的健身需求，推动“体育强省”“健康湖南”建设，湖南省发布《关于加快发展湖南省冰雪运动的实施意见》，提出力争到 2025 年，湖南省冰雪运动实现快速发展，形成具有湖湘特色、较为完整的冰雪运动体系，一是群众冰雪运动广泛开展，培育一批竞技冰雪赛事、传统特色类冰雪活动、青少年普及活动、冰雪运动项目教学等内容丰富的群众性品牌赛事、活动，力争 2025 年湖南省有百万青少年参与冰雪运动；二是冰雪竞技实现突破性发展，冰上项目竞技实力不断增强，竞技水平有效提升；三是强化人才培养，冰雪运动专业管理和服务人才、冰雪竞技优秀运动员和教练员数量大幅提升，到 2025 年，冰雪运动人才达到 2000 人；四是冰雪场地设施更加完善，有计划地建设一批公共滑冰馆、室外滑冰场和滑雪场等冰雪运动场地，完善和加强现有冰雪运动场地建设，提升冰雪场馆的硬件水平，完善配套设施，引导社会力量对现有场地进行改造升级，2025 年全省滑雪场达到 15 个，滑冰场（馆）实现较大幅度增长。

2020 年 6 月，为贯彻落实《江西省人民政府办公厅关于加快发展健身休闲产业的实施意见》（赣府厅发〔2018〕7 号），江西省体育局、省发展和改革委员会等四部门联合研究制定了《江西省冰雪运动产业发展规划（2019—2025）》，明确加快建设四大冰雪运动园区，包括南昌“启迪冰雪城”园区、上饶婺源“篁岭冰雪王国”园区、九江庐山滑雪园区、宜春铜鼓七星岭野外滑雪园区，鼓励通过集聚冰雪运动产业要素，延伸产业链条，提高辐射力，带动周边地区及全省冰雪消费。

2017 年，浙江省旅游局和省体育局发布了《关于大力发展体育旅游的实施意见》，明确提升体育旅游装备制造水平，鼓励体育旅游生产企业加强自主研发设计能力，不断提升产品品质，以满足大众体育旅游消费需求。以山地户外、水上运动、汽车摩托车运动、航空运动、冰雪等户外运动为重点，着力开发市场需求大、适应性强的体育旅游、健身休闲器材装备；优化产业布局，支持省内优势体育旅游装备企业开展并购与合资合作，提升产业集中度，鼓励和引导地方发展以体育旅游装备制造为主的产业集聚区；鼓励体育旅游器材装备制造企业向服务业延伸发展，培育形成一批体育旅游自主品牌和骨干企业。2020 年 4 月，浙江省发展和改革委员会、浙江省体育局联合印发《浙江省体育改革发展“十四五”规划》，为未来 5 年描绘蓝图。规划提出，“十四五”时期，浙江要实现群众体育、竞技体育、体育赛事、体育产业、体育文化以及体育整体智治工作等“六个走在前列”。同时规划提出，创建完善全民健身体系，推广冰雪运动项目，传承弘扬传统、民间体育项目和少数民族体育项目。

2019 年 5 月，福建省正式出台《福建省关于促进体育产业高质量发展的若干措施》，提出要创新体育场馆投资和运营模式，合理规划体育设施，加快冰雪运动场馆等新型场地建设，扶持有条件的地方发展冰雪运动项目。同年 7 月，《福建省体育局抢抓机遇发展冰雪运动的若干措施》印发，该措施的出台旨在恶补南方冰雪运动发展短板，有针对性、有步骤发展福建冰雪运动。该措施指出，要鼓励建设发展以冰雪为主题的体育特色小镇；重点扶持“泉州海丝冰雪大世界”“莆田冰雪小镇”建设；积极培育冰雪竞赛表演业；重点推动安踏、特步、361°、匹克等福建省本土知名体育制造企业加大冰雪服饰、装备等市场份额，经 5 年努力力争实现冰雪产值达企业总产值 15% 以上，年产值超 50 亿元。2021 年，《福建省“十四五”体育发展规划》提出，结合北京冬奥会推广“三亿人参与冰雪运动”，普及冰雪运动，推广“冰雪进校园”等活动。规划支持东山南极岛冰雪世界项目建设，项目建成后争取达到年接待游客 120 万人次，使“东山南极岛冰雪世界”成为福建省最大的室内综合冰雪运动娱乐场馆。

2021 年 8 月，《上海市体育发展“十四五”规划》发布。规划提出，上海要加快发展冰雪运动，到 2025 年，全市冰雪运动俱乐部达到 30 家，每年参加冰雪运动人次达到 200 万，冰雪运动特色学校达到 100 所，校园内常年参与冰雪运动的队伍和兴趣小组达到 1000 支，每年青少年学生参加冰雪运动和普及培训超过 100 万人次。

（五）其他区域滑雪旅游政策

2016 年 7 月，《河南省体育发展“十三五”规划》发布，规划提出要大力发展冰雪运动，对接国家冰雪运动“南展西扩”相关政策，充分利用气候和地理条件建设一批冰雪运动场地，鼓励京广线以西地区发展冰雪运动，鼓励社会力量投资建设冰雪运动场地、兴办冰雪运动培训机构，支持省辖市和社会力量成立专业运动队。2020 年 3 月，河南省人民政府办公厅发布《关于促进冰雪运动发展的实施意见》，提出要丰富冰雪产业业态，推动冰雪产业与文化、旅游、康养、科技等产业融合发展，为冰雪产业快速发展提供强大动力。到 2025 年，全省直接参与冰雪运动的人数超过 300 万，带动 1800 万人参与冰雪运动。

2017 年 12 月印发的《山东省全民健身条例》中提出，各级人民政府和体育、旅游等部门鼓励发展体育旅游，重点开发冰雪运动旅游、山地户外旅游、水上运动旅游、汽车摩托车旅游、航空运动旅游、健身气功养生旅游等体育旅游新产品；推动建设体育旅游目的地和体育旅游示范基地，培育体育旅游精品赛事，打造体育旅游精品线路，扶持特色体育旅游企业。2021 年 8 月，《山东省全民健身实施计划（2021—2025 年）》发布，该计划提出培育户外露营、水上运动、民俗项目、冰雪运动等体育旅游新业态。

2016 年 9 月，山西省人民政府印发《山西省全民健身实施计划（2016—2020 年）》，提出要推广冰雪运动，因地制宜，举办群众喜闻乐见的大众冰雪活动和赛事。2020 年 3 月，山西省体育局发布《山西省体育局关于全力支持我省体育企业抗疫情稳发展的通知》，从十二个方面出台具体措施，全力支持全省体育企业抗疫情稳发展，加快落实“三亿人上冰雪”系列群体活动经费；通知还提出要协调教育部门，加大推进游泳、滑雪等体育项目进校园的力度。2020 年 8 月，山西省人民政府办公厅正式公布《关于加快发展健身休闲产业的实施意见》，该实施意见指出，山西省要大力发展山地户外、冰雪等四大运动。重点打造太原、晋中冰雪运动产业集群，为实现“带动三亿人参与冰雪运动”的目标做出贡献。

2018 年 7 月发布的《江苏省加快发展冰雪运动产业行动方案》指出，要扩大和优化冰雪产业的社会投资，大力促进冰雪旅游和装备消费，着力培育和推进城乡居民参与冰雪消费的热点和增长点，满足人民群众日益增长的多元化的冰雪休闲运动需求，推动冰雪产业成为江苏健身休闲产业结构转型升级的重要驱动力；依托江苏省各地域自然禀赋和社会人文环境，做大做强“冰雪运动+休闲旅游”发展模式，打造以冰雪运动与运动休闲融合发展为特色的体育健康小镇、冰雪主题游乐园或室内冰雪商业业态；深入挖掘江苏省经济、文化、交通、人口等资源优势，以冰雪设施建设为立足点，以各级、各类组织引导为动力点，以专业及民间赛事拉动为引爆点，以各类冰雪人才的引进、培养、发展作为支撑点，以“人文冰雪”为文化内涵作为闪光点，带动江苏省冰雪产业发展。2018 年，江苏省年接待冰雪旅游 108 万人次，举办了“江苏省滑雪旅游节”、“江苏省冰雪嘉年华”、冰雪冬令营等各类冰雪节庆活动全年 20 多场次。此外，江苏省体育产业创造增加值 1219.58 亿元，同比增长 16.20%，占 GDP 的比例达到 1.42%。江苏省持续发力推进冰雪运动开拓发展，规划建成冰雪场地 42 个，其中冰场、雪场各 21 个，场地总面积约 40 万 m^2。2018 年，已安排 500 万发放冰雪体育消费券，健身群众年度可领取冰雪体育消费券的额度是普通体育消费券的 2 倍。

2020 年 3 月，云南省人民政府印发《关于以 2022 年北京冬奥会为契机大力发展冰雪运动的若干措施》，提出在建基地、组队伍、办赛事、促产业、出人才等方面全方位拓展，促进全省竞技性冰雪运动成绩稳步提高，群众普及程度不断提升，冰雪产业规模明显扩大的目标任务。

第三章　世界滑雪旅游目的地与滑雪产业经验

世界滑雪旅游目的地主要分布在阿尔卑斯山、斯堪的纳维亚半岛、落基山等冰雪产业发达地区，近些年，东亚滑雪产业发展较快。冰雪产业发达的国家在发展冰雪旅游进程中探索出了许多具有区域特色的冰雪旅游产品和项目。这些冰雪旅游产品和项目对于冰雪产业发展中的中国而言，具有重要的理论指导作用。

一、世界雪场空间分布

全世界约有6000余个滑雪场，覆盖在全球中高纬度，将近4亿人次每年参加冰雪运动，年旅游收入接近700亿美元。在西欧，有近100年的滑雪历史，而且在东亚也有近50年的历史。在瑞士、法国和挪威等其他滑雪发达国家，每年都会有近10%的人参与冰雪运动。冰雪旅游目的地主要集中在北欧、中欧、美国、加拿大及东北亚。世界滑雪旅游产业集聚区呈现明显的区域性特征，主要以山脉和气候为依托，共有五大集聚区，阿尔卑斯山区拥有35%滑雪场，北美地区占21%，亚太地区占19%，东欧及中亚与西欧地区基本持平，共占25%。其中，全球百万人次滑雪场数量分布（51家滑雪场）有限（如果滑雪场冬季平均滑雪人次达到100万以上，即视为百万人次滑雪场）。80%以上百万人次滑雪场都位于阿尔卑斯地区（图3-1）。当前，国际冰雪旅游的方向正由多极化向标准化方向迈进。

《2019全球滑雪市场报告》显示，全球有67个国家提供配备齐全的室外滑雪场，若将室内滑雪场（在世界各地的20个国家大约有50个室内冰雪中心）以及仅供登山雪场、旱雪雪场计算在内，那么滑雪国家可以达到100个。全球具备4条以上提升设备的滑雪胜地约有2000家（图3-1和图3-2）。除滑雪人次众多的滑雪胜地外，还有一些较小滑雪胜地，其滑

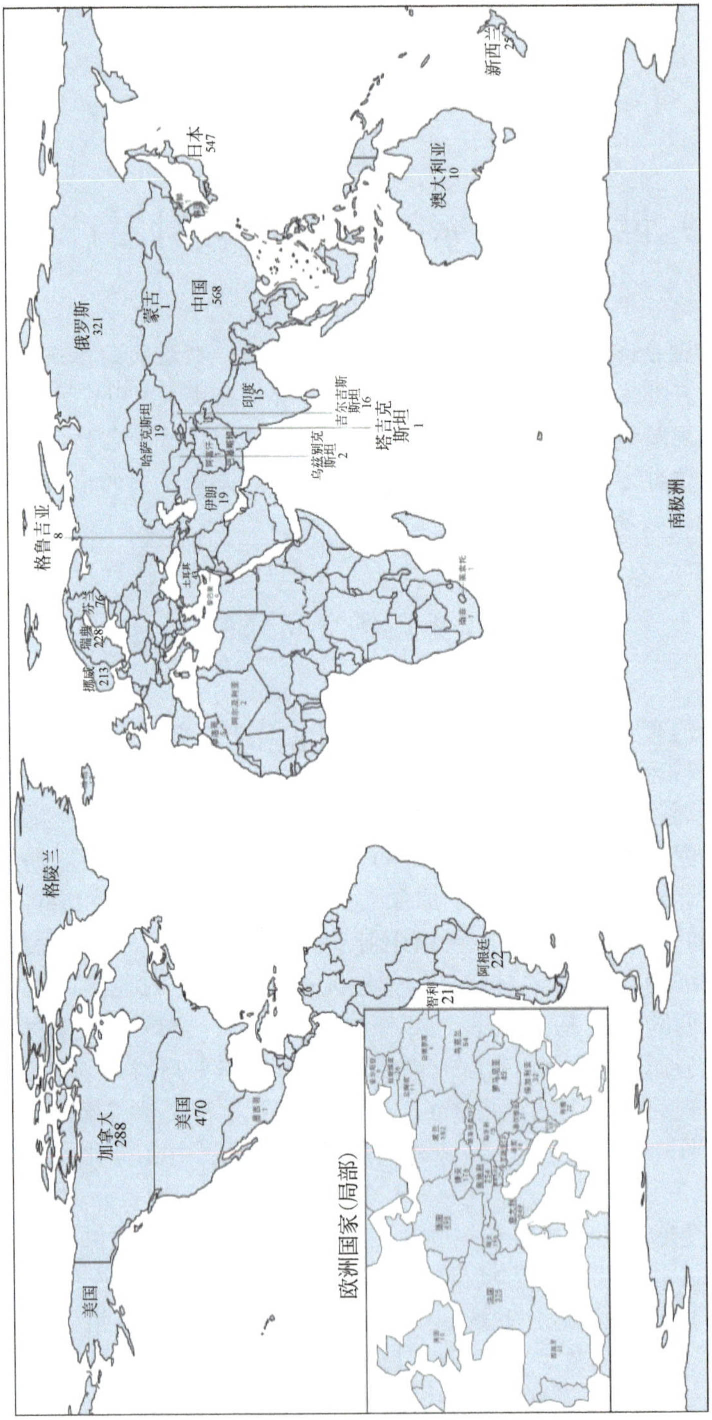

图3-1 世界主要国家滑雪场空间数量分布

雪行业或已发展成熟或正在发展中。最新崛起的滑雪胜地是东欧和中国，但在其他一些国家，如塞浦路斯、希腊、印度、伊朗、以色列、黎巴嫩、莱索托、摩洛哥、新西兰、巴基斯坦、南非共和国、土耳其等，亦有滑雪胜地在快速发展中（Vanat，2019）。

截至 2015 年，全球滑雪场达 5464 家，滑雪人数达 3.30 亿，占世界总人口（2015 年 72.814 亿）的 4.53%。其中，滑雪场超过 250 家的国家包括中国（568 家）、日本（547 家）、德国（498 家）、美国（470 家）、意大利（349 家）、法国（325 家）、俄罗斯（321 家）、加拿大（288 家）、奥地利（254 家），而超过 500 万人次滑雪人数的国家分别为美国（5569.59 万人次）、法国（5512.6 万人次）、奥地利（5156.6 万人次）、日本（3376.83 万人次）、意大利（2584.8 万人次）、瑞士（2452.8 万人次）、加拿大（1844.72 万人次）、中国（1250 万人次）、捷克（870 万人次）、韩国（608.24 万人次）、俄罗斯（501.15 万人次）、波兰（500 万人次）、斯洛伐克（500 万人次）（图 3-1 ~ 图 3-3）。

滑雪产业大部分集中在年均滑雪人数超过 10 万人次的滑雪场。虽然这些滑雪场数量仅为全球滑雪场总数的 20%，但是它们的滑雪人数却占到了全球总数的 80%。其中，奥地利、挪威、芬兰国内滑雪者占国内总人口的比例在 24% 以上，中国则不足 2%。美国、加拿大滑雪旅游发展亦很成熟，超过 10% 的游客参与冬季滑雪。法国每年冬季滑雪游客高达 700 万名以上，其中，140 万名为外国游客，且有高达 50 亿美元的收入（含外汇收入 10 亿美元）。当然，因世界经济下滑和滑雪经营成本上升，较前五年，全球主要滑雪国家滑雪人数总体上呈较强的下降态势，欧洲、美国、日本和韩国等国家或地区雪场数量已趋于相对饱和。目前，日本和韩国滑雪人数已占全国人口 10% 以上。2018 年冬奥会已在韩国平昌举办，也象征着韩国跻身滑雪产业大国之列。尽管中国天然积雪资源总体不及日本和韩国，但地形地貌、冰雪季及巨大的国内滑雪客源市场却远大于日本和韩国，可以说未来发展潜力巨大。

尽管滑雪产业相关数据的收集并非有组织性的，受天气状况的影响，每年滑雪人次可能会变化，但是多年来，预估全球整体年滑雪人次大约达 4 亿（包括室内滑雪场）。此预估基于假设过去 15 年所有数据都保持稳定，主要的成熟市场增长减缓（而不是像日本那样大幅下降），而其他市场兴起。阿尔卑斯地区是世界上最大的滑雪胜地，吸引了 44% 的滑雪者。美国和加拿大是世界上第二大滑雪旅游胜地，吸引了全球滑雪人数的 21%。亚太地区曾经与美国有相同的市场份额。然而，滑雪产业持续下降

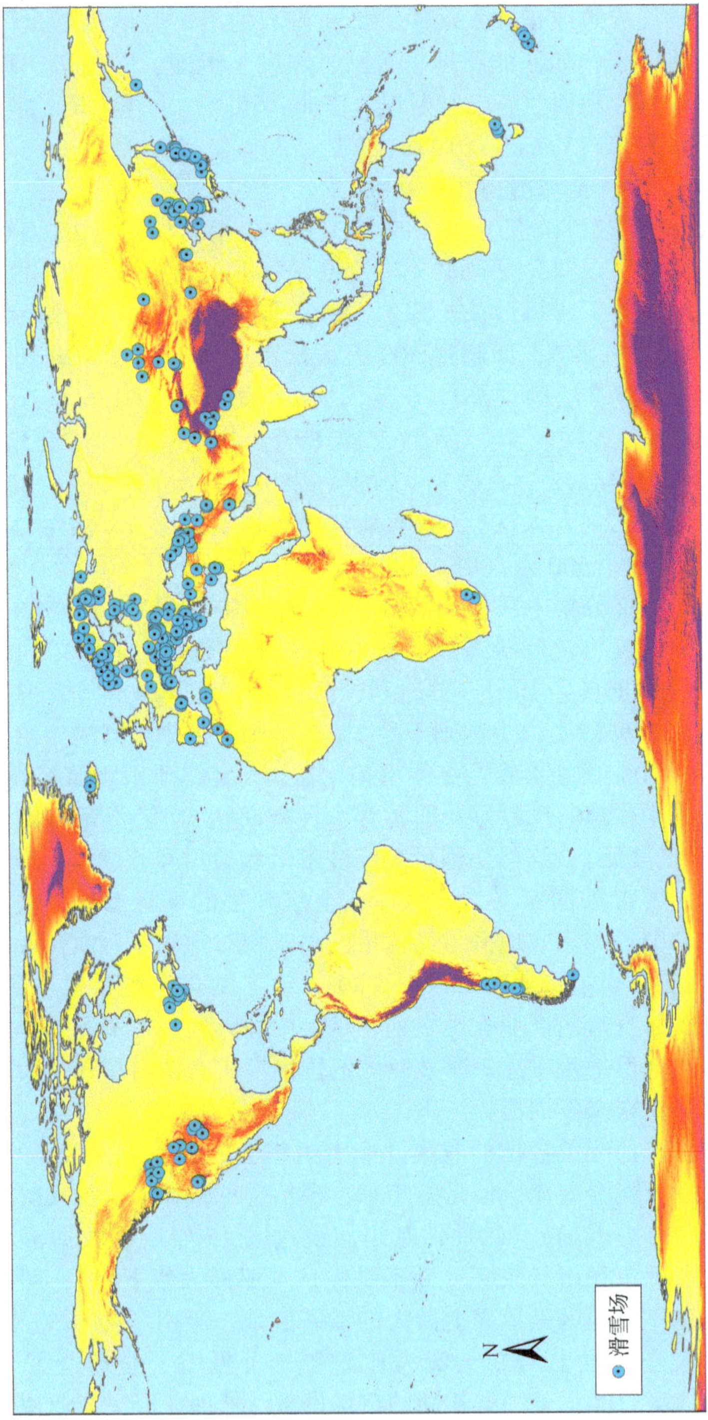

图3-2 世界主要滑雪场空间分布

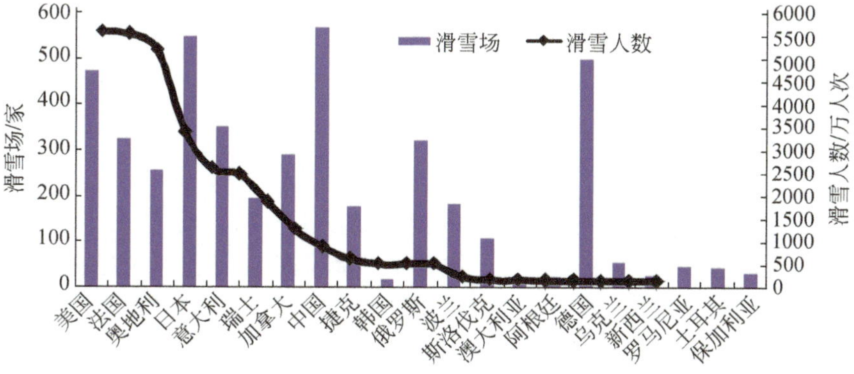

图 3-3　2015 年全球主要滑雪旅游目的地国家滑雪场与滑雪人数

的日本还没有被日益增长的中国滑雪市场所取代（Vanat，2019）。当前，亚太和东欧地区滑雪人次仅占全球总数的 23%，但这两个地区具有非常大的滑雪旅游发展潜力。与传统市场相比，新兴市场更容易进行新设施建设，设施先进水平更有可能超过传统市场（年炜，2017）。同时，亚太地区，特别是中国经济近年来的高速发展也为滑雪运动的普及发展奠定了基础。

早期室内滑雪中心可以追溯到 20 世纪 20 年代的柏林和维也纳，50 年代早期，在日本的西武，使用复杂的碎冰作为雪的表面。现在在雪面下设置了人工坡面，2012 年，人们庆祝这种综合设施已使用了 60 年。普遍认为，历史最悠久且依旧运行的真正的室内滑雪中心是于 1993 年在英国开业的塔姆沃思，但该滑雪中心已于 1993 年停止运营。在泰尔福特附近，有一个小测试设备，于 1989 年开始投入使用，并由 Acer Snowmec 运营，Acer Snowmec 为世界上许多顶尖室内滑雪场造雪。在过去的 25 年里，约 30 个国家已建成约 100 座室内滑雪中心，现在约 90 座仍在运营，其中一些是专为越野滑雪建造的。当前，仍在运营的室内高山滑雪中心有 70 座。近年来，中国室内滑雪场的数量急剧增长。2015 ~ 2018 年，中国开设了 19 座室内滑雪场。拥有室内滑雪中心最多的国家是中国（26 个），其次是荷兰、英国、德国、日本和印度。中国最大雪道面积室内滑雪中心是哈尔滨融创乐园，世界最长的雪道位于法国的安内维尔雪场。其中，哈尔滨融创乐园有 6 条雪道，总长可达 500m。尽管法国、德国和荷兰有稍长的室内滑雪道（长度 640m），但是哈尔滨融创乐园总雪道面积是目前世界上最大的。哈尔滨冬季寒冷，室外温度经常在 -30 ~ -20℃。因此，室内滑雪中心将为冬季滑雪运动提供比在户外更温暖的条件，同时实现了四季滑雪的目标。

二、滑雪竞技体育赛事

滑雪竞技体育赛事对于滑雪旅游起着重要的引领作用，同时对于滑雪场及滑雪产业的快速发展起着重要的促进或助推作用。反过来，大众滑雪运动则为滑雪竞技运动员的产生、培养和发展提供了沃土。全球重要滑雪竞技体育赛事包括国际奥委会主办的冬奥会和 FIS 主办的高山滑雪世界杯（Alpine Ski World Cup）、自由式滑雪世界杯（雪上技巧、空中技巧、雪上芭蕾、单板滑雪、U 形槽双板滑雪、越野滑雪）、自由式滑雪和单板滑雪世界锦标赛（雪上技巧、空中技巧、单板滑雪、高台跳雪）、跳台滑雪世界杯、世界青年滑雪锦标赛、世界高山滑雪锦标赛（Alpine World Ski Championships）等，国际冬季两项联盟主办的冬季两项世界杯（Biathlon World Cup），以及欧洲高山滑雪和越野滑雪巡回赛、北欧滑雪世界锦标赛。

（一）冬奥会发展进程

冬季奥林匹克运动会亦即冬季奥运会（冬奥会），由全世界地区举行，是世界规模最大的冬季综合性运动会，每四年举办一届。1994 年起，与夏季奥林匹克运动会相间举行，参与国分布在世界各地。1986 年，国际奥委会决定将冬季奥运会和夏季奥运会从 1994 年起分开，每两年间隔举行，1992 年冬季奥运会是最后一届与夏季奥运会同年举行的冬奥会。自 1924 年开始第一届，截至 2014 年共举办了 22 届，每四年一届。第二十三届冬奥会于 2018 年 2 月 9 ~ 25 日在韩国平昌郡举行。1908 年第四届和 1920 年第七届奥运会曾将花样滑冰、冰球列为比赛项目。1924 年第八届奥运会前，在法国沙莫尼举行国际体育周，并进行冬季运动项目比赛。1925 年国际奥委会布拉格会议决定每四年举行一次这类运动会，并将沙莫尼国际体育周作为第一届冬季奥运会。目前，冬季奥运会比赛项目有冰球、滑冰（速度滑冰、花样滑冰）、滑雪（高山滑雪、越野滑雪、跳台滑雪）、现代冬季两项（滑雪+射击）、有舵雪橇和无舵雪橇。当前，举办过冬奥会的滑雪场如图 3-4 和表 3-1 所示。截至 2019 年 1 月，现代冬奥会的项目包括 7 个大项，15 个分项，分别为高山滑雪（alpine skiing）、自由式滑雪（freestyle skiing）、越野滑雪（cross- country skiing）、跳台滑雪（ski jumping）、现代冬季两项（biathlon）、北欧两项（nordic combined）、雪橇（luge）、雪车（bobsled）、钢架雪车（skeleto）、滑板滑雪（snowboarding）、

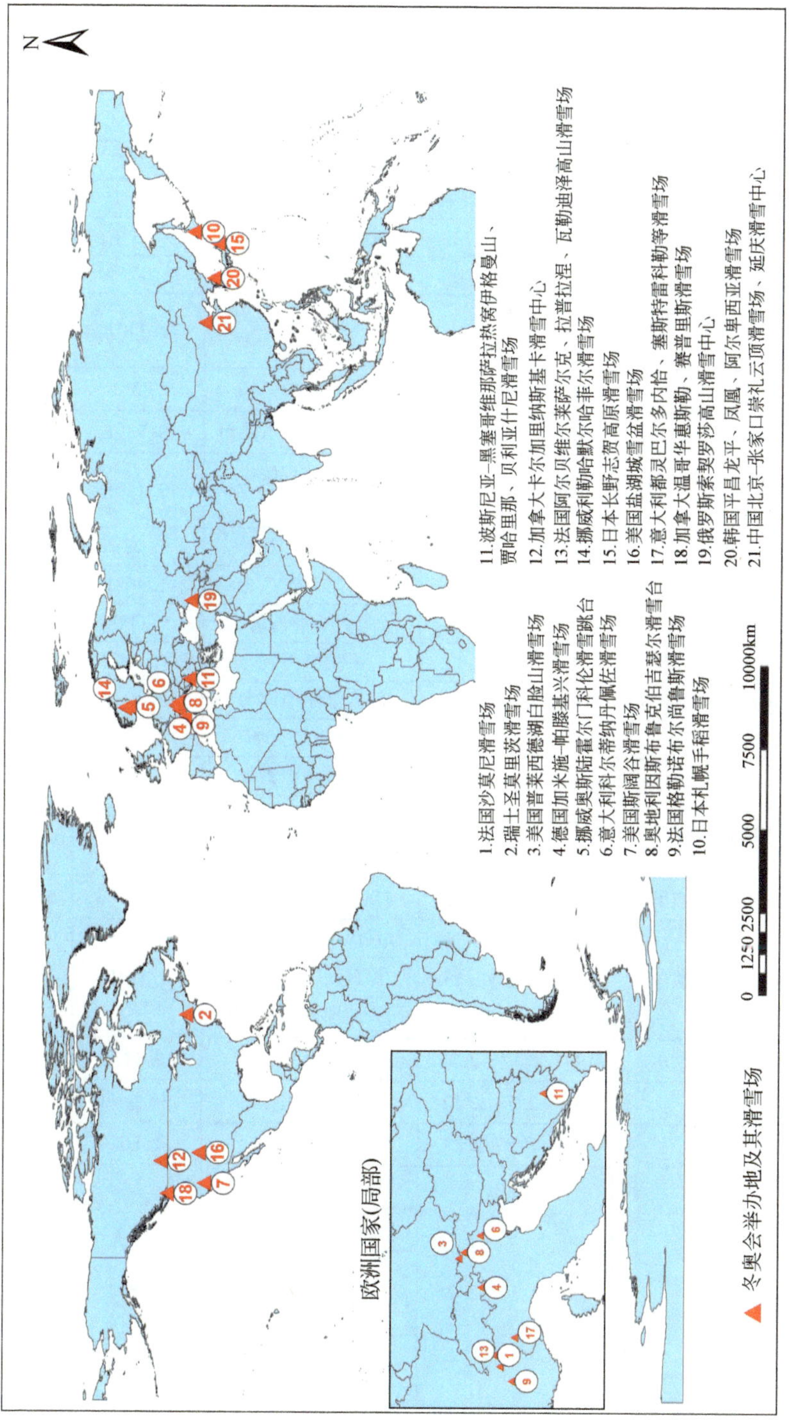

图3-4 历届冬奥会举办地空间分布

速度滑冰（speed skating）、短跑道速度滑冰（short track speed skating）、花样滑冰（figure skating）、冰壶（curling）、冰球（ice hockey）。

表 3-1 冬奥会举办地及其滑雪场

届数	地点	时间	滑雪场	经度	纬度
1	法国沙莫尼	1924. 1. 25 ~ 2. 4	沙莫尼滑雪场	6. 87°E	45. 93°N
2	瑞士圣莫里茨	1928. 2. 11 ~ 2. 19	圣莫里茨滑雪场	9. 83°E	46. 50°N
3	美国普莱西德湖	1932. 2. 4 ~ 2. 15	白脸山滑雪场	73. 97°W	44. 26°N
4	德国加米施-帕滕基兴	1936. 2. 6 ~ 2. 16	加米施-帕滕基兴滑雪场	11. 11°E	47. 48°N
5	瑞士圣莫里茨	1948. 1. 30 ~ 2. 8	圣莫里茨滑雪场	9. 83°E	46. 50°N
6	挪威奥斯陆	1952. 2. 14 ~ 2. 25	霍尔门科伦滑雪跳台	10. 73°E	59. 92°N
7	意大利科尔蒂纳丹佩佐	1956. 1. 26 ~ 2. 5	科尔蒂纳丹佩佐滑雪场	12. 14°E	46. 54°N
8	美国斯阔谷	1960. 2. 18 ~ 2. 28	斯阔谷滑雪场	120. 23°W	39. 20°N
9	奥地利因斯布鲁克	1964. 1. 29 ~ 2. 9	伯吉瑟尔滑雪台	11. 40°E	47. 25°N
10	法国格勒诺布尔	1968. 2. 6 ~ 2. 18	尚鲁斯滑雪场	5. 73°E	45. 17°N
11	日本札幌	1972. 2. 3 ~ 2. 13	手稻滑雪场	141. 34°E	42. 99°N
12	奥地利因斯布鲁克	1976. 2. 4 ~ 2. 15	伯吉瑟尔滑雪台	11. 40°E	47. 25°N
13	美国普莱西德湖	1980. 2. 13 ~ 2. 24	白脸山滑雪场	73. 97°W	44. 26°N
14	波斯尼亚-黑塞哥维那萨拉热窝	1984. 2. 8 ~ 2. 19	伊格曼山滑雪场 贾哈里那滑雪场 贝利亚什尼滑雪场	18. 41°E	43. 87°N
15	加拿大卡尔加里	1988. 2. 13 ~ 2. 28	纳斯基卡滑雪中心	114. 12°W	51. 07°N
16	法国阿尔贝维尔	1992. 2. 8 ~ 2. 23	莱萨尔克滑雪场 拉普拉涅滑雪场 瓦勒迪泽高山滑雪场	6. 37°E	45. 66°N
17	挪威利勒哈默尔	1994. 2. 12 ~ 2. 27	哈菲尔滑雪场	10. 44°E	61. 24°N
18	日本长野	1998. 2. 7 ~ 2. 22	志贺高原滑雪场	138. 51°E	36. 71°N
19	美国盐湖城	2002. 2. 8 ~ 2. 24	雪盆滑雪场	111. 85°W	40. 76°N
20	意大利都灵	2006. 2. 10 ~ 2. 26	巴尔多内恰滑雪场 塞斯特雷科勒滑雪场 圣西卡里奥-弗雷特夫滑雪场 萨奥兹-杜尔克斯滑雪场	7. 65°E	45. 04°N

续表

届数	地点	时间	滑雪场	经度	纬度
21	加拿大温哥华	2010. 2. 12 ~ 2. 28	惠斯勒滑雪场 赛普里斯滑雪场	123. 11°W	49. 27°N
22	俄罗斯索契	2014. 2. 7 ~ 2. 23	罗莎高山滑雪中心	39. 96°E	43. 40°N
23	韩国平昌	2018. 2. 9 ~ 2. 25	龙平滑雪场	128. 71°E	37. 67°N
			凤凰滑雪场		
			阿尔卑西亚滑雪场		
24	中国北京-张家口	2022. 2. 4 ~ 2. 20	崇礼云顶滑雪场	116. 39°E	39. 99°N
			延庆滑雪中心		

（二）高山滑雪世界杯

FIS 高山滑雪世界杯于 1966 年由几个滑雪比赛的朋友发起，但在 1966 年得到了 FIS 主席马克·霍德勒（Marc Holder）的支持，并在 1967 年于黎巴嫩贝鲁特召开的 FIS 春季大会成为 FIS 正式赛事。1967 年 1 月 5 日，首届世界高山滑雪世界杯赛在德国贝希特斯加登举办，从那以后，每年都举行。比赛主要在滑雪胜地欧洲的阿尔卑斯山举行，并经常在斯堪的纳维亚、北美和东亚进行分站赛事。选手们竭尽所能地在四个项目中争取最好发挥：回转、大回转、超级大回转和速降。高山滑雪世界杯是每年举行一次，被认为仅次于四年一届的冬奥会高山滑雪赛事。高山滑雪世界杯要求运动员整个赛季保持较高的水平。因此，许多人甚至认为该赛事比冬奥会及两年一届的世界锦标赛更有价值。2019 年 6 月，2019/2020 国际雪联高山滑雪世界杯延庆站场馆运行团队正式集中入驻延庆赛区。运行团队全力备战 2020 年 2 月 15 ~ 16 日在中国北京延庆区举办的高山滑雪世界杯比赛。表 3-2 为第 1 ~ 53 届高山滑雪世界杯举办时间、位置及滑雪场信息。

表 3-2　历届高山滑雪世界杯及滑雪场

届数	地点	时间	滑雪场	经度	纬度
1	德国	1967. 1. 5 ~ 1. 6	贝希特斯加登滑雪场	13. 00°E	47. 63°N
	美国	1967. 3. 25 ~ 3. 26	杰克逊霍尔滑雪场	110. 80°W	43. 52°N
2	德国	1968. 1. 4	巴特欣德朗滑雪场	10. 37°E	47. 51°N
	美国	1968. 4. 5 ~ 4. 7	天堂山滑雪场	119. 94°W	38. 94°N

续表

届数	地点	时间	滑雪场	经度	纬度
3	法国	1968. 12. 11 ~ 12. 12	瓦尔迪瓦滑雪场	6. 98°E	45. 45°N
	美国	1969. 3. 20 ~ 3. 22	沃特维尔谷滑雪场	71. 53°W	43. 97°N
4	法国	1969. 12. 10 ~ 12. 14	瓦尔迪瓦滑雪场	6. 98°E	45. 45°N
	挪威	1970. 3. 12 ~ 3. 15	沃斯滑雪场	6. 42°E	60. 70°N
5	意大利	1970. 12. 12	巴多尼奇亚滑雪场	6. 70°E	45. 08°N
	瑞典	1971. 3. 13 ~ 3. 14	奥勒滑雪场	13. 06°E	63. 42°N
6	瑞士	1971. 12. 3 ~ 12. 5	圣莫里茨滑雪场	9. 83°E	46. 50°N
	法国	1972. 3. 17 ~ 3. 19	普拉格拉托滑雪场	6. 60°E	44. 37°N
7	法国	1972. 12. 7 ~ 12. 10	瓦尔迪瓦滑雪场	6. 98°E	45. 45°N
	美国	1973. 3. 22 ~ 3. 24	天堂山滑雪场	119. 94°W	38. 94°N
8	法国	1973. 12. 6 ~ 12. 10	瓦尔迪瓦滑雪场	6. 98°E	45. 45°N
	捷克斯洛伐克	1974. 3. 7 ~ 3. 10	塔特拉山滑雪场	20. 13°E	49. 17°N
9	法国	1974. 12. 4 ~ 12. 8	瓦尔迪瓦滑雪场	6. 98°E	45. 45°N
	意大利	1975. 3. 20 ~ 3. 23	瓦尔加迪纳滑雪场	11. 70°E	46. 56°N
10	法国	1975. 12. 3 ~ 12. 7	瓦尔迪瓦滑雪场	6. 98°E	45. 45°N
	加拿大	1976. 3. 18 ~ 3. 19	圣安妮山滑雪场	70. 91°W	47. 07°N
11	法国	1976. 12. 9 ~ 12. 12	瓦尔迪瓦滑雪场	6. 98°E	45. 45°N
	西班牙	1977. 3. 24 ~ 3. 25	内华达山脉滑雪场	3. 40°W	37. 09°N
12	法国	1977. 12. 7 ~ 12. 11	瓦尔迪瓦滑雪场	6. 98°E	45. 45°N
	瑞士	1978. 3. 17 ~ 3. 18	伦策海德滑雪场	9. 55°E	46. 75°N
13	奥地利	1978. 12. 9 ~ 12. 10	斯拉德明滑雪场	13. 69°E	47. 39°N
	日本	1979. 3. 17 ~ 3. 19	富良野滑雪场	142. 35°E	43. 32°N
14	法国	1979. 12. 5 ~ 12. 8	瓦尔迪瓦滑雪场	6. 98°E	45. 45°N
	奥地利	1980. 3. 11 ~ 3. 15	萨尔巴赫滑雪场	12. 63°E	47. 39°N
15	法国	1980. 12. 3 ~ 12. 7	瓦尔迪瓦滑雪场	6. 98°E	45. 45°N
	瑞士	1981. 3. 28	莱克斯滑雪场	9. 25°E	46. 80°N
16	法国	1981. 12. 4 ~ 12. 6	瓦尔迪瓦滑雪场	6. 98°E	45. 45°N
	法国	1982. 3. 26 ~ 3. 27	蒙热内福尔滑雪场	6. 72°E	44. 93°N
17	瑞士	1982. 12. 5	蓬特雷西纳滑雪场	9. 90°E	46. 50°N
	日本	1983. 3. 18 ~ 3. 20	富良野滑雪场	142. 35°E	43. 32°N

续表

届数	地点	时间	滑雪场	经度	纬度
18	斯洛文尼亚	1983. 12. 1 ~ 12. 2	斯洛文尼亚滑雪场	13. 79°E	46. 49°N
	挪威	1984. 3. 23 ~ 3. 24	奥斯陆滑雪场	10. 73°E	59. 92°N
19	意大利	1984. 12. 1	库马约尔滑雪场	6. 97°E	45. 78°N
	美国	1985. 3. 22 ~ 3. 23	天堂山滑雪场	119. 94°E	38. 94°N
20	阿根廷	1985. 8. 16 ~ 8. 18	拉斯莱纳斯滑雪场	70. 08°E	35. 15°S
	加拿大	1986. 3. 21 ~ 3. 22	布罗蒙滑雪场	72. 64°W	45. 3°N
21	阿根廷	1986. 8. 15 ~ 8. 16	拉斯莱纳斯滑雪场	70. 08°W	35. 15°S
	波斯尼亚-黑塞哥维那	1987. 3. 21 ~ 3. 22	伊格曼山滑雪场	18. 15°E	43. 74°N
22	意大利	1987. 11. 26 ~ 11. 29	塞斯特雷科勒滑雪场	6. 88°E	44. 95°N
	奥地利	1988. 3. 23 ~ 3. 26	萨尔巴赫滑雪场	12. 64°E	47. 39°N
23	奥地利	1988. 11. 26 ~ 11. 27	斯拉德明滑雪场	13. 69°E	47. 39°N
	日本	1989. 3. 8 ~ 3. 10	志贺高原滑雪场	138. 51°E	36. 71°N
24	阿根廷	1989. 8. 8 ~ 8. 9	拉斯莱纳斯滑雪场	70. 08°W	35. 15°S
	瑞典	1990. 3. 15 ~ 3. 18	奥勒滑雪场	13. 06°E	63. 42°N
25	新西兰	1990. 8. 8 ~ 8. 9	哈特山滑雪场	171. 53°E	-43. 47°S
	美国	1991. 3. 20 ~ 3. 23	沃特维尔谷滑雪场	71. 53°W	43. 97°N
26	美国	1991. 11. 23 ~ 11. 24	帕克城滑雪场	111. 50°W	40. 65°N
	瑞士	1992. 3. 19 ~ 3. 22	克莱恩-蒙塔纳滑雪场	7. 48°E	46. 32°N
27	意大利	1992. 11. 28 ~ 11. 29	塞斯特雷科勒滑雪场	6. 88°E	44. 95°N
	挪威	1993. 3. 23	奥普达尔滑雪场	9. 61°E	62. 57°N
28	奥地利	1993. 10. 30 ~ 10. 31	瑟尔登滑雪场	11. 00°E	46. 97°N
	美国	1994. 3. 16 ~ 3. 20	范尔滑雪场	106. 37°W	39. 64°N
29	美国	1994. 11. 26 ~ 11. 27	帕克城滑雪场	111. 50°W	40. 65°N
	意大利	1995. 3. 15 ~ 3. 19	博尔米奥滑雪场	10. 37°E	46. 47°N
30	法国	1995. 11. 12	蒂涅滑雪场	6. 91°E	45. 47°N
	挪威	1996. 3. 6 ~ 3. 10	哈菲尔滑雪场	10. 44°E	61. 24°N
31	奥地利	1996. 10. 26 ~ 10. 27	瑟尔登滑雪场	11. 00°E	46. 97°N
	美国	1997. 3. 12 ~ 3. 16	范尔滑雪场	106. 37°W	39. 64°N
32	法国	1997. 10. 24 ~ 10. 26	蒂涅滑雪场	6. 91°E	45. 47°N
	瑞士	1998. 3. 13 ~ 3. 15	克莱恩-蒙塔纳滑雪场	7. 48°E	46. 32°N

续表

届数	地点	时间	滑雪场	经度	纬度
33	奥地利	1998.10.24～10.25	瑟尔登滑雪场	11.00°E	46.97°N
	西班牙	1999.3.10～3.14	内华达山脉滑雪站	3.40°W	37.09°N
34	法国	1999.10.30～10.31	蒂涅滑雪场	6.91°E	45.47°N
	意大利	2000.3.15～3.19	博尔米奥滑雪场	10.37°E	46.47°N
35	奥地利	2000.10.28～10.29	瑟尔登滑雪场	11.00°E	46.97°N
	瑞典	2001.3.7～3.11	奥勒滑雪场	13.06°E	63.42°N
36	奥地利	2001.10.27～10.28	瑟尔登滑雪场	11.00°E	46.97°N
	奥地利	2002.3.6～3.10	阿马德滑雪场	13.47°E	47.38°N
37	奥地利	2002.10.26～10.27	瑟尔登滑雪场	11.00°E	46.97°N
	挪威	2003.3.12～3.16	哈菲尔滑雪场	10.44°E	61.24°N
38	奥地利	2003.10.25～10.26	瑟尔登滑雪场	11.00°E	46.97°N
	意大利	2004.3.10～3.14	塞斯特雷科勒滑雪场	6.88°E	44.95°N
39	奥地利	2004.10.23～10.24	瑟尔登滑雪场	11.00°E	46.97°N
	瑞士	2005.3.9～3.13	伦策海德滑雪场	9.55°E	46.75°N
40	奥地利	2005.10.22～10.23	瑟尔登滑雪场	11.00°E	46.97°N
	瑞典	2006.3.15～3.19	奥勒滑雪场	13.06°E	63.42°N
41	奥地利	2006.10.28～10.29	瑟尔登滑雪场	11.00°E	46.97°N
	瑞士	2007.3.14～3.18	伦策海德滑雪场	9.55°E	46.75°N
42	奥地利	2007.10.27～10.28	瑟尔登滑雪场	11.00°E	46.97°N
	意大利	2008.3.10～3.16	博尔米奥滑雪场	10.37°E	46.47°N
43	奥地利	2008.10.25～10.26	瑟尔登滑雪场	11.00°E	46.97°N
	瑞典	2009.3.9～3.15	奥勒滑雪场	13.06°E	63.42°N
44	奥地利	2009.10.24～10.25	瑟尔登滑雪场	11.00°E	46.97°N
	德国	2010.3.9～3.14	加米施-帕滕基兴滑雪场	11.11°E	47.48°N
45	奥地利	2010.10.22～10.24	瑟尔登滑雪场	11.00°E	46.97°N
	瑞士	2011.3.14～3.20	伦策海德滑雪场	9.55°E	46.75°N
46	奥地利	2011.10.22～10.23	瑟尔登滑雪场	11.00°E	46.97°N
	奥地利	2012.3.11～3.18	斯拉德明滑雪场	13.69°E	47.39°N
47	奥地利	2012.10.27～10.28	瑟尔登滑雪场	11.00°E	46.97°N
	瑞士	2013.3.11～3.17	伦策海德滑雪场	9.55°E	46.75°N

续表

届数	地点	时间	滑雪场	经度	纬度
48	奥地利	2013. 10. 26 ~ 10. 27	瑟尔登滑雪场	11. 00°E	46. 97°N
	瑞士	2014. 3. 10 ~ 3. 16	伦策海德滑雪场	9. 55°E	46. 75°N
49	奥地利	2014. 10. 25 ~ 10. 26	瑟尔登滑雪场	11. 00°E	46. 97°N
	法国	2015. 3. 16 ~ 3. 22	梅瑞贝尔滑雪场	6. 57°E	45. 97°N
50	奥地利	2015. 10. 24 ~ 10. 25	瑟尔登滑雪场	11. 00°E	46. 97°N
	瑞士	2016. 3. 14 ~ 3. 20	圣莫里茨滑雪场	9. 83°E	46. 50°N
51	奥地利	2016. 10. 22 ~ 10. 23	瑟尔登滑雪场	11. 00°E	46. 97°N
	美国	2017. 3. 13 ~ 3. 19	阿斯彭滑雪场	106. 68°W	39. 23°N
52	奥地利	2017. 10. 28 ~ 10. 29	瑟尔登滑雪场	11. 00°E	46. 97°N
	瑞典	2018. 3. 12 ~ 3. 18	奥勒滑雪场	13. 06°E	63. 42°N
53	奥地利	2018. 10. 27 ~ 10. 28	瑟尔登滑雪场	11. 00°E	46. 97°N
	安道尔	2019. 3. 11 ~ 3. 17	索尔杜埃尔塔特滑雪场	1. 67°E	42. 58°N
54	奥地利	2019. 10. 26 ~ 10. 27	瑟尔登滑雪场	11. 00°E	46. 97°N
	意大利	2020. 3. 16 ~ 3. 22	科尔蒂纳丹佩佐滑雪场	12. 14°E	46. 54°N
55	奥地利	2020. 10. 17 ~ 10. 18	瑟尔登滑雪场	11. 00°E	46. 97°N
	奥地利	2021. 3. 15 ~ 3. 21	伦策海德滑雪场	9. 55°E	46. 75°N

三、世界著名滑雪场

(一) 加拿大惠斯勒滑雪胜地

惠斯勒滑雪场位于加拿大温哥华以北约 120km 的惠斯勒小镇，滑雪场 1966 年启用，是加拿大雪道最多的雪场，也是北美洲面积最大的滑雪胜地，1992 ~ 1995 年，连续四年获选滑雪杂志 *Snow Country*“北美第一滑雪胜地”及“最佳度假胜地”等称号。该滑雪场也是 2010 年冬奥会和残奥会的重要赛场，还主办了多项高山滑雪技术和速度赛事。雪场占地面积 14. 80km^2，有超过 100 条的雪道。其中，25% 是专业雪道，55% 是中级雪道，20% 是初级雪道。在惠斯勒山，Big Red Express、Emerald Express 和 Harmony Express 三条快速缆车把初、中、高三个等级的雪道合理地调配在一起。游客可利用三条缆车穿梭于各个滑雪道，可体验极速滑行，也可选择除滑雪之外的雪橇、雪地摩托车、踩雪鞋等雪地活动（图 3-5）。

图 3-5　惠斯勒滑雪场

惠斯勒山积雪期很长，每年 11 月开始至次年 5 月终结，有时会延至 8 月还可以进行夏季滑雪。惠斯勒山还是避暑疗养胜地，在此，不仅可以滑雪，而且可以参加钓鱼、水上活动、爬山健行、骑单车、打高尔夫等夏季热门户外活动。惠斯勒度假村中有超过 115 家各类型度假饭店和 200 家商店，以及三座高尔夫球锦标赛球场，吸引着世界各地的游客。

（二）美国科罗拉多范尔滑雪场

范尔滑雪场位于美国科罗拉多州伊格尔县范尔镇白河国家森林公园。雪场始建于 1957 年，占地约 21.5km^2，最高点海拔 3527m，山脚海拔 2475m，垂直落差 1052m，拥有 193 条雪道和 120 多个指定雪道，最长雪道 6.40km，滑雪者可挑战不同雪道及地形，亦可体验垂直落差带来的刺激。其中，有一条超过 6m 宽的超级 U 形槽，许多世界顶级滑雪运动员慕名而来。滑雪场有缆车 34 条，可使游客节约大量时间。范尔滑雪场是美国最大也是最受欢迎的雪场，长期被评为全美最佳和最大的单板滑雪胜地，其拥有各种豪华设施，被称为美国旅游胜地设计最成功的范例，同时也被评为世界前五佳滑雪度假小镇。范尔滑雪场曾举办过第三十五届世界高山滑雪锦标赛、波顿美国公开赛、单板滑雪美国公开赛在内的多项高水平体育赛事（图 3-6）。

图 3-6　范尔滑雪场

除滑雪运动，范尔滑雪场还修建有几座画廊、博物馆、热气球俱乐部，以及狗拉雪橇、滑冰、冰球、雪地摩托车等诸多娱乐项目或设施。同时，范尔雪场还是一个美食名镇，有盛大的街头音乐会，届时会有很多知名的音乐家们参与活动，表演内容很丰富，如爵士乐、摇滚、蓝调等，可满足不同运动员、游客的消费需求。特别地，雪场还设有很多娱乐场所，如运动吧、钢琴吧、舞厅等。

（三）瑞士圣莫里茨滑雪场

圣莫里茨滑雪场位于瑞士东南部阿尔卑斯山脉中心地带格劳宾登州圣莫里茨小镇。该雪场成立于1929年，占地面积约2750km^2，包括四大滑雪区（Piz Nair、Piz Corvatsch、Diavolezza Bernina、Muottas Muragl）和一些小的滑雪区。圣莫里茨滑雪场拥有115条雪道，总长度约350km。其中，高级雪道占10%，中级雪道占70%，初级雪道占20%。雪场拥有缆车45架，拖牵23条，魔毯17条。圣莫里茨雪场被誉为高山滑雪的“麦加圣地”，银色山坡陡斜雄伟，是滑雪的最佳场所，也是冬季运动比赛的热门场地。雪场曾成功举办过两届冬奥会、四届世界滑雪锦标赛。奥林匹克雪橇赛和克莱斯特雪橇赛都指定这里为比赛场地，可以说，该雪场拥有相当完善和优质的滑雪设施（图3-7）。

除滑雪运动外，每年2～3月，国际冰场赛马、冰上曲棍球、冰上高尔夫球、冰上钓鱼等赛事在这里竞相开展。其中，每年举行的“卡地亚冰上马球赛”最为出名。特别地，雪场还有瑞士海拔最高的温泉——圣莫里茨泉水，特殊的地理环境造就了它富含铁元素的水质。因此，圣莫里

图 3-7　圣莫里茨滑雪场

茨还是很出名的露天温泉、克耐普疗法疗养地。

（四）奥地利基茨比厄尔滑雪场

基茨比厄尔滑雪场位于奥地利蒂罗尔州基茨比厄尔山，距首府因斯布鲁克约 100km。基茨比厄尔滑雪场是奥地利最古老、最有魅力的滑雪胜地之一。该雪场始于 1892 年，雪道总长度达 185km，分布在不同难度的斜坡。其中，41km 的雪道让游客能充分体验速降之快感。2018 ~ 2019 年，高山滑雪世界杯在此举行。此外，基茨比厄尔滑雪场拥有 60 个浪漫的滑雪小屋和树屋，非常适合想要全家一起滑雪的游客，其滑雪季节从 10 月中旬至次年 5 月初，拥有 200 多天的漫长雪季（图 3-8）。

基茨比厄尔山是世界上最令人生畏的滑雪道的故乡，拥有世界第一赛道——Streif 滑雪赛道，中间几个滑雪赛道路段被认为是超难度的，每年 1 月在这里举行 Hahnenkamm 勇敢者速降滑雪赛。这里举办过的世界级锦标赛就超过了 78 场，4 次蝉联“世界最好的滑雪度假胜地”，2017 年又被知名专业滑雪网站评为榜单第一名。每年在这里还会举办世界杯雪地马球赛、越野滑雪、滑雪板和雪橇滑雪等比赛。除此之外，夏季，基茨比厄尔山上的“高山花园”百余种花卉争奇斗艳、色彩斑斓，葱郁的山谷、白色的教堂、典型 16 ~ 17 世纪风格的民居楼都是滑雪度假的重要依托旅游资源。

图 3-8　基茨比厄尔滑雪场

（五）法国拉普拉涅滑雪场和沙莫尼滑雪场

拉普拉涅滑雪场位于法国东南部阿尔卑斯山脉中，距巴黎 645km。滑雪场成立于1963年，是世界上最大、最现代化的滑雪场之一，素有“滑雪天堂”的美誉。滑雪场由10个度假村组成，滑雪面积达100km^2，拥有134条雪道，其中高级道44条，中级道79条，初级道11条，滑雪高手可以尝试各种极具挑战性的地形，初学者也可以在中、初级道或特别的家庭滑雪区放心地享受滑雪乐趣，105条四通八达的索道缆车每小时可将7万人送到山顶（图3-9）。

图3-9 拉普拉涅滑雪场

每年11月至次年3月是滑雪旺季。1992年的冬季奥运会曾在这里举行，雪场还拥有法国唯一对外开放的一条奥林匹克长橇赛道，在这条产生奥林匹克世界冠军的赛道上，游客能极速滑行，还有专为夜场设计的接待国际大赛的障碍赛滑雪场。这里还是一处极适合四季旅游的观光度假胜地。每年夏季，这里吸引世界各地的游人来此旅行、爬山、穿越、度假、避暑。在这里还可以乘坐世界上最先进的Vanoise Express双层缆车，只需约4min即可领略阿尔卑斯小镇的迷人风情和皑皑白雪的阿尔卑斯山美景。

沙莫尼滑雪场位于法国沙莫尼镇，雪场坐落于欧洲最高峰——勃朗峰山麓，是世界著名的滑雪场。雪场拥有上百条雪道，雪道总长约100km，包括初级的绿道、中级的红道到高难度的黑道，这里拥有世界上最大的缆车服务系统和最长的雪道，各种水平的爱好者都能在这里找到适合自己的雪道（图3-10）。

滑雪场设有滑雪教练训练中心，配备世界上水平最高的滑雪教练，可为不同水平的滑雪爱好者提供最专业的指导。每年从9月开始进入雪季，勃朗峰山区被大雪覆盖，成为一个天然雪场，滑雪季一直可延续至次年4月。1924年，第一届冬奥会在此举办。这里还是登山运动的发源地，是登山探险家的绝佳挑战场所。沙莫尼更因拥有全欧洲最高的缆车站“南针峰”而闻名，游客可搭乘此缆车，登临海拔3842m的山顶，欣赏震撼人心的壮丽美景。沙莫尼除可体验滑雪和登山活动外，还可体验刺激非凡

图 3-10　沙莫尼滑雪场

的直升机游览和空中跳伞活动，直升机从山脚出发，飞临勃朗峰，全程45min左右，可观赏勃朗峰全貌。雪场另一项刺激的活动是空中跳伞，在专业人员的陪同之下，双人可乘伞从空中跳下。

（六）日本比罗夫滑雪场、安努普利滑雪场

比罗夫滑雪场、安努普利滑雪场位于日本札幌市西南二世谷安努普利山麓，是公认的日本最“旺”滑雪胜地，以壮阔雄伟的自然风光和最适合滑雪的顶级天然粉雪享誉全球，极受各国滑雪者欢迎和推崇。比罗夫雪场占地1.50km^2，拥有30条雪道，最大坡度40°，最长滑行距离6400m，垂直落差达940m。该雪场拥有缆车16座，适合拥有中高级技术的滑雪者（图3-11）。安努普利滑雪场占地0.47km^2，拥有13条雪道，最大坡度33°，大都宽阔缓和，危险系数小，最长滑行距离4000m，垂直落差756m，缆车5座，适合初学者、家庭滑雪一族。其中，4条雪道提供夜场滑雪服务（图3-12）。

每年11月底至次年5月初，来自世界各地的滑雪爱好者络绎不绝。札幌市曾举办过第十一届冬奥会、第八届冬季亚运会、札幌冰雪节等国际盛会。在二世谷滑雪体验后，天然温泉将使游客身心得以放松。温泉也成

图 3-11　比罗夫滑雪场

图 3-12　安努普利滑雪场

为与滑雪旅游组团式开发重要的方式。二世谷还分布有众多天然温泉浴场。温泉浴场各类服务设施齐全。其中，五色温泉是二世谷最著名的温泉，因泉水远望犹如混合了五种颜色而得名。雪秩父可谓是二世谷历史悠久的户外温泉馆，最早发现的汤本温泉在“药用疗效温泉”榜排在第一位，有铁质泉水和硫黄温泉水两种。

（七）韩国龙平滑雪场

龙平滑雪场坐落在韩国太白山山脉的发旺山山麓，位于江原道平昌郡道岩面龙山里，距首尔215km，是韩国最著名的滑雪胜地，也是亚洲第二个世界级滑雪场。雪场始建于1975年，雪道总面积1.10km^2，雪道总长13.60km，可容纳2万人滑雪。雪场拥有31条雪道。其中，18条为FIS认可的适合各等级滑雪爱好者的专属滑道，其中最冒险、最刺激的彩虹滑道斜度最陡之处已接近40°。雪场拥有16座升降缆车，升降缆车总长度29.10km，晚间灯火设备齐全，每年12月至次年3月是滑雪季。该雪场曾是1998年世界杯滑雪赛、1999年江原道冬季亚运会、2006年国际残疾人奥林匹克运动会、2018年冬季奥运会指定比赛场地（图3-13）。

龙平滑雪场室内配有游泳池、桑拿等附属设施。园区内还设有山岳雪橇场、室内高尔夫球场、生存游戏场、山地自行车道和六洞简易高尔夫推杆练习场、森林浴、射箭场、门球、曲棍球、网球、野营所等。韩剧《冬季恋歌》大部分拍摄外景地在龙平滑雪场，雪场唯美的雪景画面给观众留下了深刻印象，雪场至今仍有大量游客莅临，成为该剧专题景点和各国“粉丝”观赏游览的景点。

图 3-13　龙平滑雪场

四、国外滑雪产业发展经验

2022 年北京冬奥会盛大赛事在北京、张家口举办。此次盛大赛事有望带动中国三亿民众参与冰雪运动，将为中国冰雪产业带来前所未有的机遇。地处高纬度的一些欧洲国家拥有得天独厚的冰雪资源，探索出了一条将冰雪变“白金”的特殊道路，而冰雪运动条件并不是特别好的日本，同样为中国提供了发展冬季经济的范本。发达国家滑雪产业的发展经验为中国冰雪产业快速发展提供了经验示范。

（一）北欧经验

在对冰雪市场进行多年深度研究后，瑞典、挪威、芬兰等北欧国家探索出一条“冰雪+人文+”的发展之路，开发出多种适销对路的冬季冰雪产品。极光作为全球最震撼人心的自然奇观之一，让无数旅行爱好者心驰神往。而关于极光的众多传说，成为北欧冬季游招牌卖点。在此基础上，瑞典旅游局探索一套“极光+”旅游模式，将观赏极光与当地娱乐项目充分结合。在瑞典北部城市基律纳，旅游公司提供的服务包括让游客在极光下漫步冰川，跨越结冰的卡利克斯河，走进拉普兰的荒野森林，邂逅驼鹿、貂熊、麝香牛等北极野生动物。此外，在开发滑雪旅游产品时，瑞典尤其注意结合当地文化。萨米人是居住在斯堪的纳维亚北部数千年之久的游牧民族后裔，以放养驯鹿、狩猎和捕鱼为生。瑞典旅游公司结合萨米人文化背景，推出了冰雪旅游+垂钓特色旅游产品。芬兰除观测极光理想目的地之外，其冬季旅游另一卖点在于利用圣诞主题提升滑雪产业内涵。著名的圣诞老人村位于拉普兰省首府罗凡涅米以北市郊。圣诞老人村中设有圣诞老人办公室、圣诞老人邮局，随处可见的圣诞树和白雪覆盖使小屋勾勒出浓浓的节日氛围。每年圣诞节前夕这个小镇都会吸引全世界的目光，各国游客争相抢订酒店，期望在此度过一个特别的圣诞节。提到北欧冬季经济与冰雪产业，最值得关注的还属滑雪市场。挪威是当之无愧的冰雪强国。挪威拥有多个高等级滑雪场，其中最为著名的当属霍尔门科伦山，这里有世界上最宏伟的滑雪跳台，每年国际跳台滑雪比赛都会在此举行，其赛事是挪威全国仅次于国庆节的盛大节日。滑雪小镇耶卢是挪威另一个著名雪场，位于海拔一千多米的哈灵山区，每年这里都会举行“挪威冰雪音乐节”。从台阶到座位，都是由冰雪建造，音乐家在原生态天然的氛围下演奏乐章，吸引世界各国滑雪爱好者云集于此。

（二）北美经验

根据滑雪产业发展模式，滑雪度假区的建设与发展将对整个滑雪产业发展、创新和结构优化起到重要作用。北美滑雪产业的发展状况与中国相似。北美落基山脉从加拿大西部的不列颠哥伦比亚省绵延4800km，一直延伸到美国西南部的新墨西哥州，在丹佛附近达到最高海拔。在0.20万km^2的范围内，有60多座海拔3600m以上的山峰。巍峨壮观的落基山国家公园也坐落于此，是美国最高的国家公园（自1915年成立至今，已有100余年历史）。

北美滑雪场主要集中在落基山脉，该地带共分布有500余家雪场。北美滑雪目的地以大型滑雪度假区形式存在，辅之以滑雪度假小镇开发。北美滑雪场一般都是大型公司独立经营，如美国的范尔滑雪场和加拿大的惠斯勒滑雪场，均并购了周围其他滑雪场，重组成整体进行市场经营。科罗拉多范尔滑雪度假村是全美国消费最高的滑雪场，也是最好、最豪华、最贴心的滑雪场。总体上，北美洲雪场经营发展模式主要特色就在于大型公司经营模式和度假区模式两种类型。

在北美，滑雪目的地主要采取公司模式，即主要由一家商业公司代理或管理，以盈利为目的，并围绕滑雪度假区索道经营、滑雪学校、雪具租赁出售、零售业等项目开展经营。同时，雪场还配置有大量住宿、休闲度假及其康体健身设施。整个北美滑雪旅游度假区的产权和管理权基本控制在科罗拉多州埃文的范尔度假区公司、科罗拉多州的范尔德布斯克里克公司、缅因州纽里的美国滑雪公司和不列颠哥伦比亚省温哥华的西部内地公司。度假区模式以加拿大惠斯勒滑雪场为例。加拿大惠斯勒滑雪度假区财务报表及相关资料分析结果显示，北美滑雪旅游度假区客户主张“为本地和非本地游客创造良好的度假体验”。惠斯勒滑雪度假区根据客户主张，建立了明确的客户目标，并制定了相应的发展战略和细分的评估体系。各种资源是实现客户价值创造和自身盈利的基础，只有抓住关键资源，才有可能同时实现客户价值和自我价值。对于不同类型的公司，关键资源配置各异，惠斯勒滑雪度假区高效利用各类资源，避免与其他雪场的同质化。惠斯勒滑雪场作为冬奥会的室外雪上项目场馆，在推进奥运会的进程中发挥着重要作用。赛后，惠斯勒雪场运营良好，获得了较高的经济价值和社会效益。同时，惠斯勒滑雪度假区可持续发展的关键是处理好了与当地政府的责权关系。与北美范尔滑雪度假区经营集团一样，惠斯勒滑雪度假区分别与惠斯勒山管理委员会、黑梳山管理委员会及省政府签订了《惠斯勒开发协议》和《黑梳山开发协议》，明确了双方的合作模式。根据开发合作协议，2015 年当地政府共收到 2520 万加元的管理费。协议规定每 10 年费率提升 0.5% ~1%，当前，实际费率提高已接近 2%。此外，当地政府还对滑雪度假区食宿、基础设施、食品安全、酒类销售、缆车安全进行监督和管理。

（三）日本经验

日本有近 600 家雪场，是全球雪场数量较多国家。严格来说，日本并非发展冰雪运动最佳条件的国家之一。除人口稀少的北海道和东北部分地区冬季漫长，且拥有丰富的冰积雪资源外，日本大部分地区并不具备冰雪运动条件。日本冰雪运动的发展，并不是一蹴而就的，经历了长达 20 多年的曲折发展过程。随着 20 世纪 60 年代和 70 年代快速的经济发展，日本冰雪运动开始盛行。由于冰雪运动的巨额投资、成本回收期长和利润缓慢，日本最初主要依靠政府投资来发展冬季冰雪运动，其中以投资各类滑雪场为主。结果，由于“国有企业”人浮于事和效率低下，全国雪场大面积亏损，不仅阻碍了当地经济，甚至使一些城市濒临破产边缘。为此，日本吸取惨痛教训，彻底改变方向，开始引进民间资本。最初接手的私人公司发现，公营雪场项目非常单一，基本按运动会赛事和项目设计。在此背景下，私人公司开始引入各种“脚踏实地”（接地气）的冬季运动项目。

北海道长野县高山滑雪场有个“雪地漫步”项目，主要面向中老年人。游客可以穿雪鞋在雪场行走，欣赏壮观美丽的雪景。北海道新罗滑雪场“流冰行走”是另一种流行的冬季运动项目。冬天来临时，许多寒冷地区会形成浮冰。参观者可感受到冰块的轻微流动，亦可欣赏周围冰块四处漂浮的景色。参观者无须担心他们的安全，因为滑雪场提供一种与鞋子相连、有浮力的特殊服装，游客只要套在现有服装上，即使不会游泳也不需担心。这种特殊服装也可以在许多其他场合使用，进而带动了其生产。观赏鄂霍次克海流冰是北海道冬季的一项经典体验项目。夏季，日本的冰雪运动场并未空闲。由于宽敞的空间和完善的设施，日本企业通常会组织各种音乐节、电影节、美食节，同时可设计高尔夫、山地车、缆车观光、滑翔伞等主题商务活动。

冰雪节庆的引入也是滑雪产业得以快速发展的主要措施。例如，札幌雪祭（Snow Festival）是北海道冬季最盛大的活动，与中国·哈尔滨国际冰雪节、加拿大魁北克冬季狂欢节和挪威奥斯陆滑雪节并称世界四大冰雪节。每逢雪祭日，札幌市将会举办雪雕、冰雕艺术展。北海道其他与雪相关节日有小樽冰雪节、旭川冬季节日和支笏湖冰节等。一些成功的滑雪度假区在非雪季接待的游客甚至不少于雪季。日本冬季运动项目能够走出困境，保持经久不衰，有三点经验值得借鉴和学习：一是让民间企业成为投资经营主体；二是在项目上不断创新，设计出所有人都能体验乐趣的普及性项目，而不单单依靠滑雪等难度较高的单一项目；三是通过新兴冬季运动、温泉养生、休闲度假等项目来拉动相关冰雪产业发展。

第四章　中国滑雪旅游目的地空间格局

雪场是滑雪旅游供给的物质或空间载体，是滑雪旅游赖以发展的重要依托。雪场空间结构涉及景区（点）分布状况及品位、数量组合关系，体现了滑雪旅游活动的空间属性与相互关系，以及滑雪旅游要素相对区位关系和分布的表现形式，而且直接引发滑雪者的空间行为，对滑雪旅游开发速度、规模、效益以及时空布局有深刻影响。

一、中国滑雪旅游目的地概况

中国人口众多，幅员辽阔。中国冰川主要分布和发育在青藏高原及若干荒漠盆地周边的高山带，零星分布于青藏高原腹地的昆仑山、唐古拉山、羌塘高原等地。中国积雪主要分布在东北和内蒙古东部地区、新疆北部和西部地区及青藏高原地区，总面积约为 $3.40\times10^{6}\mathrm{km}^{2}$。中国年平均雪深、积雪密度、雪水当量分别为 0.49cm、$140\mathrm{kg/m}^{3}$、0.7mm。积雪日数最多的区域位于东北大兴安岭和小兴兴安岭北部山区，帕米尔高原、喀喇昆仑山、喜马拉雅山、天山等地的积雪日数也很长。2016 年，全国冰川旅游目的地 5 处，室内滑雪、滑冰场达 240 多家，各地较具规模的冰雪旅游节有 60 余类。全国室外滑雪场数量达到 646 家（不含嬉雪场所），较 2015 年新增 78 家，增幅为 13.73%（图 4-1）。全年滑雪人次达 1510 万，较 2015 年新增 260 万，增幅为 20.80%。

《全国冰雪场地设施建设规划（2016—2022 年）》指出，到 2022 年，全国滑冰馆数量不少于 650 座，滑雪场数量达到 800 座，初步形成空间布局合理、类型多样、基本满足需求的冰雪场地网络。

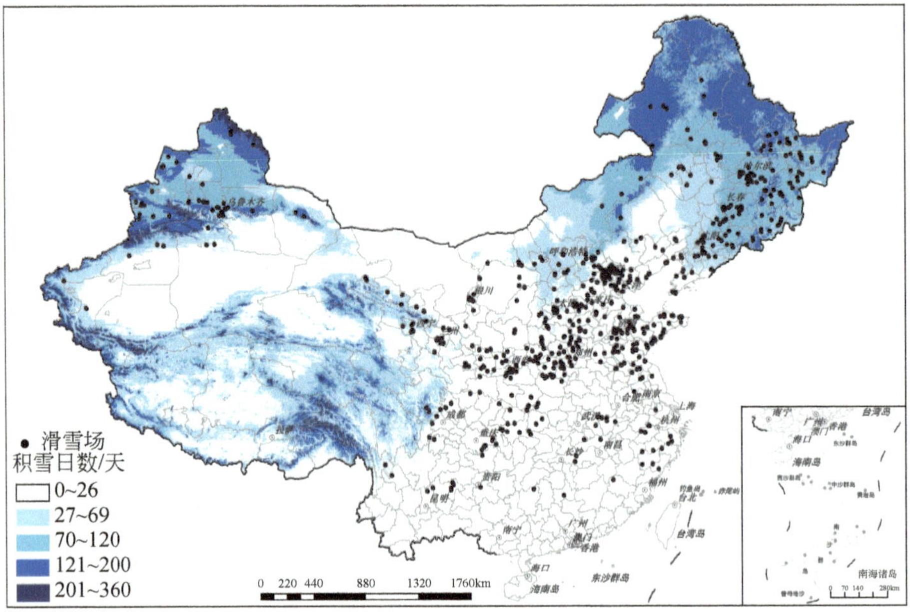

图 4-1　中国滑雪场与年平均积雪日数（1961 ~ 2015 年）空间分布

二、雪场空间结构分析方法

（一）数据与资料

本书冰雪旅游目的地信息来源于国内各冰雪旅游网站公布数据，冰雪旅游目的地空间位置借助谷歌地图详细标定（其他数据获取方法同雪场适宜性评价一章），雪场取其质点坐标作为景点坐标。空间行政边界矢量数据来源于 1：400 万中国基础地理信息数据。交通网络是实现空间可达性的基础道路数据来源于中国地图出版社 2011 年《1：450 万交通全图》地图的矢量化。气象数据来源于中国气象科学数据共享服务网（http：//cdc. cma. gov. cn/），包括日均温、日降水。中国雪深数据来源于中国西部环境与生态科学数据中心的“中国雪深长时间序列数据集（1978—2014）”（Che et al.，2016）。滑雪场海拔、坡度及其坡向由 DEM 数据提取。中国年平均积雪日数来源于中国 MODIS 逐日无云积雪产品（2001 ~ 2014 年）（Huang et al.，2016）。人口经济数据来源于中国公里网格人口分布数据集（2010 年）（付晶莹等，2014）和中国公里网格 GDP 分布数据集（2010 年）（黄耀欢等，2014）。

（二）回归方法改进

传统的回归方法最小二乘法虽然计算速度快、容易实现，但简单的最小二乘法不能找到适应于局内点（Inlier）的直线，原因是最小二乘法尽量去适应包括局外点在内的所有点。本书在站点气象要素趋势分析中采用 Theil-Sen 回归（Theil-Sen Regression），该方法是一种非参数统计方法，对于数据的分布不做潜在的假设，是一种基于中值的估计，对于异常值有更强的稳健性（Robustness）（图 4-2）。异常值点（Outliers）能很大程度上影响一元线性回归（Linear Regression）的斜率，而 Theil-Sen 回归基本不受异常值的影响，其稳健性较强，适合于离群数据较多的情况。

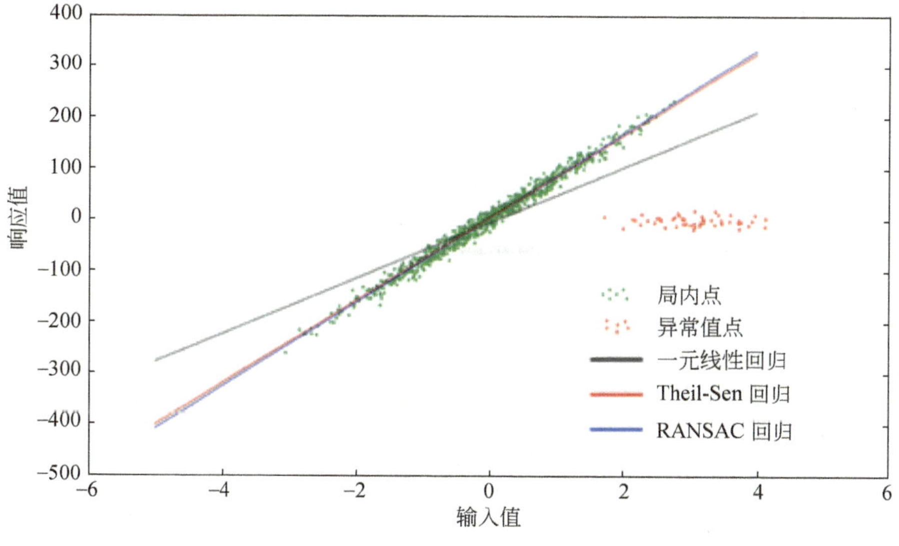

图 4-2　Theil-Sen 回归与最小二乘法的对比

（三）滑雪旅游目的地分级

本书中五级、四级冰雪旅游目的地称为优良级冰雪旅游目的地，三级、二级、一级冰雪旅游目的地称为一般冰雪旅游目的地。一般而言，优良级冰雪旅游目的地拥有较长的滑雪期、较高的落差、较大的滑雪面积、较多的滑雪道和索道，且具有一定的竞技功能及良好基础设施。滑雪场具体潜力参数见表4-1。本书冰雪旅游目的地分级主要针对室外滑雪场。

表4-1　滑雪旅游目的地等级标准划分

标准	五级	四级	三级	二级	一级
积雪期/月	>4	3～4	<3	<3	<3
落差/m	>500	300～500	<300	<200	<200
滑雪季均温/℃	-10～-5.1	-15～-10	≤-15	-5～2.7	≥2.8
雪道面积/万 m^2	>10	5～10	<5	<5	<5
雪道数量	>8	6～8	3～5	<3	<3
缆车数量	>5	3～4	1～2	0	0
竞技功能	很高	高	一般	低	很低
基础设施标准	很高	高	一般	低	很低

（四）核密度估算

核密度估算（kernel density estimation）是衡量地理要素在空间上集中程度的重要指标，利用该模型可以识别具有统计显著性的冰雪旅游目的地空间聚类，分析其空间集聚或均衡状态（钟屹等，2020）。冰雪旅游目的地核密度估算是依据研究区冰雪旅游目的地空间分布要素数据集来计算空间集聚特征，核密度估算值越大，冰雪旅游目的地空间分布密度越高，规模越大，对游客的吸引力越强。核密度定义为：设 x_1，x_2，…，x_n是从分布密度函数f的总体样方中抽取出来的独立同分布样本，以每个样本 x_i为中心，计算每个样本在指定半径范围内（带宽 h）各栅格单元中心点的密度值，在搜寻半径范围内的栅格单元中心点距离样本越近，密度值越大，通常用 Rosenblatt-Parzen 核估计模型，具体计算方法为

$$f_n = \frac{1}{nh}\sum_{i=1}^{n} k\left(\frac{x - x_i}{h}\right) \tag{4-1}$$

式中，f_n为冰雪旅游目的地分布的核密度值；n 为冰雪旅游目的地数量；k 为核密度函数；$x-x_i$为测算冰雪旅游目的地到样本 x_i的距离；h 为核密度测算带宽。

本书采用在地理事物空间分析研究中比较成熟的正方形样方，并利用样方最优尺度模型，利用 ArcGIS 10.2 经过反复测试得到适宜于覆盖全国的最佳统计样方为 3km×3km，其样方数为 27592161 个（3957 行×6973 列）。然后进行核密度测算，其中核密度测算带宽 h 取值为各个冰雪旅游

目的地质心间的最优值 300km，利用分级法将中国冰雪旅游目的地分为：低密度区（0～5 点/100km^2）、较低密度区（5～10 点/100km^2）、中密度区（10～15 点/100km^2）、较高密度区（15～20 点/100km^2）、高密度区（20～25 点/100km^2）。

（五）最邻近指数

最邻近指数法是广泛用于衡量点状要素在地理空间上空间分布的方法，能判断和辨别所研究的地理要素空间分布类型是均匀、随机还是聚集。最邻近指数法的原理为测定出要研究的点状要素与其最邻近点之间的距离 r_1，用距离的平均值 $\bar{r}_1$ 表示此点状要素邻近程度的平均最邻近距离（谢志华和吴必虎，2008）。当所研究的区域内点状要素分布为随机型分布时，其理论上的最邻近距离表示为

$$\bar{r}_E = \frac{1}{2\sqrt{n/A}} = \frac{1}{2\sqrt{D}} \tag{4-2}$$

式中，$\bar{r}_E$ 为理论最邻近距离；n 为单元数；A 为所研究区域面积；D 为点单元密度。最邻近指数 R 为实际最邻近指数与理论最邻近指数的比值；当 $R=1$ 时，$\bar{r}_1=\bar{r}_E$，点单元分布为随机型；当 $R>1$ 时，点单元分布为均匀型；当 $R<1$ 时，点单元分布为聚集型（谢志华和吴必虎，2008）。

（六）空间自相关分析

1. 全局空间自相关

全局空间自相关主要检验空间相邻或邻近的空间单元属性值在整个研究范围内空间相关性的总体趋势，即从总体上判断要素的分布状态（集聚、分散）。常用的测量指标为莫兰指数（Moran's I）：

$$I = \frac{n}{\sum_{i=1}^{n}\sum_{j=1}^{n} w_{ij}} \times \frac{\sum_{i=1}^{n}\sum_{j=1}^{n} w_{ij}(x_i - \bar{x})(x_j - \bar{x})}{\sum_{i=1}^{n}(x_i - \bar{x})^2} \tag{4-3}$$

式中，I 为莫兰指数；n 为研究对象数量；x_i 和 x_j 为 i 区域和 j 区域的属性值；w_{ij} 为空间权重［权重确定方法见文献 Yrigoyen 和 del María（2003）］矩阵元素；$\bar{x}$ 为属性值的平均值。I 取值在［−1，1］，在给定显著性水平下，若 I 显著为正，则表示要素分布存在空间集聚，且全局空间自相关性为正相关；若 I 显著为负，则表示要素分布存在空间分散，且全局空间自

相关性为负相关；若 I 为 0，则表示观测值属于独立随机分布，且全局空间显著无关。

可以用标准值 Z 来进一步检验莫兰指数在第 n 个区域单元是否存在空间关联关系，其计算公式为

$$Z=\frac{I-E(I)}{\sqrt{\mathrm{VAR}(I)}} \tag{4-4}$$

式中，$E(I)$ 为期望值；$\mathrm{VAR}(I)$ 为方差。

当 Z 值为正且显著时，表明存在正的空间自相关，即邻近区域的观测值趋于空间集聚，Z 值越大，集聚程度越大；当 Z 值为负时，则相反；当 Z 值为 0 时，观测值为独立随机分布。

2. *局部空间自相关*（local indicators of spatial association，LISA）

全局空间自相关只能反映某现象在地理空间上的整体关联状况，难以揭示小范围内的局部空间关联性和异常的局部状况，Getis 和 Ord 于 1992 年提出了局部 G_i 统计量（Anselin，1998），用以检验研究范围内局部单元属性与相邻单元相同属性的相关程度，即识别要素聚类或分散的位置和程度（热点、冷点）。该方法可进一步揭示局部空间内是否存在观测值的低值或高值的空间集聚，以及各个区域对全局空间自相关的贡献情况，其空间关联模式可细分为四种类型：高高关联（即属性值高于均值的空间单元被属性值高于均值的领域所包围）、低低关联、高低关联、低高关联，前两种属于正的空间关联，后两种属于负的空间关联。其计算公式为

$$Z(G_i)=\frac{G_i-E(G_i)}{\sqrt{\mathrm{VAR}(G_i)}} \tag{4-5}$$

对局部 G_i 统计量的检验与全局莫兰指数相似，其检验值为

$$G_i=\frac{\sum\limits_{i=1} w_{ij}x_j}{\sum\limits_{j} x_j} \tag{4-6}$$

当 $Z(G_i)$ 为正时，说明位置 i 被数量大的观测值所包围；当 $Z(G_i)$ 为负时，说明位置 i 被数量小的观测值所包围。但是，$Z(G_i)$ 不能用其正负号来判断空间类型是否相似。

以（W_z，Z）为坐标点的莫兰散点图，可对空间滞后因子 W_z 和 Z 数据进行可视化，用来研究局部的空间不稳定性。在莫兰散点图中，可以划分为四个象限，对应四种不同的区域空间差异类型：高高（区域自身和周边地区的属性水平均较高，二者空间差异程度较小）、高低（区域自身

属性水平高，周边地区属性水平低，二者空间差异程度较大）、低低、低高。根据高高、低低类型是否占最多，判断某一地区存在显著的空间自相关性，即具有明显的空间集聚特征。

（七）可达性测度

可达性是指利用一定的交通工具从某一点到达目的地的便利程度，是反映交通便捷性的基本指标，也是测定空间距离的一项综合指数。可达性一词最早由 Hansen（1959）提出，通过对空间、时间和社会经济因素等的度量（李平华和陆玉麒，2005），从而评价某一要素实体的优劣势程度（陈洁等，2007）。可达性研究方法适用广泛，可用于以行政单位为基础的省市县等区位评价，也可用于以医疗机构（曾文等，2017）、城市绿地（马淇蔚等，2016）等为基础的公共服务设施合理性与公平性评价，以旅游景点（王美霞等，2014）、高铁站点（曹小曙等，2018）、机场（戴特奇等，2013）等为基础的旅游地优势度评价。现有可达性评价方法都是和交通相结合。常用可达性研究方法包括缓冲区（buffer zone）分析法、最小距离（minimum distance）法、旅行成本（travel cost）法、吸引力指数（gravity index）法等。本书采用栅格耗费距离方法计算可达性，该方法是行进成本法的一种，它采用节点连线计算法则对耗费距离进行迭代运算，根据路网计算研究区内某一栅格到目标栅格的所有可能路径的累积行进成本，然后通过比较大小，最后将最小的累积行进成本值赋给该栅格，并记录这条路径。其计算的单位不是地理单位，而是耗费的时间。耗费距离方法每个栅格的行进成本值是根据其对行进的阻抗力来定义的，它表征穿过该栅格需要消耗的时间成本。该方法目的在于将栅格数据抽象成图的结构加以计算，计算公式为

$$A=\begin{cases}\dfrac{1}{2}\sum\limits_{i=1}^{n}(C_i+C_{i+1})\\[2ex]\dfrac{\sqrt{2}}{2}\sum\limits_{i=1}^{n}(C_i+C_{i+1})\end{cases}\tag{4-7}$$

式中，A 为耗费距离；C_i为第 i 个栅格的耗费值；C_{i+1}为沿运动方向上的第 $i+1$ 个栅格的耗费值；n 为栅格总数。若两栅格水平或垂直相邻，按式（4-7）上分式进行计算；若两栅格对线斜相邻，则按式（4-7）下分式进行计算。

本书依据相关文献标准，设定不同交通方式的平均行车速度及时间成本值，以分钟来计算时间成本，计算公式为 $\text{cost}=(1/v)\times60(\text{min})$，可得

不同交通方式时间成本（表 4-2）。依据此时间成本，将目前中国交通系统时间成本进行栅格化，在同一地点若有多条运输方式，以取最为快捷的交通方式为主，即时间成本最小法，可计算交通运输系统在空间上的时间成本分布。为更加直观地表达域内各点到冰雪旅游目的地可达性，该系统可生成冰雪旅游目的地可达性扩散图，并可在扩散图基础上进一步形成可达性等时线。本书所指可达性只是理论上的可达性，暂且不考虑交通拥挤、交通衔接等因素。

表 4-2　不同交通方式下相对时间成本

指标	高铁	铁路	高速公路	国道	省道	县乡道	陆地	水域
车速/(km/h)	250	120	100	60	40	30	10	2
时间成本/(min/km)	0.24	0.5	0.6	1	1.5	3	6	30

说明：根据中华人民共和国《公路工程技术标准》规定的公路设计速度，并结合实际情况，确定铁路和等级公路的行驶速度。研究区域所有栅格并不是都有道路通过，那些没有等级公路通过的地区仍然可以通过其他未列出的道路到达，因此，定义没有等级公路经过的栅格默认速度为20km/h，如果一个栅格中没有路通过，那么它的速度即为默认值。如果一个栅格内出现多条道路交汇，取最高级别道路的行驶速度来计算时间成本。

在冰雪旅游资源可达性研究中，到滑雪场等目的地所花时间成本被认为是旅游目的地可进入性和对外便捷性的重要指标。本书在可达性计算中以城市体系中的中心-外围理论为依据，认为游客的集散首先是选择通过快速交通系统（飞机、高铁等）到达区域中心城市聚集，然后再转向旅游目的地进行疏解，即地区省会-地级城市是游客面向旅游目的地出发的首选城市。因此，在可达性计算中以省会和地级城市为出发点，依据目前中国交通运输系统时间成本，采用空间成本距离法计算 200min 范围（约 3.3h）时间可达性成本。

鉴于可达性表示的是从不同地方到达某一滑雪场的容易程度，可达性可分为区内可达性与区外可达性。区内可达性指在某一小区域内部到达滑雪场的容易程度，用时间距离进行度量。全国滑雪场数量有 700 多家，全国地级行政单位数量达 300 多个，因此以地级市为区域基本单元，区域内部游客首先倾向于通过公路交通前往内部滑雪场。时间数据以地级市政府所在地为出发地代表，以各个滑雪场为目的地，利用高德地图导航软件计算需要花费的最小时间（潘竟虎和从忆波，2015）。一些滑雪场虽属某一地级市，但离另一地级市更近，若差距较大，通常认为大于 30min，则认为该滑雪场服务对象为另一地区。

$$T_{1k} = \min(T_{ik}) \tag{4-8}$$

式中，T_{1k}表示滑雪场 k 的区内可达性；T_{ik}表示从 i 地级市到 k 滑雪场的时间。

区外可达性指全国其他区域到某一区域滑雪的容易程度，用平均最短时间距离进行衡量。长距离的跨省旅游交通方式主要包括航空、铁路与公路，但航空旅行的时间差异较小，并非全国所有地级市都开通铁路且部分两两城市之间无直达铁路车次，因此不考虑。通过高德地图导航得到全国所有地级市两两之间的时间距离，最后平均得到全国各地到某一区域的平均时间成本。

$$T_{2i} = \frac{1}{n}\sum_{j=1}^{n} T_{ij} \tag{4-9}$$

式中，T_{2i}表示 i 地级市的区外可达性；T_{ij}表示从 j 地级市到 i 地级市的最短时间耗费；n 表示除 i 地级市外的其他地级市数量。

整体可达性即区内可达性与区外可达性的总和，表示从某一地级市 j 到地级市 i 所耗费时间加上从地级市 i 到滑雪场 k 所耗费时间，以此表示滑雪场的可达性，所耗费时间越少可达性越好。

$$T = T_1 + T_2 \tag{4-10}$$

式中，T 为整体可达性；T_1为区内可达性；T_2为区外可达性。

（八）市场潜力测度方法

滑雪场市场潜力指滑雪场所能吸引消费者的能力，与两个因素有关。第一是滑雪场的吸引力，包括滑雪场与消费市场的距离和滑雪场自身情况，距离越远，市场潜力越小，滑雪场等级越高，市场潜力越大。第二是消费市场的经济规模与人口规模，GDP 与人口越高，市场潜力越大。使用潜力模型对市场潜力大小进行度量，表示某一节点对于周围节点的辐射大小。

$$P_k = \sum_{j=1}^{n} \frac{G_j P_j M_k}{T^{\beta}} \tag{4-11}$$

式中，P_k表示 k 滑雪场的市场潜力；G_j表示 j 地级市的经济规模，即 GDP 大小；P_j表示 j 地级市的人口规模；M_k表示 k 滑雪场的等级；T 表示从地级市 j 到滑雪场 k 所耗费的时间，即可达性所计算出的整体可达性；β 表示距离摩擦系数，本书参考相关文献取为 3（王绍博和郭建科，2016）。

（九）标准差椭圆

标准差椭圆最早由美国南加利福尼亚大学（University of Southern

California）社会学教授韦尔蒂·利菲弗（D. Welty Lefever）在1926年提出，是空间统计分析中一种重要的方法。本书通过导入滑雪场点状要素，运用ArcGIS软件中的方向分布，获取关于滑雪场空间分布的特征，生成的标准差椭圆中椭圆的长轴代表滑雪场分布的方向，短轴代表滑雪场分布的范围。标准差椭圆的扁率越大，滑雪场分布的方向性越明显。椭圆的平均中心点表示滑雪场分布的中心位置，其计算公式为

$$E_x = \sqrt{\frac{\sum_{n=1}^{n}(x_i - \overline{X})^2}{n}} \tag{4-12}$$

$$E_y = \sqrt{\frac{\sum_{n=1}^{n}(y_i - \overline{Y})^2}{n}} \tag{4-13}$$

式中，E_x 和 E_y 分别为滑雪场标准差椭圆的长轴和短轴；$\overline{X}$，$\overline{Y}$ 为滑雪场的平均中心；n 为滑雪场数量；x_i 和 y_i 分别代表滑雪场 i 到标准差椭圆平均中心的长短轴方向距离（吴丽敏等，2013；杨友宝等，2015；钟屹等，2020）。

三、中国雪场空间格局分析

20世纪80～90年代，中国冰雪产业处于萌芽阶段，滑雪产业发展主要受制于冰雪资源的富集情况，且主要集中在东北地区。21世纪初，随着中国经济的快速发展和人民生活水平的提升，京津冀巨大的滑雪市场成为中国滑雪产业快速发展的最大驱动力。在全国大部分地区，围绕区域性的消费中心城市，或是二三线城市，中小型滑雪场如雨后春笋般发展起来。2010年之后，冬奥会申办成功及多项冰雪产业政策的落地，中国滑雪产业开始步入快车道。较欧美、日韩饱和的滑雪市场，中国滑雪市场则正处于快速发展时期。

（一）雪场空间分布

截至2019年滑雪季，中国雪场数量达770家，成为世界上雪场数量最多的国家。该时期，雪场分布更为广泛，分布范围涉及全国28个省（自治区、直辖市），雪场数量排名前五的省份为黑龙江省、山东省、新疆维吾尔自治区、河北省和山西省（图4-3）。全国770家雪场中，有架

空索道的雪场达到 155 家，相比 2018 年的 149 家增长了 4.03%。2019 年，国内滑雪场新增 28 家，包括 5 家室内滑雪场，较 2018 年，增幅 3.77%。新增 28 家雪场中，有 5 家建设有架空索道。雪场数量超过 40 家的省份分别为黑龙江（124 家）、山东（67 家）、新疆（65 家）、河北（61 家）、山西（49 家）、吉林（45 家）、河南（44 家）、内蒙古（42 家）。其中，华北地区（京、津、冀、鲁）滑雪场达 166 家，东北三省和内蒙古自治区滑雪场达 249 家，分别占全国滑雪场总数的 21.56% 和 32.34%，合计占比 53.90%。其中，黑龙江省 124 家，占全国户外滑雪场的 16.10%，居全国各省区之首（图 4-3）（伍斌等，2020）。10 年间，雪场数量增长了 210%。总体上，雪场数量由 20 世纪 90 年代初期的小幅增长演变至 21 世纪初的爆发式增长，近十年，增速减缓，呈稳步上升趋势。

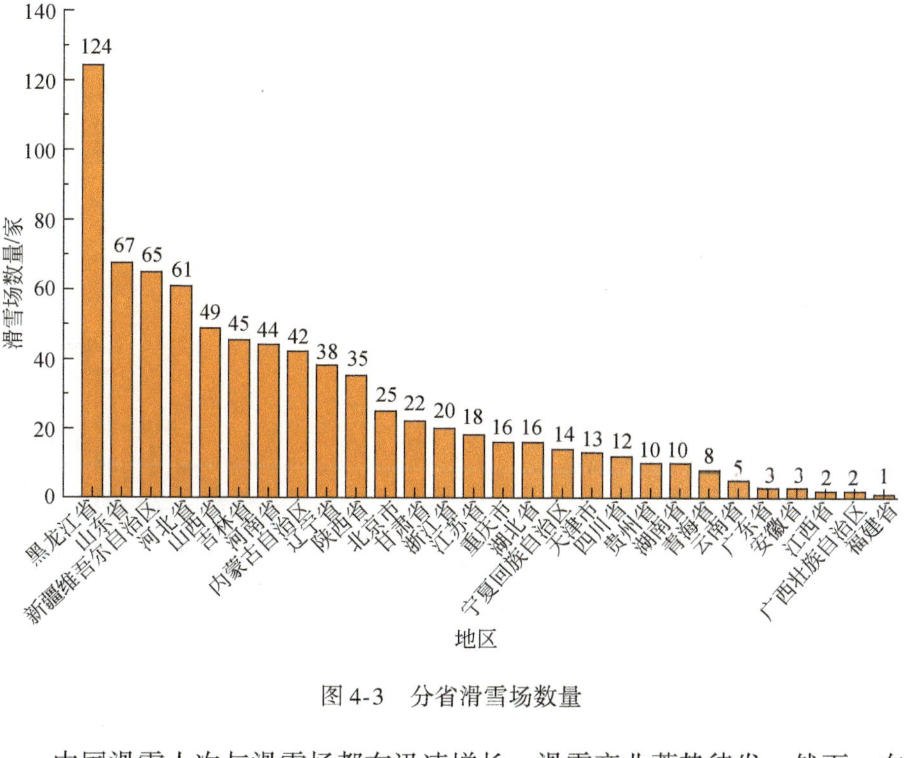

图 4-3　分省滑雪场数量

中国滑雪人次与滑雪场都在迅速增长，滑雪产业蓄势待发。然而，在滑雪旅游人数上，对比滑雪大国，差距依然很大，且中国是全球最大的初学者滑雪市场，80% 滑雪场是一次性体验用户的游乐场。从初级、中级到高级滑雪市场，是一个非常漫长的过程。尽管当前中国冰雪旅游发展较快，雪场数量已居世界首位，但滑雪人数却远落后于美国、加拿大、奥地利、瑞士、法国、意大利和日本、韩国等滑雪大国，冰雪旅游目的地仍存在规划不均衡、空间布局不合理问题。冰雪旅游目的地规模相对较小、基础设施薄弱、服务水平较低，滑雪人数占总人口比例仍然较小，冰雪资源优势并未转化为空间规模优势和经济优势。

改革开放 40 多年，特别是 2015 年北京获得 2022 年冬奥会举办权后，中国已从冰雪旅游资源大国转变为冰雪旅游经济大国。国内滑雪场的滑雪人次由 2018 年的 1970 万，上升到 2019 年的 2090 万，同比增幅为 6.09%。2019 年，国内 770 家滑雪场中，滑雪人次占据前三位的是万科松花湖、万达长白山以及万龙三家滑雪场。2019 年，滑雪者在国内滑雪场的人均滑雪次数由 2018 年的 1.49 次上升为 1.60 次（伍斌等，2020）。2017 ~ 2018 冰雪季，中国冰雪旅游人数达到 1.97 亿人次，冰雪旅游收入约合 3300 亿元，分别比 2016 年和 2017 年冰雪季增长 16%、22%，中国冰雪旅游进入爆发式增长的黄金时代（图 4-4）。当然，中国处于大众冰雪旅游初级阶段，以滑雪旅游为例，2017 年中国滑雪人次为 1750 万，滑雪渗透率不及 1%，相较于瑞士、瑞典等达到 4% 以上的国家，渗透率还较低，存在较大的提升空间。

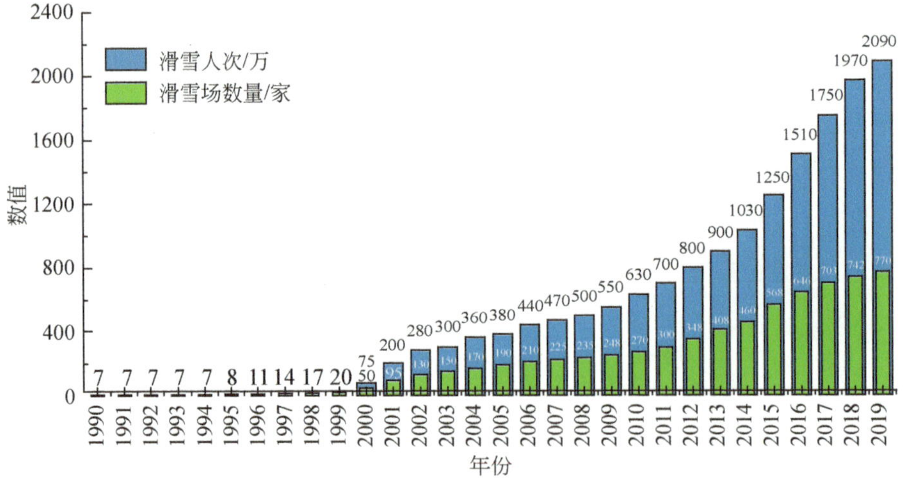

图 4-4　1990 ~ 2019 年全国滑雪场及滑雪人数变化趋势

（二）等级规模分析

国外雪场规模大、档次高，其雪道等级以初、中、高级道为主，练习道较少，而国内以练习道、初级道居多，且以初学者为主。雪道面积是衡量滑雪场大小的另一个重要维度。截至 2019 年底，国内雪道面积超过 $30hm^2$ 的雪场共计 30 家，占比 3.90%（伍斌等，2020）。冰雪旅游五级和四级资源占总数的 6.6%，三级、二级、一级资源分别占总数的 9.7%、31.8%、51.9%。总体上，目前中国冰雪旅游目的地的 93.4% 规模相对较小、设施和管理都较落后，属于粗放型、体验型初级雪场，仅有不足 7.0% 的滑雪场在规模上可满足竞技类滑雪赛事（图 4-5）。

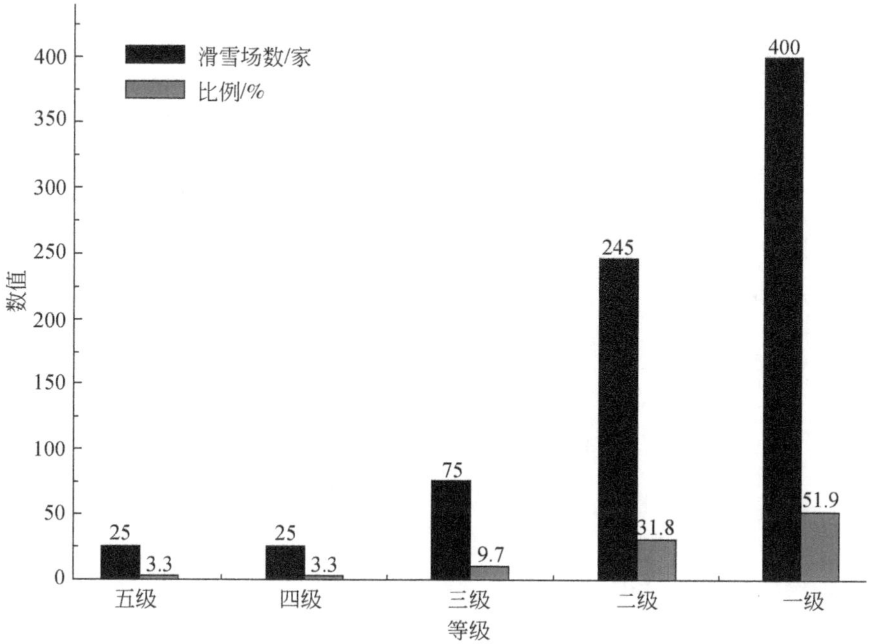

图 4-5　中国不同等级冰雪旅游目的地数量及比例

与国外相比，中国滑雪场所数量多，但规模相对较小且较为分散。除青藏高原东缘海拔较高的 2 家滑雪场外，中国 48 家优良级冰雪旅游目的地（四级和五级）位于中国高纬地区的东北地区、新疆维吾尔自治区天山北部地区，以及近几年冰雪产业快速发展的张家口市和北京市。其中，优良级冰雪旅游目的地中，东北地区（含内蒙古北部）、新疆维吾尔自治区高纬地区 39 家，占优良级冰雪旅游目的地总数的 78%。哈尔滨市、吉林市、白山市、沈阳市、张家口市崇礼区、乌鲁木齐市乌鲁木齐县便分布有 25 家优良级（中高端）滑雪场，占全国优良级滑雪场总数的一半以上。特别是，2022 年北京冬奥会的申办成功，带动了北京—张家口冰雪产业的快速发展，仅张家口市近年就建起了 8 家规模较大的、可以举办国际冰雪体育赛事的滑雪场。总体而言，优良级滑雪场空间集聚明显、发展不均衡问题极为突出。

欧美、东亚各国冰雪旅游起步较早，早已形成规模较大、设施完善、服务水平较高的冰雪产业模式，而中国中高端冰雪产业则处于成长发育期。特别地，伴随着大众滑雪的广泛普及，中国冰雪旅游市场需求不断增加，许多小型、小规模滑雪场如雨后春笋般快速增加。当前，最初级（一级和二级）滑雪旅游目的地数量有 645 家。然而，大部分雪场选址不当，雪场建设缺乏滑雪旅游整体规划，低水平重复建设现象严重，近距离空间布局混乱，进而导致滑雪场数量多，但滑雪人次少，经济效益低下等不良境况。可以肯定，当前小规模滑雪场的过度建设和较大规模等级滑雪场的不足将不可避免地影响未来中国冰雪产业的快速发展。鉴于当前滑雪场现状，一方面，要淘汰一批规模小、经济-环境效益差的小型滑雪场，同时，扩建一批具有一定客源市场基础的滑雪场；另一方面，要高标准兴建或改建一批规模较大的具有承担国际赛事能力的中高端滑雪场。在未来冰雪旅游目的地建设过程中，应该更注重质量、规模而非数量，以健全、完善的基础设施和优质、专业化的服务来提高其冰雪旅游市场竞争力。

（三）空间结构均衡性分析

中国冰雪旅游目的地空间总体格局呈现“小集聚、大分散”形态，以及“片状与点状”空间分布并存格局。这种小集聚主要体现在省会城市冰雪旅游目的地分布的首位性，与城市人口首位分布一样，冰雪旅游目的地分布与省会城市人口分布也存在着类似情况（图 4-6）。省会城市与邻近大城市冰雪旅游目的地的结合，构成了当前中国明显的“一带七核”的冰雪旅游空间结构，即哈大线冰雪旅游带，哈尔滨—牡丹江、吉林—长春、沈阳、北京—张家口、山东—苏北、乌鲁木齐—昌吉、太行山冰雪旅游集聚区，密集度较高。这些区域滑雪场总数基本上占到了全国滑雪场总数的 60%。其中，哈尔滨—牡丹江、北京—张家口区域滑雪场分别高达 69 家、41 家，其密集度居全国之首。

其他滑雪场则零星分布于河西走廊、秦岭一线、四川盆地周边山地及南方高海拔地带，冰雪旅游目的地介于 20 ~ 25 个/100km^2（图 4-6）。相反，积雪资源富集的阿勒泰、呼伦贝尔高纬地区，因经济条件、交通条件、客源市场等因素限制，滑雪产业未得到充分开发，滑雪场分布相对较少，资源优势并未转化为经济优势。冰川景点则地处青藏高原外围的滇西北、川西、祁连山等地，且均处于待开发状态。

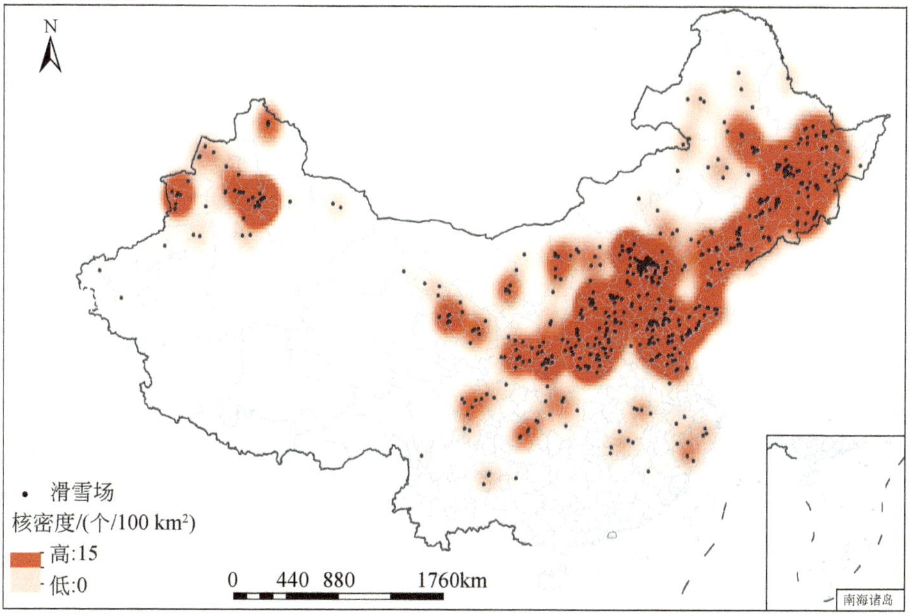

图 4-6 中国冰雪旅游目的地空间分布密度

（四）空间分布关联性分析

中国冰雪旅游目的地空间积聚明显，为进一步探究这种集聚程度的空间关联情况，本书引入 ESDA 全局 Moran's 指数，利用空间分析软件 GeoDa1. 6. 7，并采用 Rook 邻接权重矩阵，对中国冰雪旅游目的地进行全局空间自相关分析，以探求冰雪旅游资源空间分布格局中隐含的空间依赖性和异质性。结果显示，莫兰指数 $I=0.547$，Z 值为 4. 353，通过 T 显著性检验，表明中国冰雪旅游目的地集聚特征显著，在整体上表现出空间正相关性。为探究冰雪旅游目的地局域自相关性特征，本书计算了局域空间关联指数 Getis-Ord G_i^*，并在 ArcGIS 软件里将其空间可视化，采用自然断裂法对各市州局域 Getis-Ord G_i^* 统计量从高到低分成五类，即热点区、次热点区、中间区、次冷点区和冷点区，生成中国冰雪旅游目的地空间格局冷热点图（图 4-7）。

结果显示，中国冰雪旅游目的地局部区域的关联模式呈现出明显的地理分异特征，热点区主要集中在东北地区、京津冀地区、华北地区、内蒙古中部、乌鲁木齐—阿勒泰地区，区域空间联动效应突出，形成了以哈尔

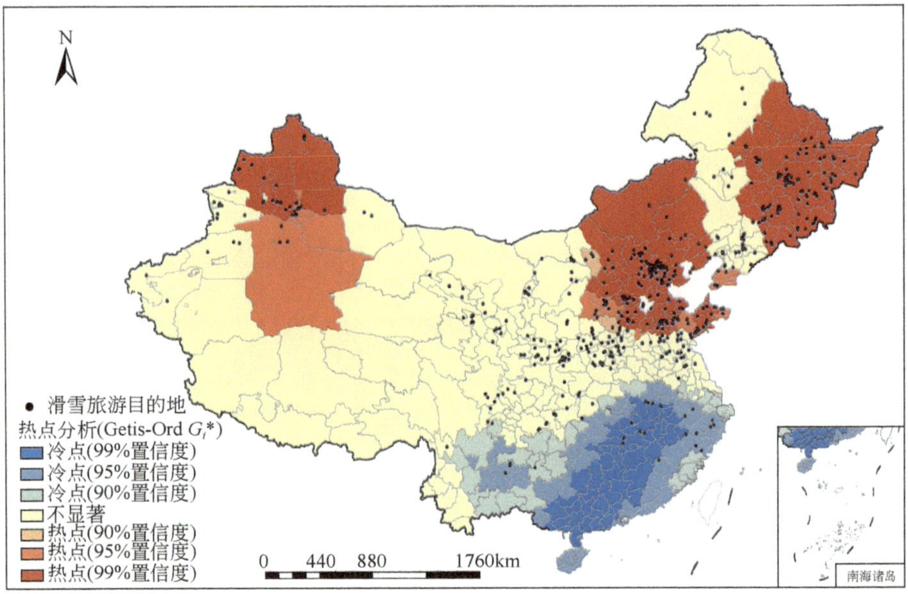

图 4-7　中国冰雪旅游目的地冷热点区分布

滨、长春—吉林、北京—张家口、乌鲁木齐为中心的连片高值区，局部高值扩散效应明显（图 4-8），对全国冰雪旅游发展起着举足轻重的作用。南部地区为冰雪旅游冷点区，大部分地区滑雪场极少。其他区域则为热点向冷点区域过渡地带，随着自身建设的加强和高值区辐射效应的带动，这一区域未来极有可能会发展成冰雪旅游热点区域。

然而，冰雪旅游目的地数量的增加，并非意味着冰雪旅游人数和冰雪产业收益的增加。例如，奥地利和法国滑雪场不足中国一半，但滑雪人数却高达 5000 万人次，远高于中国当前水平。

（五）可达性缓冲区分析

冰雪旅游目的地一般远离市区，且主要分布于高山地区，交通不便，需要索道和拖牵等提升设备。因此，冰雪旅游对时间、交通、食宿等成本要求较高。

冰雪运动尤其是滑雪运动的开展需要依托特定的地形条件，因此，室外滑雪场的选址和周边交通是影响游客进入及雪场建设的直接因素，具体而言，选址主要考虑市场的可进入性和游客管理的便捷性。其中，大、中型高级滑雪场应建在具有交通枢纽作用的大城市周边，距离不宜超过

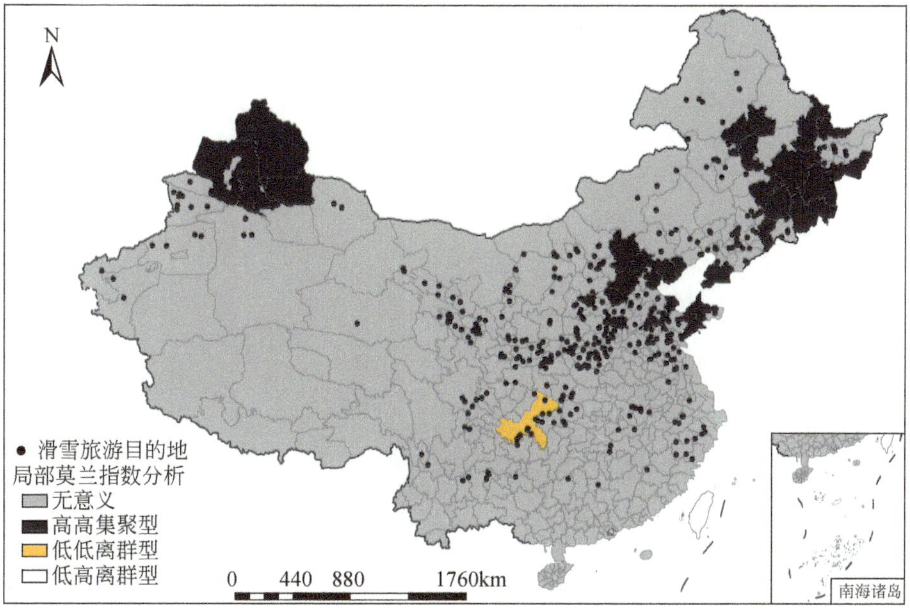

图 4-8 中国冰雪旅游目的地数量莫兰指数散点图和分布图

200km，交通基础条件好，这种区位有利于吸引省外、国际滑雪旅游者，也便于举办大型滑雪赛事。在中、小城市郊区可以面向本地客源市场开发建设初级、中级滑雪场；在当前条件下远离城市不宜建过多滑雪场（图 4-9）。

一般而言，滑雪场主要分布于城市近郊，距离中心城市的公路里程在 20～30km，同时靠近主要的交通干线，如高速公路或国道、省道、机场。在中部和南部地区一般的滑雪场距离城市中心不宜超过 200km，如果距离太近，容易受到城市污染和“城市热岛”效应的影响。随着时间距离的不断增加，滑雪场数量将不断减少，京津冀、山东路网密集，滑雪场之间距离相对较近，其时间可达性成本较小。总体上，中国大部分地区从省会和中心城市出发，都能基本在 3.5h 内（半天工作时间）到达其周围地区。依托高铁、高速公路等快速交通系统，中国东北、东部及南方地区基本都在 2h 交通范围内。

青海省、新疆维吾尔自治区、内蒙古自治区等西部地区受高海拔和路网稀疏的限制，交通可达性较差，但大部分地区都在 3.5h 交通范围外（图 4-10）。从冰雪旅游目的地分布来看，770 家滑雪场中，有 350 家在距离省会城市、地级市半小时的交通范围内（仅指在交通工具上的时间，

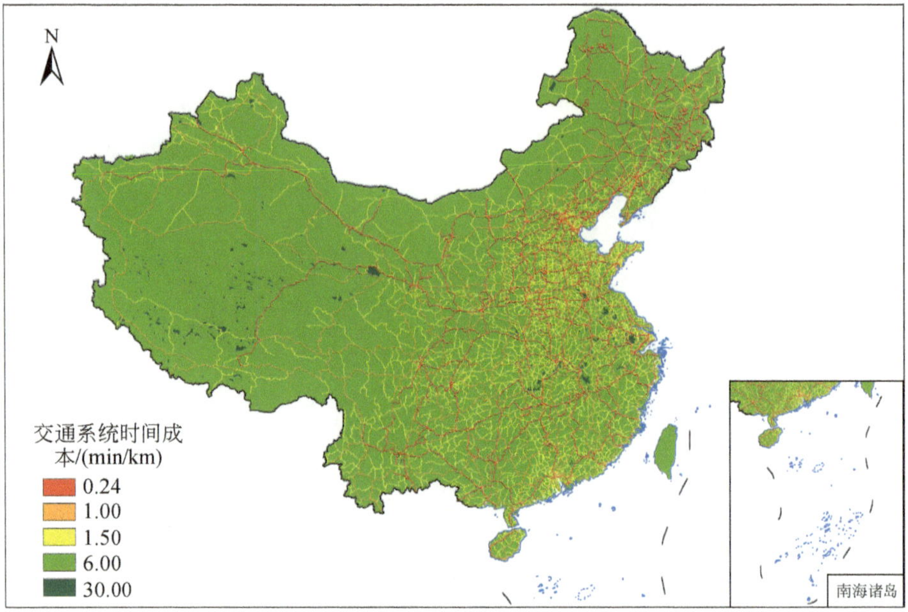

图 4-9 栅格化中国交通系统时间成本

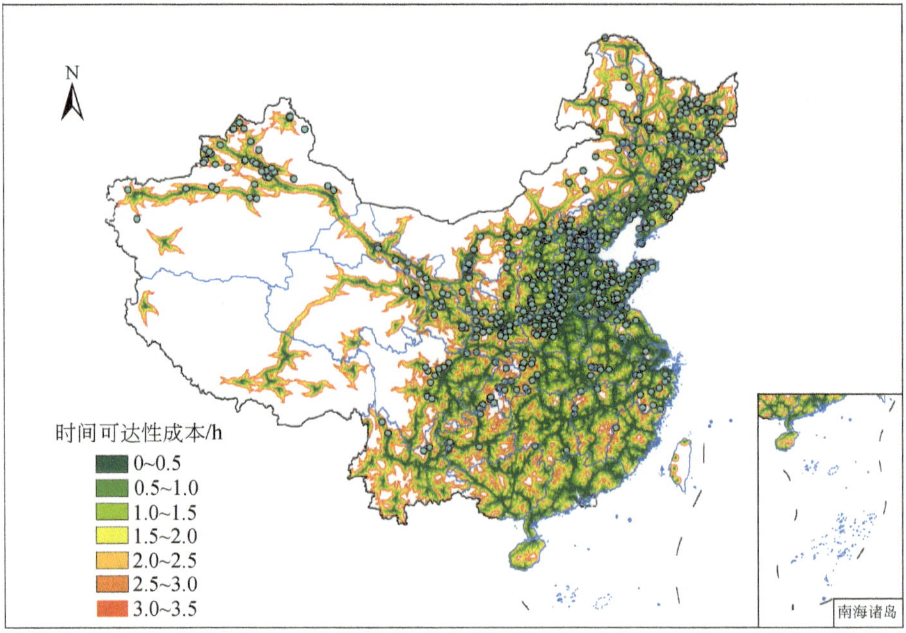

图 4-10 以省会城市和地级市为出发点计算的 200min 内时间可达性成本

暂且不考虑交通拥挤、交通衔接等因素)，占总数的 45.45%，在 2h 交通范围内的滑雪场有 400 家，占总数的 51.95%，只有 20 家滑雪场在 3.5h 交通范围之外，占总数的 2.6%。滑雪场的可达性统计显示，中国滑雪场的分布在空间上较为集中，与所依托的区域中心城市有较高的邻近性，从区域中心城市到达这些旅游景点，花费时间平均约为 0.66h，花费时间较短，可达性高，可进入性普遍较强。

（六）雪场综合可达性分析

1. 区内可达性分析

通常来说滑雪场首要的服务对象就是该地级市的游客，一些大型的滑雪场才会吸引省内其他城市与省外游客。因此，滑雪场的区内可达性主要侧重于分析以地级市为单位的区域内部可达性差异。本书可达性的测度方法是最短时间距离，数据获取按照实际的地图导航软件，可以真实反映滑雪场的可达性（图 4-11）。

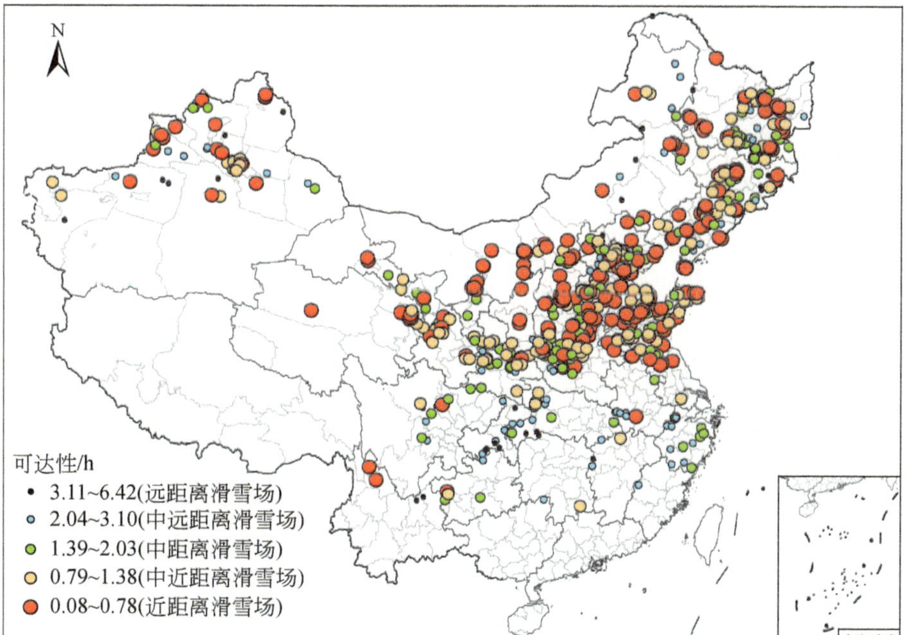

图 4-11　区内可达性

（1）滑雪场的区内可达性有一定的区域分布特征，可达性差异较为明显。南方地区区内可达性普遍较差。南方地区由于气温原因，建设滑雪场的自然条件较差，因此滑雪场多建于远离市区的丘陵山地。同时南方滑雪场数量少，竞争小，市场腹地大，可达性的大小对游客选择滑雪场影响较小。华北和鲁豫地区总体可达性较好，多在1h左右就可开车从市中心到达滑雪场。北疆和东北地区可达性内部差异大，市区可达性较好的滑雪场主要接待本地游客或外地非特意滑雪游客，可达性较差的滑雪场远离市区，建设规模大、等级高，主要接待特意来滑雪的游客。

（2）可达性排名前8位的滑雪场都在北方的非省会城区内，主要在城市的公园内部，作为城市的公共娱乐设施使用。这些滑雪场主要的服务对象是本城市居民，满足居民简单的嬉雪玩雪目的。可达性排名倒数十位的滑雪场同样位于非省会城市，不同的是南北方均有分布，且大多在县城区域（表4-3）。

表4-3　区内可达性倒数十位的滑雪场

滑雪场名称	所在地区	可达性
大海草山国际滑雪场	云南省曲靖市会泽县	4h
九鼎山太子岭滑雪场	四川省阿坝藏族羌族自治州茂县	4h
尼尔基斯湖大架山滑雪场	黑龙江省齐齐哈尔市讷河市	4h
阿尔山太伟滑雪场	内蒙古兴安盟阿尔山市	4h4min
宇翔滑雪场	内蒙古兴安盟阿尔山市	4h4min
五峰湾潭国际滑雪场	湖北省宜昌市五峰土家族自治县	4h6min
可可托海国际滑雪场	新疆维吾尔自治区阿勒泰区富蕴县	4h16min
东山峰云顶滑雪场	湖南省常德市石门县	4h33min
牡丹江双峰滑雪场	黑龙江省牡丹江市海林市	4h52min
漠河北极圣诞滑雪场	黑龙江省大兴安岭地区漠河市	6h25min

这些滑雪场主要服务专门的滑雪爱好者，太差的可达性对一般消费者吸引力有限。需要说明的是，该可达性的时间统计可能动态变化，与城市中心的选择性关系较大，排名前十位的差距较小，存在误差，结果说服力不强；排名倒数十位的可以忽略误差，结果说服力较强（表4-3）。简而言之，可达性较差的滑雪场不一定具有优势，但其滑雪场劣势十分明显（表4-3）。

（3）滑雪旅游目的地一般位于城市郊区或山区，其空间布局受时间、交通等成本要求较高。结果显示，中国大部分地区滑雪场从省会和中心城市出发，基本都能在3h内到达其周围地区。其中，148家滑雪场在距离省会城市、地级市半小时的交通范围内，占总数的19.22%，滑雪场可达性最多的在0.5~1h，占总数的26%，有5%的可达性大于3h。滑雪场的可达性统计显示，中国滑雪场的分布在空间上与中心城市有较高的邻近性，从区域中心城市到达这些旅游景点，花费时间平均约1.24h，花费时间较短，可达性较好，可进入性普遍较强。

2. 区外可达性分析

区外可达性指游客从其他城市到达某滑雪场所在城市的平均最短时间距离，利用高德地图导航数据得到全国所有地级市两两城市之间的最短时间距离，再除以城市数量，得到平均最短时间距离。本书只统计了全国其他地级市到达有滑雪场地级市的最短时间距离。

区外可达性并不只是为滑雪场可达性服务，它表示了全国公路路网分布情况的便利程度与全国地级市交通区位的优势度情况。传统的可达性使用路网数据与速度赋值，与实际情况出入较大，本书利用高德地图导航数据，可以较准确地反映某地级市的真实可达性状况。

可达性的高值区即可达性较差的区域出现在中国的边疆地区，主要为东北与新疆，西南地区可达性也较差。可达性的低值区即可达性较好的区域位于中原地区，从全国任意地级市到达该区域的平均花费时间最少(图4-12)。

3. 综合可达性分析

综合可达性即区内可达性与区外可达性之和，表示利用公路交通从全国任意城市到达某一滑雪场的平均最短时间距离。区内可达性为点数据，即每个滑雪场的可达性，区外可达性为面数据，即每个城市的可达性，按照每个滑雪场所在地级市，将区内与区外相加，得到每个滑雪场的综合可达性，为点数据，再利用反距离权重插值法，得到全国滑雪场的综合可达性。综合可达性的低值即可达性好的区域主要分布在河南，除此之外在陕西、山西、河北、山东、安徽、湖北等与河南接壤的地区也有分布。得益于天然的区位优势，河南地处全国中心地带，境内有多条高速国道通过，全国任意城市到达该区域的平均旅行时间最短，综合可达性最好。综合可达性的高值即可达性差的区域主要分布在新疆、西藏地区，地处边疆的新疆、西藏天然处于交通劣势地位，加之路网发育差，综合可达性最差。东

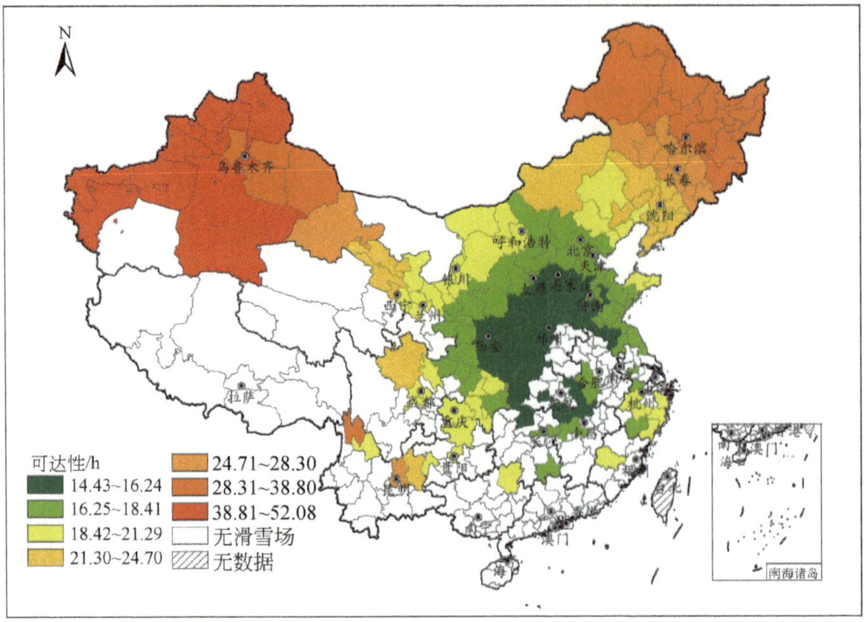

图 4-12　区外可达性

北地区的综合可达性同样较差，尤其是大兴安岭与小兴安岭地区，除与全国其他地区的距离较远之外，山区环境不利于交通线路的建设也是造成该区域可达性较差的原因（图 4-13）。

（七）市场潜力分析

市场潜力是某一区域或城市等未来市场的大小状况，是对未来情况的预测。滑雪场的市场潜力通常与两个因素相关，一个是客观情况，即滑雪场所在地区的情况，一般为 GDP 与人口，该地区人口越多，潜在消费者越多，市场潜力越大，该地区 GDP 越高，消费能力越强，市场潜力越大；另一个是主观情况，即滑雪场本身的潜力大小，该滑雪场距离城市越近，市场潜力越大，该滑雪场的知名度或吸引力越高，市场潜力越大，本书以滑雪场等级代表滑雪场的知名度情况。由于城市人口、GDP、滑雪场可达性、滑雪场等级之间量级不同，参考可达性系数的表达对数据进行处理。

市场潜力的高值区即市场潜力较大的区域主要集中在北京与重庆两个直辖市周围，这两个直辖市相较于普通地级市人口多、经济活跃，可达性较好，因此市场潜力大。其次是东北地区的松嫩平原与辽河平原、山东半岛与中原地区、浙江周围地区，市场潜力也较大。东北地区的主要优势在

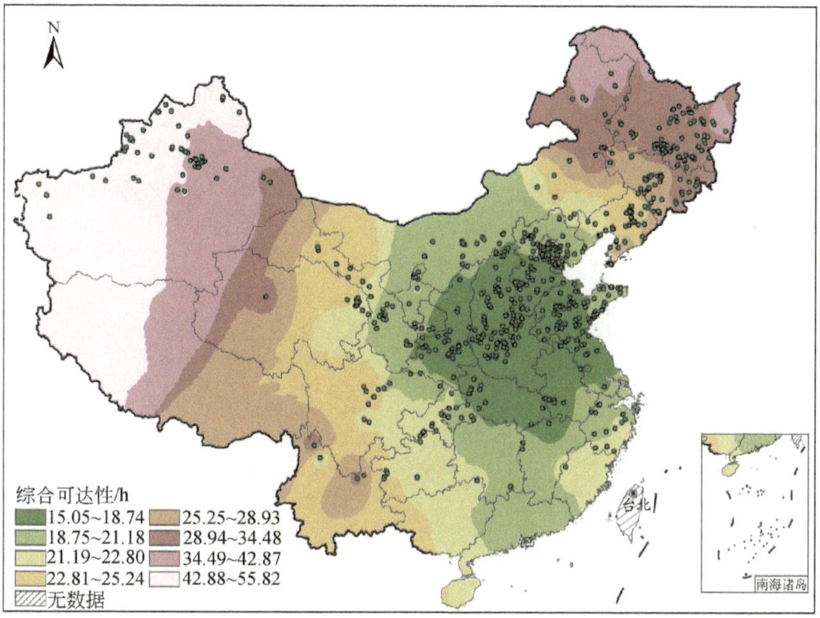

图 4-13 综合可达性

于滑雪场数量多、质量好，平原地区人口多，市场潜力大；山东半岛与中原地区的优势在于人口多、交通可达性好，因此市场潜力大；浙江周围地区优势在于经济活跃、人口多，市场潜力大。市场潜力的低值区即市场潜力较小的区域主要集中在东北的沿边地区，内蒙古高原和西北地区，主要原因是这些区域地处边疆，人口稀少、经济水平低。总的来说，某一地滑雪场的市场潜力主要由四个因素影响，其中三个因素有优势则该区域属于高市场潜力区，两个因素有优势即为中市场潜力区，三个及以上因素都无优势则属于低市场潜力区（图 4-14）。

分省情况来看，滑雪场高市场潜力区主要集中于京津冀地区，包括北京、天津、河北与山东，人口多且经济较发达的重庆与冰雪旅游资源丰富的黑龙江也是高市场潜力区。中高市场潜力区主要包括冰雪旅游资源较丰富的吉林、辽宁、新疆，人口多且可达性好的河南，人口多且经济发达的浙江。中市场潜力区包括江苏、山西、陕西、湖北、四川。中低潜力区有内蒙古、甘肃、云南、贵州、湖南。低市场潜力区包括经济不发达、人口少、可达性较差的宁夏、青海，冰雪资源少的安徽、江西、福建、广西。综上所述，丰富的冰雪资源是滑雪场建成的基础，良好的可达性、发达的经济、众多的人口是滑雪场高市场潜力的有利条件（图 4-15）。

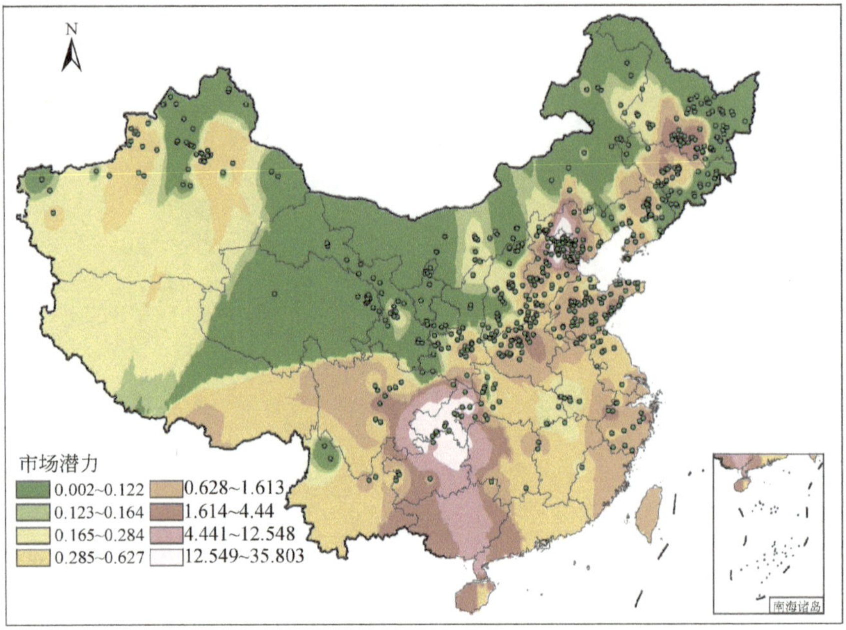

图 4-14　市场潜力

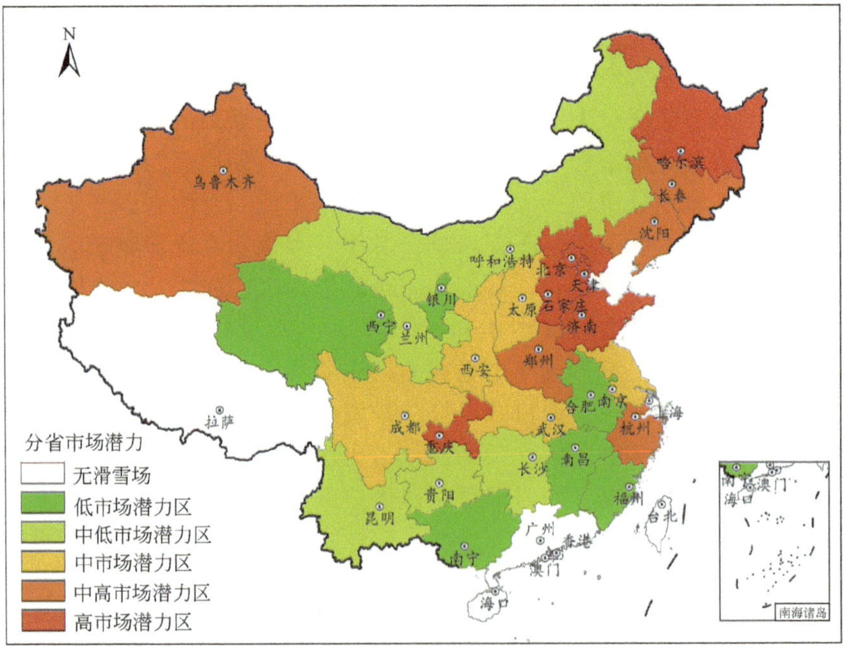

图 4-15　分省市场潜力

说明：图中分类为 ArcGIS 软件自动分级

图 4-16 将分省可达性与市场潜力在同一坐标系中表达出来。结果显示，北京、天津、河北、河南、山东滑雪场的可达性好，市场潜力大，陕西与浙江市场潜力较大，其中陕西较后者可达性更好。山西、江苏、湖北滑雪场可达性好，市场潜力较小，安徽、江西、宁夏滑雪场可达性较好但市场潜力小，湖南市场潜力较小、滑雪场可达性较好。甘肃、贵州、福建、广西、青海、云南、内蒙古滑雪场可达性差且市场潜力小。四川、重庆滑雪场可达性较差，四川市场潜力较大而重庆市场潜力大，东北三省滑雪场可达性差，但市场潜力大，尤其是黑龙江的市场潜力巨大。

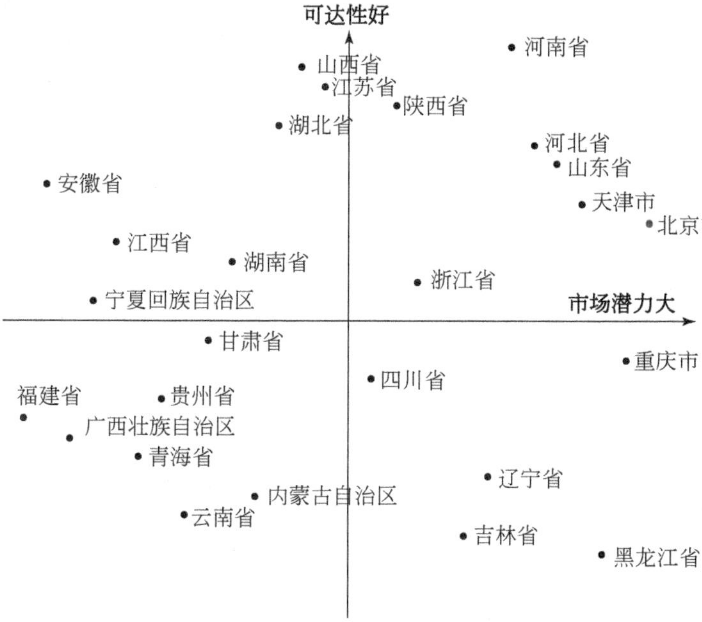

图 4-16　分省可达性与市场潜力

四、中国典型雪场介绍

（一）亚布力滑雪场

亚布力滑雪场坐落于黑龙江省东部尚志市亚布力镇东南 20km 处，距离哈尔滨市 197km。其前身为 1974 年开发成立的松花江地区滑雪场，

1994 年由黑龙江省政府批准成立省级度假区，2001 年被评定为首批国家 AAAA 级旅游区。亚布力滑雪场占地面积 22.55km^2，雪场包括国际标准高山竞技滑雪区和旅游滑雪区两大部分，拥有初、中、高级滑雪道 46 条，雪道总长度达到 88.8km。最长单条雪道最长 5km，适合大众滑雪，属于中级雪道，深受广大滑雪爱好者喜欢；最长高山滑道 2680m，最大坡度 32°，最大落差 570m，有 48 个弯道，为世界第一滑道，载入《吉尼斯世界纪录大全》。雪场索道 25 条，总长度 18.90km（图 4-17），滑雪者可以从任何一处乘索道，不需要脱掉雪板，滑遍场内全部雪道。

每年的 11 月中旬至次年 3 月下旬是这里的最佳滑雪期，雪场积雪期为 170 天，滑雪期近 150 天。2018 年，累计接待游客 120 万人次，旅游收入 8.5 亿元。亚布力滑雪场曾举办过 1996 年第三届亚洲冬季会的全部雪上项目、2016 年世界单板锦标赛等国际赛事。这里，成功举办过 15 届“中国企业家论坛”，并被确定为永久会址，被誉为“中国达沃斯”，该滑雪场还是国家南极科考队员训练基地。

（二）万龙滑雪场

万龙滑雪场位于河北省张家口市崇礼区红花梁区域内，距张家口市 50km，距北京市 249km。滑雪场始建于 2003 年，是亚洲最早开放的雪场之一，是国内首家开放式滑雪场，也是首个以滑雪为特色的国家 AAAA 级景区。万龙滑雪场占地面积 30km^2，经过数年努力不懈的建设，雪场共开发并建成雪道 32 条。其中，高级雪道 22 条，中级雪道 6 条，初级雪道 4 条（图 4-18）。其中，涵盖特色蘑菇道 8 条及各类趣味雪道，可满足不同类型的滑雪爱好者对于场地的需要。与滑雪道相匹配，设置了 2 条双人吊椅式索道，2 条 4 人吊椅式索道，单位时间总运力为 5000 人/h。雪具大厅配备 2000 余套所罗门和阿托米成人滑雪板，500 余套儿童滑雪板及 300 余套单板。在独特的地方气候影响下，滑雪场冰雪积存期达 150 天以上。2018 年，万龙滑雪场接待游客近 50 万人次，营业额 1.50 亿元。万龙滑雪场曾成功举办了 2003 ~ 2006 年的第三 ~ 第六届中国 · 崇礼国际滑雪节、2005 年国际雪联波司登 · 所罗门杯高山滑雪系列赛、2018 亚洲滑雪登山锦标赛暨 2020 洛桑青冬奥选拔赛。同时，万龙滑雪场也是黑龙江省滑雪队、中国 · 所罗门国家青年滑雪队、韩国和日本专业滑雪队指定训练基地，以及 2022 年北京冬奥会单板滑雪（平行大曲道）的比赛场地。目前，万龙滑雪场已经成为华北地区规模最大，硬件设施最好的滑雪场。

图 4-17　亚布力滑雪场

图 4-18　万龙滑雪场

（三）云顶滑雪场

云顶滑雪场地处太行山与燕山交汇处的大马群山中，位于河北省张家口市崇礼区四台嘴乡，距北京 220km，张家口 59km，毗邻万龙滑雪场。2012 年，云顶滑雪场正式开业，雪场面积达到 $80km^2$。雪场已建成雪道 41 条，包括 13 条高级道，20 条中级道，2 条初级道，6 条野雪道和雪地公园（图 4-19），同时，雪场配备 5 条具备全程座椅加热功能的世界顶级高速缆车，也是目前国内唯一全部索道配备加热座椅的滑雪场，还配备有 3 条魔毯。雪场设有基于团队学习（team based learning，TBL）的山地教学滑雪公园，可让初学者更快掌握滑雪，体验滑雪乐趣。

图 4-19　云顶滑雪场

滑雪中心的雪具大厅还为游客准备了 1400 多套海德、所罗门、沃克等品牌的高级雪具，以及艾斯匹克滑雪服、头盔等装备，可供租用。滑雪场积雪期达 150 天以上。云顶滑雪场曾成功举办 2017 年国际雪联自由式滑雪空中技巧世界杯、2018 ~2019 年国际雪联单板滑雪平行项目世界杯、

2018～2019 年中信国安·国际雪联自由式滑雪及单板滑雪世界杯等多项高水平赛事。2015 年 7 月 31 日北京—张家口联合申奥成功，云顶滑雪场被指定为 2022 年冬奥会自由式滑雪和单板滑雪比赛场地。

（四）富龙滑雪场

富龙滑雪场位于张家口市崇礼区东侧，西邻张承高速、北邻万龙路，城区至雪场步行 5min 可达，是崇礼第一家开放夜场和实现住宅与滑雪道无缝对接、真正滑进滑出的滑雪度假区，也是中国第一家城市中以家庭、儿童为主要特色的大型休闲滑雪度假区。滑雪场拥有 4.50 万 m^2 的富龙滑雪四季大厅（游客中心），是世界上最大的滑雪大厅。2016 年 12 月 17 日，富龙滑雪场正式对外开放，仅 100 天的时间，游客数量就达到了 11 万人次。雪场造雪面积达 80 万 m^2。雪场共计 37 条雪道。其中，初、中、高级雪道占比为 3∶4∶3。雪场拥有 8 条魔毯和 5 条高速缆车，其中一条为全长 3.60km 城区直达雪场的城市空中客车（图 4-20）。

雪场滑雪季达 150 天以上，雪场白天营业时间为 8:30～16:30，夜场营业时间为 17:30～21:30。富龙滑雪场因地处城市核心地区，形成了无风环境，并且总体海拔较低，但山体雪道的落差比较高，落差达到 485m，

图 4-20　富龙滑雪场

使得富龙滑雪场既有适合家庭的初、中级雪道以及儿童娱雪区，同时也有能承接各类国际级赛事的高级道。富龙滑雪场曾成功举办单板滑雪大跳台和坡面障碍技巧全国冠军赛、2017～2018 年全国残疾人高山滑雪和单板滑雪锦标赛、SNOW ONE 超级雪滑雪大奖赛等体育赛事。

（五）万达长白山滑雪场

万达长白山滑雪场地处北纬 41°的黄金滑雪度假纬度带，位于吉林省白山市抚松县松江河镇长白山国际旅游度假区，距长白山机场 10km。滑雪场于 2012 年对外开放，雪场占地面积 6. 34km^2，造雪面积 1. 04km^2，共有雪道 43 条，包括 9 条满足冬奥会比赛要求的高级雪道，14 条中级雪道，20 条初级雪道，雪道总长度 32km，雪道面积 0. 94km^2，可同时容纳 8000 位滑雪者。雪场拥有 7 条缆车，索道总长度 7. 10km，每两小时运力达 2. 20 万人（图 4-21）。

雪场以壶状、避风、野趣为特色，壶状地形是很多滑雪场梦寐以求的雪地形态，雪道犹如迷宫，可增加滑雪者趣味性，每年 11 月中旬至次年

图 4-21　万达长白山滑雪场

4 月中旬为滑雪季。长白山滑雪场曾举办 2017 年的 Slopestyle 单板滑雪赛事，2018 年的雪山之王长白山 FUN PARK 公园挑战赛等多项高水平竞技赛事。雪场拥有面积超过 1.00 万 m^2的游客服务中心，提供雪具租赁、滑雪服务、滑雪视频、摄影、餐饮等方面服务。在雪场最高点建有 4000m^2的山顶餐厅，满足就餐的同时，人们还可以在室内观景平台远眺长白山美景。特别地，雪场周边还分布有多处温泉。其中，聚龙温泉群是长白山国际旅游度假区除雪场外最具特色的景点，面积达 1000m^2，出水口百余个，在温泉水中沐浴，可以治疗关节炎、风湿病等慢性疾病。

（六）万科石京龙滑雪场

万科石京龙滑雪场位于国家生态环境示范区北京延庆区，距北京市区 70km，是北京周边地区第一个最大的、设施齐全的滑雪胜地，也是中国第一个采用人造雪的雪场。万科石京龙滑雪场始建于 1999 年。2016 年，万科集团对其进行了升级改造，接待能力增加到了 25 万人，雪场面积增加到了 20 万 km^2。目前，雪场共有 10 个雪道，包括 1 个高级雪道，4 个中级雪道，4 个初级雪道和 1 个无障碍雪道。其中，高级雪道长 1360m，垂直下落 300m，最大坡度为 30°，平均坡度为 16°，它专为高级专业滑雪者设计。4 条坡度适中的中级雪道及 4 条初级雪道可以满足不同水平的滑雪爱好者的需求（图 4-22）。雪场还专门为爱好滑雪的残疾人群设立了无障碍雪道以及 2 处树林野雪区，可让每个人都能在此找寻到这项户外运动带给人们的乐趣。同时，为方便滑雪爱好者，雪场还开放了 3 条索道（四人缆车+双人缆车+拖牵）及 5 条魔毯（含残疾人专属的无障碍魔毯），每小时输送量达 5000 人次，供游客快速到达目的地。同时滑雪场还配备了 5000 套雪上娱乐器材、经过全面升级改造后的 0.38 万 m^2 综合服务楼及具备餐饮接待能力的八达岭餐厅供游客使用。滑雪场还拥有特色的温泉浴和雪桑拿等休闲项目，可以为游客们消除疲劳，恢复体能。2018 年万科石京龙滑雪场接待游客近 25 万人次。万科石京龙滑雪场曾成功举办 2017 年国际雪联越野滑雪中国巡回赛北京站、2018～2019 年新浪杯高山滑雪公开赛、助威冬奥首都高校大学生第十一届高山滑雪比赛等多项赛事活动。

图 4-22　万科石京龙滑雪场

（七）大明山万松岭滑雪场

浙江杭州临安大明山万松岭滑雪场坐落于海拔 1100m 的大明湖畔，距离上海市区 270km、杭州市区 110km。于 2011 年 1 月 18 日滑雪场建成开放，并于 2012 年再次进行改建扩建，在原来基础上增加了一条输送带，可快速将游客输送到滑雪起始地，减少等待时间。同时，雪场提供专业级进口滑板、滑雪服及双层雪圈等专用装备，是目前华东地区海拔最高、面积最大的赏雪、玩雪、滑雪场所。雪场面积超过 10 万 m^2，包含 5 万 m^2 的嬉雪区和 5 万 m^2 的专业滑雪区。雪道长 1000m、宽 100m、落差 100m，可同时容纳4000人滑雪，是名副其实的高山森林滑雪场（图4-23）。

图4-23　大明山万松岭滑雪场

滑雪场配备了专用造雪、补雪、压雪设备，以及滑雪装备和运输设备。例如，德国原装进口压雪车、意大利和美国原装进口造雪机、国际化水准的魔毯运送带、专业级进口滑板、滑雪服及双层雪圈等。在滑雪场消费区，还提供简式西餐、咖啡、各类甜点，以及具有当地传统风味的面馆和各种小吃。2018年，滑雪场共接待游客8.36万人次，实现综合营收3400万元。万松岭滑雪场曾获得2017年WSTOPS冬季运动奖——中国滑雪场30强、最佳嬉雪乐园，浙江省运动休闲旅游精品线路，浙江省运动休闲旅游优秀项目等奖项。

（八）阿勒泰将军山滑雪场

阿勒泰将军山滑雪场位于新疆维吾尔自治区阿勒泰市将军山前山坡地带，距市区1600m，交通便利，雪场占地60万m^2，海拔1300m，垂直落差300m，坡度12°～50°，山体条件优越。滑雪场建设于2009年，是全国唯一与城市相连的高山滑雪场，是全国及新疆维吾尔自治区高山滑雪训练基地、自治区5S级滑雪场，是新疆维吾尔自治区唯一有两条雪道通过国际雪联认证的雪场。

将军山滑雪场天然降雪充沛，年均降雪深度1～1.5m。从当年10月下旬至次年5月初，有效雪期可达210天，滑雪场最大高差460m，目前已建成 33 条雪道，总长达 30km，机压雪道面积 8 万 m^2，拥有缆车 5 条，其中 2 条为高速缆车，拖牵 1 条，魔毯 5 条，每小时运力 1 万人。2018～2019 雪季，将军山滑雪场接待游客超过 30 万人次，其中 30% 以上是外省游客。（图 4-24）。

图 4-24　阿勒泰将军山滑雪场

与优越的滑雪资源、硬件设施相媲美的是该滑雪场超高的人气。2018 年，国家体育总局冬运中心授予阿勒泰将军山滑雪场“国家高山滑雪队训练基地”称号。2019 年，将军山滑雪场就获得了金雪花滑雪产业大会暨第五届中国滑雪产业发展论坛的最佳自媒体、最佳赛事活动、最具人气滑雪公园、雪友最喜爱的滑雪场等多项奖项。近年来，为迎合滑雪爱好者，将军山滑雪场开发了超过 300 万 m^2 的野雪公园，成为吸引外地有一定竞技水平的亮点项目。同年，将军山滑雪场东北方向 5km 处的国际越野冬季两项训练比赛场地建成，该场地可供综合性越野、冬季两项及滑轮训练。2020 年，将军山滑雪场新增旱雪雪场，开启了四季滑雪模式。

（九）北京乔波冰雪世界

北京乔波冰雪世界位于北京市顺义区顺安路，是中国第一个以室内滑雪为特色的体育休闲主题公园，集娱乐、会议、拓展训练和滑雪运动于一体，可提供四季滑雪项目。北京乔波冰雪世界成立于 2002 年 9 月，室内滑雪馆建筑面积近 4 万 m^2，其中，雪道面积为 1.50 万 m^2，日接待能力 3000 余人次。冰雪大世界包含四个活动区：儿童滑雪场、单板滑雪公园、初级滑雪道和中高级滑雪道。其中，儿童滑雪场雪道长 30m、宽 15m、平均坡度 3°。单板滑雪公园雪道长 200m、宽 15m，设有 5 个障碍设施。初级雪道长 200m、宽 40m、平均坡度 8°。中高级雪道长 300m、宽 40m、平均坡度 17°。雪馆内安全设施完善，铺设了“魔毯”及拖牵共 4 条运输设备（图 4-25）。

图 4-25　北京乔波冰雪世界

室内滑雪场为游客提供雪具、雪服、存衣柜等租赁服务，所有双板、单板雪具均为法国进口的金鸡品牌。室内滑雪场采用加拿大知名厂商的造雪设备和国际先进的制冷技术，在烈日炎炎的盛夏，场内积雪仍将超过半米厚，环境温度始终维持在–3℃左右，确保滑雪爱好者四季都能享受滑雪运动的无穷乐趣。同时，室内滑雪场还可承办各类比赛及演出活动。北京乔波冰雪世界曾举办 2016 年“雪山之王”国际赛手滑雪表演赛、中国滑雪产业发展论坛、“奥运健儿公益服务大行动——雪上培训活动”等多项赛事和活动，为推动冰雪运动，打造精品特色冰雪体育项目等发挥着积极作用。

第五章　中国雪场空间格局演变及其驱动机制

雪场空间分布特征、集聚演变状况与分布方向性变化深刻影响着中国滑雪旅游乃至冰雪产业的发展。雪场是滑雪旅游高度依赖的空间载体，吸引游客、发展滑雪产业的基础，其空间格局及其演变规律，在不同历史时期有特定的驱动机制。当然，滑雪旅游乃至产业的快速发展还需交通网络、政策、规划、市场营销、资本运营等一些支持系统得以推动。一些雪场的存在得益于先天的积雪条件，一些则得益于冰雪体育赛事等政策的助推。揭示雪场格局演变及其驱动机制，是未来雪冰产业精准施策的前提条件。

一、雪场空间格局演化

（一）滑雪场空间变化

1. 分时期滑雪场空间分布特征

在 ArcGIS 软件中，以全国（除港澳台）滑雪场地理空间点状要素分布为基础数据，以 2018 年中国地级市行政区划为基础单位，将四个时间断面上的滑雪场空间点要素分别叠加在中国地级市行政区划上，得到四个不同时间断面上全国尺度的滑雪场分布图，再通过分级色彩，可直观地看出中国雪场数量和分布在时空尺度上的变化。本书采用的分级色彩分类方法为自然断点级分类。

通过对比 1989 年、1999 年、2009 年、2019 年四个时间断面上的全国滑雪场数量分级色彩图（图 5-1）可以看出，在 1990 年之前，全国仅有 7 家滑雪场，只分布于黑龙江省与吉林省，吉林省只有一家滑雪场在通化

(a)1989年雪场数量

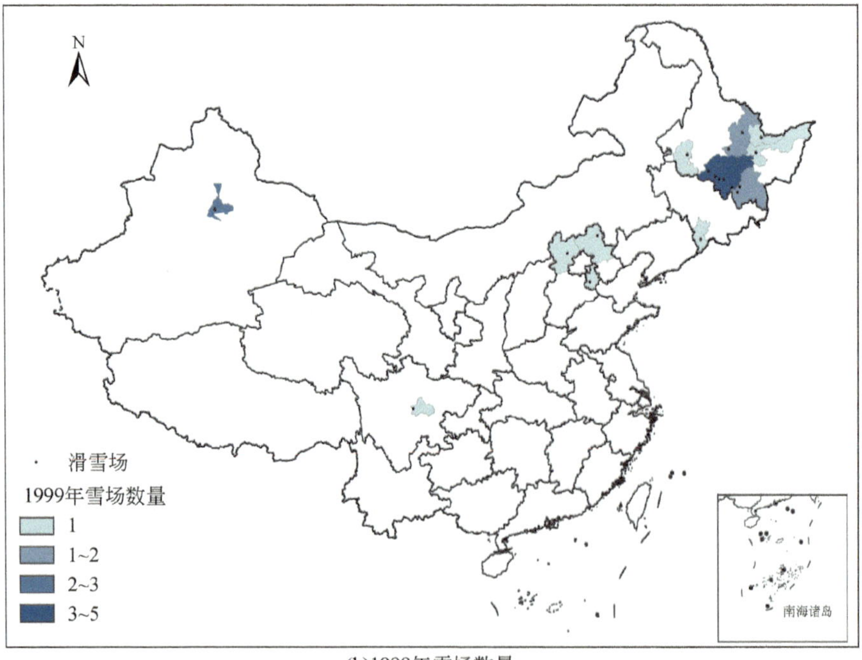

(b)1999年雪场数量

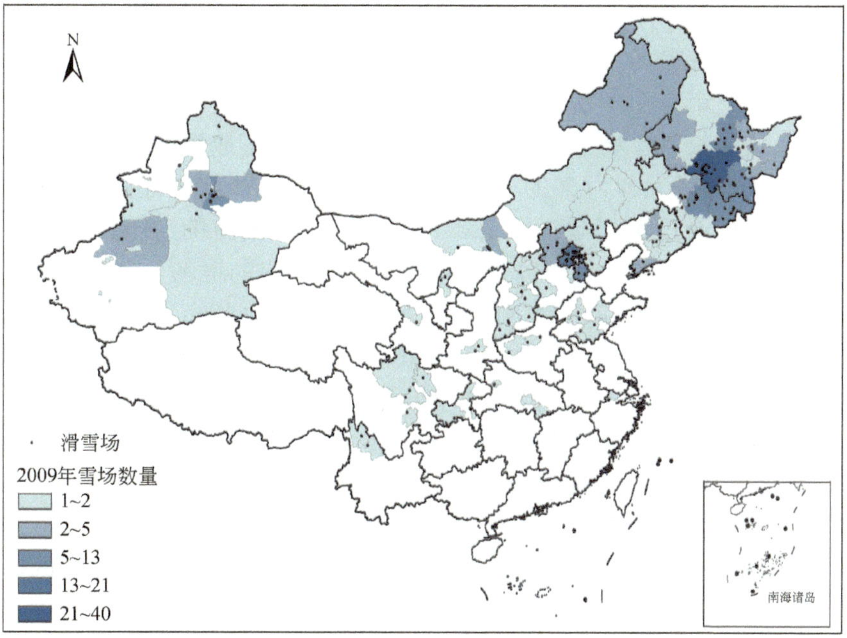

(c)2009年雪场数量

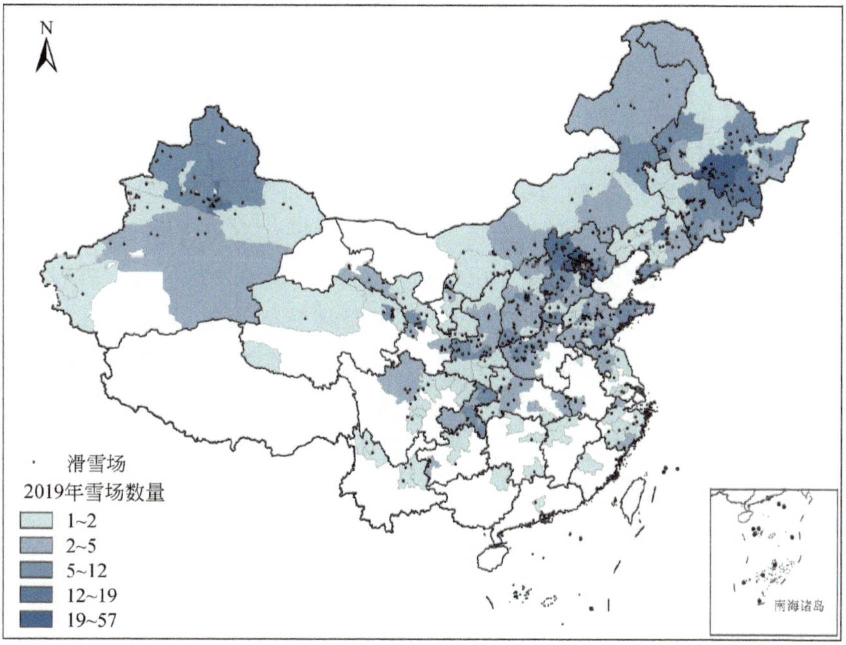

(d)2019年雪场数量

图 5-1　1989 年、1999 年、2009 年、2019 年雪场数量分级色彩图

市，其余均在黑龙江省；1990～1999 年，河北省、新疆维吾尔自治区、四川省出现了滑雪场，这十年间，全国滑雪场数量增长了 186%，哈尔滨市与乌鲁木齐市是全国滑雪场数量最多的城市。1999～2009 年，雪场数量呈爆发式增长，雪场数量增长了 1140%，是增速最快的十年。从 1999 年的仅 20 家雪场发展为 2009 年的 248 家，这依赖于当时国家经济的快速发展，旅游产业逐渐兴起，以及冰雪旅游、滑雪旅游的大范围普及和推广。此时，东北三省和京津冀是雪场数量最为密集的地区，其次是新疆维吾尔自治区等。2009 年，哈尔滨市、北京市、牡丹江市、乌鲁木齐市分别达 40 家、21 家、13 家和 11 家。2010～2019 年，全国雪场数量持续上升，截至 2019 年，雪场数量高达 770 家，成为世界上雪场数量最多的国家。该时期，雪场分布更为广泛，分布范围涉及全国 28 个省（自治区、直辖市），雪场数量排名前五的省（自治区）为黑龙江省、山东省、新疆维吾尔自治区、河北省和山西省。十年间，雪场数量增长了 210%。总体上，雪场数量由 20 世纪 90 年代初期的小幅增长演变至 21 世纪初的爆发式增长，近十年，增速减缓，呈稳步上升趋势。

根据四个不同时间断面雪场数据，利用 ArcGIS 软件，可计算出中国滑雪场分时期最邻近指数，不同时期的最邻近指数表示不同时期各个滑雪场空间点要素与周围滑雪场空间点要素的平均观测距离及预期平均距离的比率（表 5-1）。在 1989 年，最邻近指数 $R>1$，滑雪场空间分布呈现离散特征或者竞争特征；1990～1999 年，R 由 1.86 左右变化至 0.66 左右，1999 年滑雪场最邻近指数 $R<1$，表明 1999 年中国滑雪场空间集聚状态为明显的集聚分布，奠定了最早期东北三省滑雪场集聚分布格局的基础。在下一时期，2000～2009 年，R 由 0.66 左右减小至 0.37 左右，在这十年，空间分布状态仍然表现为集聚分布，且集聚状态更为集中。近十年，R 变化较小，稳定在 0.37 左右，整体上，中国滑雪场空间持续表现为集聚状态，并与前一时期的雪场分散特征相叠加，在分散边缘区域扩散，形成当前的多点扩散式集聚状态。整体上更为突出地加剧了集聚状态，同时数量的扩充也使得这种集聚更为明显。

表 5-1　分时期滑雪场最邻近指数

年份	滑雪场数量/家	最邻近指数 R	分布模式类型
1989	7	1.861 834	离散或竞争
1999	20	0.662 021	集聚

续表

年份	滑雪场数量/家	最邻近指数 R	分布模式类型
2009	248	0. 374 043	集聚
2019	770	0. 370 020	集聚

2. 滑雪场时空集聚演变状况

核密度分析可以很好地反映全国的滑雪场在行政区划基础单位上的空间集聚状态。1990 年之前，全国范围仅有黑龙江省内部的南北两个集聚区和吉林省最南端的集聚地，集聚程度高，经过十年的演变，1999 年黑龙江省的上下两个小聚集地逐渐演变合并成一个大聚集地，且南部的大集聚地产生了横向扩散，在这一阶段，黑龙江省依托于得天独厚的积雪资源，在中国刚开始的滑雪场建设进程中起引导作用。1999 年，除黑龙江省之外，新疆维吾尔自治区也出现了比较强的集聚性，但仅分布于乌鲁木齐市。这一阶段，比起前一阶段的高集聚模式，全国范围仍零星分布，总体较分散，区域间关联性不强。2000 ~ 2010 年，黑龙江省和吉林省的滑雪场集聚分布有了关联，发展为以哈尔滨市为中线点的“小十字”结构，竖向横跨东北三省，形成了东北三省滑雪场区域集聚分布。而京津冀地区的滑雪场在这十年也较为迅速，形成了以北京市为核心的向外扩散圆形集聚模式，在集聚程度上不亚于东北三省。这十年，由于滑雪在中国逐渐被重视，滑雪比赛逐渐增多，赛事引领或政府重视与主导使京津冀地区成为此阶段中国滑雪场发展最快的地区。这一阶段全国范围形成了核密度为两点的核心集聚发散模式［图 5-2 (a)(b)(c)］。

2010 ~ 2019 年，全国滑雪场的增长速度逐渐放缓，进入稳步上升的时期。整体的空间态势仍然表现为集聚，同时数量的大幅度扩充也使得这种集聚更加明显。中国中部地区产生了大片集聚，形成了京津冀为竖向起始，河南省、湖北省、重庆市为竖轴，陕甘青为横轴的“大十字”分布带。这十年正是全国旅游业发展最为迅猛的时期，伴随着社会经济水平的提高以及人们休闲娱乐的需要，中部地区的滑雪场空缺也开始填补，越来越多的滑雪场开始在这一区域兴起，相较于南方地区，中部地区更容易人造雪。东北三省的“小十字”结构相较于中部地区来说，这十年的集聚程度没有发生太大的改变，但是竖轴向下延长，连接于山东省，正好依靠山东省与中部“大十字”结构接壤，大小两个“十字”形成了区域联通。

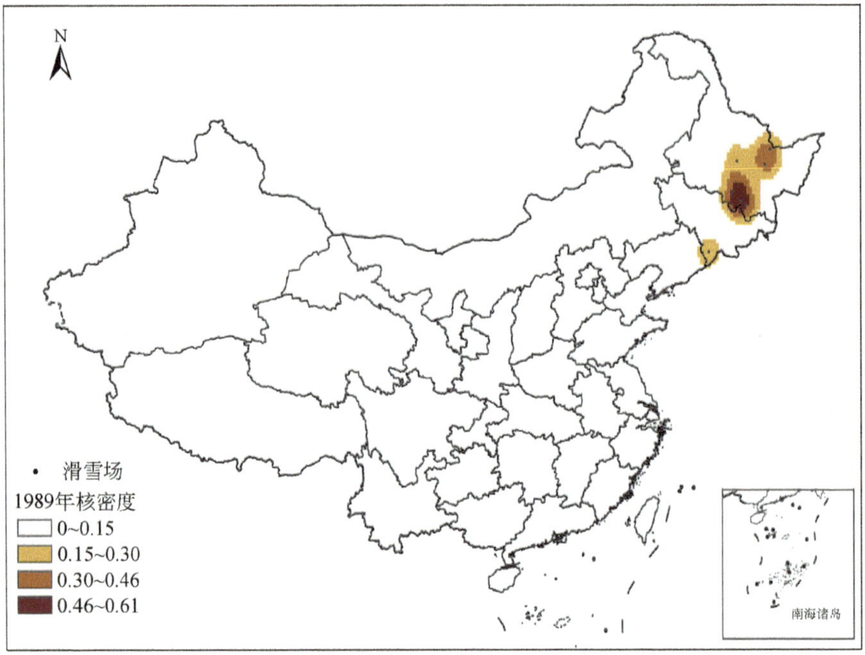

(a)1989年核密度

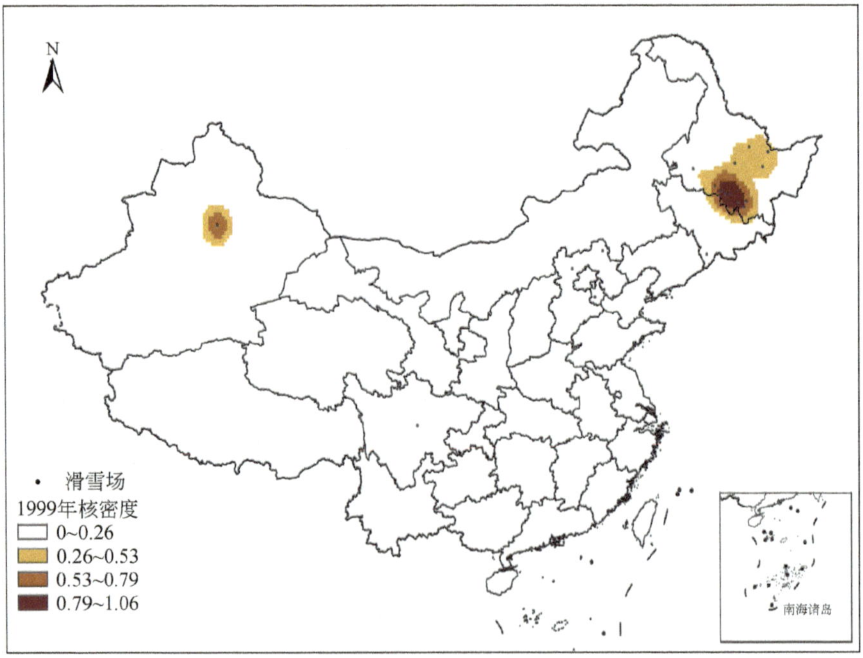

(b)1999年核密度

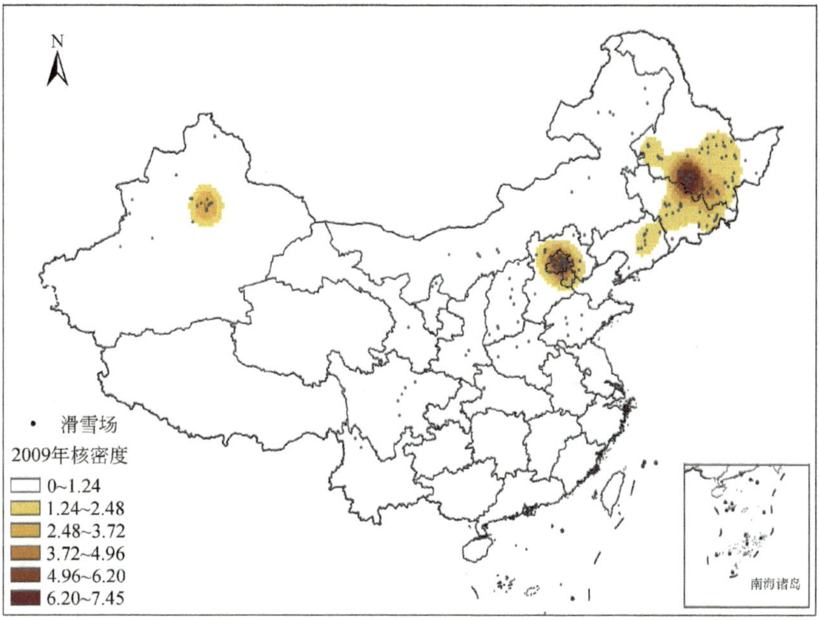

(c)2009年核密度

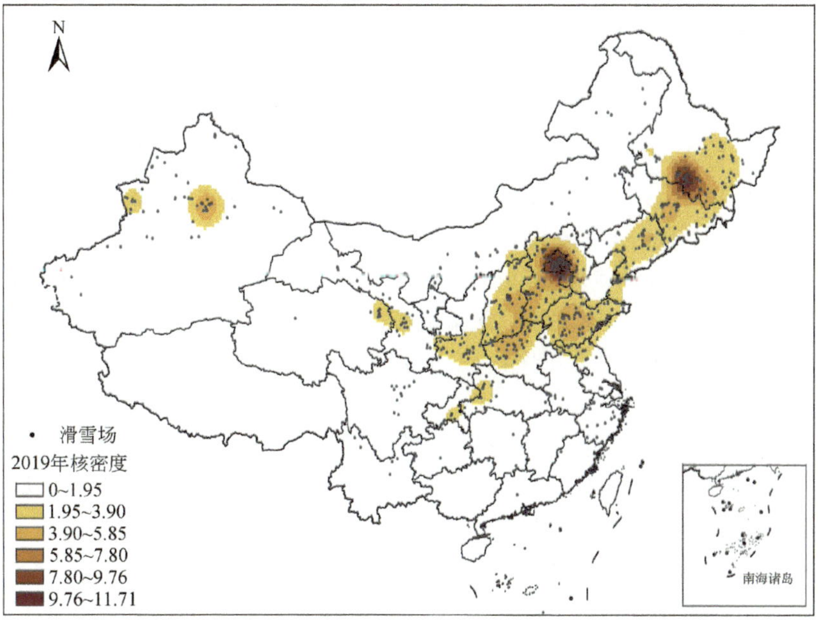

(d)2019年核密度

图 5-2　1989 年、1999 年、2009 年、2019 年滑雪场核密度图

西北地区的新疆维吾尔自治区在这十年新增以伊宁市为集聚中心的小集聚地，与乌鲁木齐市集聚区相距较远，并未连通。整体来看，当前滑雪场空间集聚分布模式以东北三省和京津冀为核心的一大一小“双十字”结构，辅之以局部地区零星分布［图5-2（c）和（d）］。

（二）不同历史时期空间格局演变特征

1. 分阶段空间演变总体趋势

通过上述所使用的最邻近指数分析、核密度分析、标准差椭圆分析三种方法，了解到不同历史时期雪场数量演变、分布离散状况、集聚程度、方向性分布、平均中心的转移，可以得到近30年四个时期中国滑雪场空间分布演变过程及其规律。

（1）1990年之前，中国滑雪场仅仅分布在黑龙江省与吉林省内，空间分布呈现离散特征或者竞争特征，集聚区域为黑龙江省内部的上下两个集聚地和吉林省最南端的集聚地，集聚程度高，空间分布上横跨黑龙江、吉林两省且沿带状分布，方向性较明显，朝向为从东北到西南走向。此阶段为中国滑雪场发展的萌芽期。

（2）1990～1999年，河北省、新疆维吾尔自治区、四川省开始建设滑雪场。在这十年，全国滑雪场数量呈小幅度增长，哈尔滨市与乌鲁木齐市在这一阶段发展突出。最邻近指数 $R<1$，空间集聚状态转变为明显的集聚分布，奠定了最早期东北三省滑雪场集聚分布格局的基础。黑龙江省的上下两个小聚集地演变成一个大聚集地，且南部产生横向扩散。这一阶段，比起前一阶段的高集聚模式，开始了全国范围的零星分布，总体较分散，区域间关联性不强。空间分布范围明显增大，分布中心由黑龙江省向西偏南方向移动，产生了向西向南的趋势。此阶段为中国滑雪场发展的探索期。

（3）2000～2009年，中国滑雪场建设出现爆发趋势，滑雪场数量迅速增长，是增速最快的十年。东北三省和京津冀地区滑雪场最为密集，其次是新疆维吾尔自治区和其他省份。空间分布状态仍然表现为集聚分布，且集聚状态更为集中。分布演变的方向性减弱，演变形势没有上一阶段明显。黑龙江省和吉林省的滑雪场集聚区域发展为以哈尔滨市为中线点的“小十字”结构，竖向横跨东北三省，形成了东北三省滑雪场区域集聚。京津冀地区的滑雪场形成以北京为核心的向外扩散圆形集聚模式，且在密度核心边缘出现小范围发散。这一阶段全国范围形成两核集聚模式。在这十年，京津冀地区是中国滑雪场发展最快的地区。此阶段为中国滑雪场建设的发展期。

（4）2010～2019 年，中国滑雪场的增长速度逐渐放缓，进入稳步上升的时期。整体的空间态势仍然表现为集聚，同时数量的大幅度扩充也使这种集聚更为明显。中国中部地区产生了大片集聚，形成京津冀为竖向起始，河南省、湖北省、重庆市为竖轴，陕甘青为横轴的“大十字”分布带。而东北三省的“小十字”结构竖轴向下延长，连接于山东省，与中部“大十字”结构接壤，形成当前滑雪场空间集聚分布模式：以东北三省和京津冀为核心的一大一小“双十字结构”，伴随局部地区零星分布。整体宏观分布趋势还是西南方向的偏移，且向南的趋势更加明显，方向性是目前最弱的阶段。此阶段滑雪产业也达到了一定的平衡状态，也是中国滑雪场发展的成长期。

2. 滑雪场分布方向性变化趋势

不同时间断面上的中国滑雪场点要素标准差椭圆图代表着不同时期中国滑雪场空间分布的方向性。以上四个阶段标准差椭圆中所表现出的空间分布方向性及平均中心的动态趋势显示，在 1990 年之前，中国滑雪场在分布上横跨黑龙江、吉林两个省份且沿带状分布，方向由东北到西南，方向性明显。1990～1999 年，分布范围明显增大，总体呈现为由东北到西南的较扁状椭圆，相比于前十年，分布的平均中心由黑龙江省向西偏南方向移动，跨度较大，转变十分明显，从椭圆覆盖范围来看，从范围较小且方向性明显变为分布范围扩大，椭圆扁率变小。这说明，中国滑雪场在这一阶段分布方向产生了向西向南的趋势。2000～2009 年，椭圆覆盖范围上界没有发生变化，下界稍稍向下移动，比起前十年来说椭圆扁率变小，向心力减弱，而标准差椭圆的平均中心则继续以较小幅度向西南方向移动，但整体来说，这一阶段滑雪场空间分布演变的方向性减弱，演变形势没有上一阶段明显。2010～2019 年，标准差椭圆覆盖范围整体有了西南方向的偏移，上下界均向下移动，与前十年不同，向南的趋势更加明显，平均中心向西向南前进幅度大，向心力仍然减小，分布方向性是目前最弱的阶段（图 5-3）。

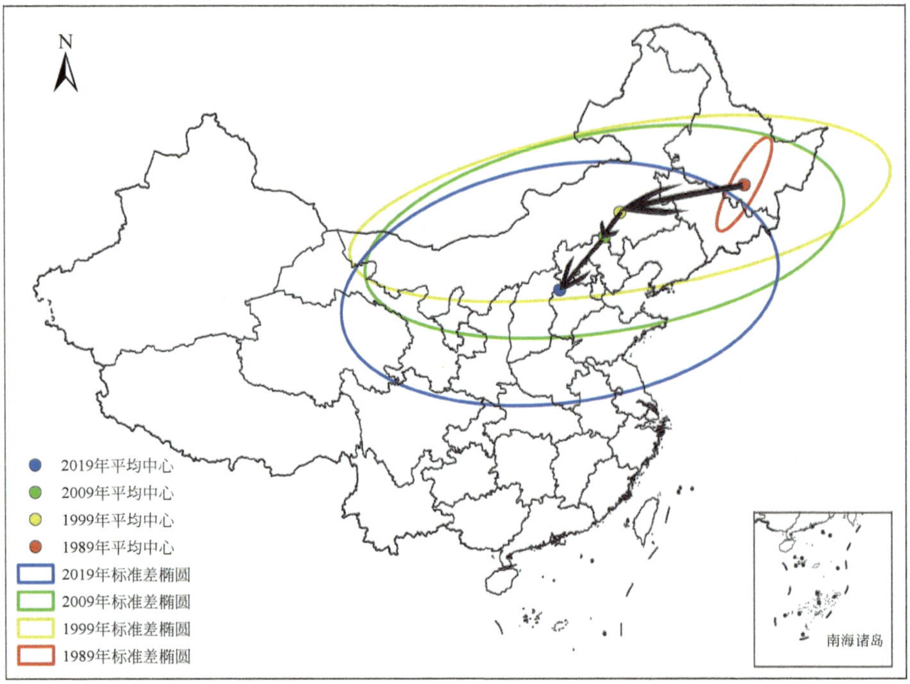

图 5-3　中国雪场标准差椭圆及其平均中心演变

二、雪场空间格局演化驱动模式

滑雪旅游系统主要由滑雪场供给系统、滑雪旅游需求系统和支持系统三部分构成。滑雪旅游具有明显的资源指向性，雪场是吸引游客、发展滑雪产业的基础，而旅游者的滑雪需求则是滑雪产业发展的原始推动力。当然，滑雪旅游乃至产业的快速发展还需交通网络、政策、规划、市场营销、资本运营等一些支持系统的推动。当前，中国滑雪场空间格局的形成是长期受多种驱动机制综合作用的结果，但驱动机制因纬度、海拔不同，其主导因素也各异。总体而言，中国滑雪场空间集聚效应明显受积雪-气候资源、冰雪文化、政府主导（冰雪赛事引领）、商业资本运作、经济基础、客源市场六大驱动机制综合影响。其中，高纬地区主要由积雪-气候资源、冰雪文化共同影响，中纬地区主要由政府主导冰雪赛事引领和客源市场共同驱动，西北地区-青藏高原地区则属商业资本运作、资源依托型空间形态，南方低纬地区则主要受巨大的客源市场驱动，且辅之较强的经济基础（图 5-4）。

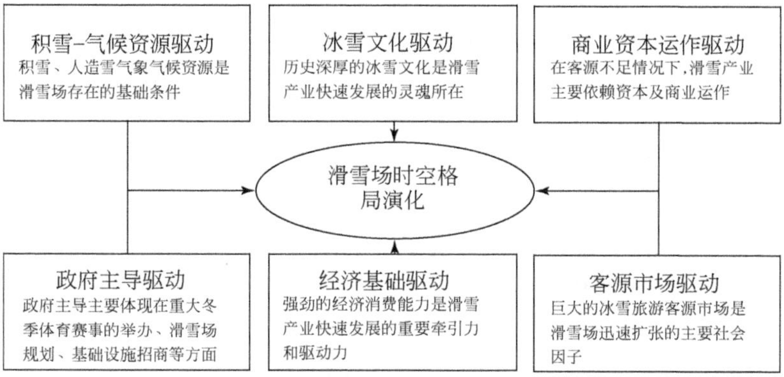

图 5-4　中国滑雪场空间格局演化综合驱动模式

三、不同区域雪场形成的驱动机制分析

（一）资源驱动、文化助推型：东北及新疆维吾尔自治区

1. 空间格局和特征

中国高纬地区地处 43°N ~ 54°N，包括东北三省，内蒙古自治区呼伦贝尔市、兴安盟，新疆维吾尔自治区阿勒泰地区、塔城地区、克拉玛依市、乌鲁木齐市、昌吉回族自治州、石河子市、博尔塔拉蒙古自治州。滑雪运动在中国东北三省的发展历史极为悠久，现如今更是国内冬季冰雪旅游的热门区域。滑雪旅游已发展成为该区冬春季旅游的主要内容，并逐步向冰雪旅游产业化方向发展，且已形成多处全国冰雪旅游知名品牌。该区域雪场密度较大，且雪场积聚程度显著。截至 2018 年底，该区分布有 226 家滑雪场，占全国室外滑雪场总数的 34.98%，仅黑龙江省滑雪场就有 122 家。总体上，雪场主要集中在哈尔滨—牡丹江、长春—吉林、海拉尔—阿尔山、昌吉—乌鲁木齐一带。当前，国家 50 家优良级滑雪场中，该区域分布有 29 家，占总数的一半以上，如亚布力、二龙山、万科松花湖、北大湖、牙克石凤冠、阿尔山、北大湖、长白山、乌鲁木齐丝绸之

路、天山·天池等较高级别的滑雪场。该区除以上优良级滑雪场发展迅速外，其他区域尽管积雪-气候资源丰富，但滑雪产业却受制于较为滞后的交通等基础设施、较低的经济消费水平，以及较小的滑雪旅游客源市场，故冰雪资源优势并未完全转化为经济优势。

虽然亚布力、北大湖、净月潭、万达长白山等旅游滑雪场早已成为国内外知名的滑雪度假胜地，但整体看东北地区旅游滑雪场在空间布局结构上仍然存在较大问题，主要表现为地区之间雪场数量和规模差距过大、雪场与当地自然和人文优势整合不明显、雪场与旅游景区整合度不佳等。在当代旅游与文化融合发展的大背景下，这些短板会明显阻碍东北地区滑雪旅游竞争力的整体提升，因此重新审视旅游滑雪场的空间格局，并加强与自然、社会、历史、文化等诸多要素的深度联系，是东北地区发展滑雪运动和开展滑雪旅游需要重点考虑的问题（杨奇峰，2019）。

2. 驱动机制

气候条件及冰雪资源禀赋是滑雪旅游发展的基础。中国高纬度地区冬春季气温较低，滑雪季较长，且降水量大多在600mm以上，降雪量大，积雪资源丰富。2000～2014年，年均累计雪深介于2.30～31cm，积雪日数为120～210天，若考虑人造雪，滑雪期基本可持续5个月左右，是中国名副其实的“冰雪之乡”。该区域与欧洲阿尔卑斯山和北美落基山两大世界冰雪胜地同处于“冰雪黄金纬度带”，是中国积雪资源最为富集的区域，冰雪资源分布广泛、雪质好，为滑雪旅游产业快速发展提供了重要的气候条件和资源基础。

在高纬地区，滑雪是长期气候与环境的产物。该区域冰雪历史文化底蕴深厚，冰雪文化源远流长，冰雪旅游产业拥有明显的规模优势和品牌优势。可以说，快速发展的冰雪旅游和冰雪运动则得益于该区域悠久的冰雪历史文化，对其地域文化的挖掘将极大地丰富滑雪产业的开发价值。东北地区、内蒙古自治区及新疆维吾尔自治区北疆地区冰雪艺术、冰雪景观、冰雪人文和冰雪运动形式多样，是中国冰雪文化、滑雪运动、冰雕、雪雕艺术的发源地之一（杨树人和安东雷，2000）。

1985年，黑龙江省率先举办冰雪节。1998年，首届中国黑龙江国际滑雪节举办，现已成为世界四大冰雪节之一。2003～2016年，吉林省长春市已连续举办20届冰雪旅游节和15届净月潭瓦萨国际滑雪节。2003年以来，新疆维吾尔自治区已举办14届乌鲁木齐市丝绸之路冰雪风情节。2002年至今，内蒙古自治区已举办14届内蒙古冰雪那达慕节。其他著名冰雪旅游文化节包括呼伦贝尔市冰雪旅游节、大兴安岭冰雪旅游文化节、天山天池冰雪风情节、中国阿勒泰国际冰雪节等十几项旅游节庆活动。这些冰雪旅游文化节的举办，从最初的冰雪活动拓展到现在的冰雪文化、冰雪体育、冰雪旅游、冰雪经贸等众多领域。

经过多年的积累，东北冰雪节、新疆冰雪节、内蒙古冰雪那达慕节已初具规模，成为该区滑雪旅游和滑雪运动的重要助推器。

（二）赛事引领、市场驱动型：华北地区

1. 空间格局和特征

该区地处33°N ~42°N，109.80°E ~126°E。在行政区划上，该区包括辽宁省南部区域，内蒙古自治区中部、京津冀、鲁、晋、豫。该区域拥有一定的积雪-气候资源，但雪场雪道基本以人造雪为主。尽管自然积雪资源不足，但该区交通密集、消费市场巨大，进而形成了298座滑雪场，雪场数量占全国室外滑雪场总数的46.13%。较高纬地区，该区域雪场空间集聚更为显著。雪场主要集中在燕山、太行山、盘山一带。经过多年的冰雪旅游发展积累，北京—张家口地区及京津冀已成为除哈尔滨—牡丹江之外的中国第二大滑雪旅游产业集聚区，现已出现包括万龙、云顶、太舞、富龙、长城岭、怀北国际、万科石京龙在内的一大批优良级滑雪场。

随着京津冀一体化、协同发展的推进和高铁网的完善，山东、山西、河南将陆续进入“京津冀两小时都市圈”，整个区域冰雪旅游资源将成为该区冰雪资源开发的有力补充。特别地，北京与张家口滑雪场已经发展为中国最大的滑雪旅游市场，且很大程度上吸引了东北地区很大一部分客源。

2. 驱动机制

该区冬春季气温较低，滑雪季（11月至次年3月）均温介于-2 ~ 1℃，拥有一定的人造雪气候背景。2000 ~2014年，年均累计雪深介于0 ~2.31cm，积雪日数介于27 ~120天。若考虑人造雪，滑雪期基本可持续3 ~4个月。较东北地区和新疆维吾尔自治区北部地区，该区积雪-气候资源禀赋相对匮乏（河北省张家口市及其以北区域除外）。然而，该区却一跃成为中国滑雪产业发展最为快速的地区。究其原因，赛事引领或政府主导已成为该区滑雪产业快速发展的最大驱动因素。冬季体育赛事对区域冰雪旅游空间节点、基础设施、旅游流、旅游空间结构布局作用巨大，其

作用主要体现在政府主导方面，而政府主导体现在制定冰雪旅游规划、参与跨区域冰雪旅游发展协调工作、政府牵头进行冰雪旅游基础设施招商引资、为冰雪旅游开发提供多方面政策优惠等。

自冬奥会申办以来，京津冀及周边省份冰雪运动产业进入快速发展阶段。2012 ~2013 冰雪季，仅张家口市崇礼区雪季接待游客数量就达 101. 6 万人次，2015 ~2016 冰雪季，游客数量已增至 205 万人次，增幅高达 101. 8%。2016 ~2017 冰雪季，北京市雪场滑雪人次达 171 万，居全国各省区市之首，而 2016 年，仅北京市市民参与冰雪运动全年则达 400 万人次。2016 年，北京市发布《北京市人民政府关于加快冰雪运动发展的意见（2016—2022 年）》，在全国首次明确了 7 项核心任务：群众冰雪、竞技冰雪、青少年冰雪、冰雪体育产业、冰雪赛事、冰雪场地设施和冰雪运动人才。同年，河北省出台《河北省冬季运动发展规划（2015—2022 年）》，明确提出，力争 2022 年全省冰雪产业规模达到 1000 亿元，参与冰雪运动人数达 1 亿人次。总体上，这一区域滑雪场空间布局显示出明显的赛事引领、市场驱动特征。

（三）商业运作、资源依托型：西北地区和青藏高原

1. 空间格局和特征

在行政区划上，该区包括陕西省、甘肃省、宁夏回族自治区、青海省、西藏自治区、新疆维吾尔自治区南部区域和内蒙古自治区西部地区，其主体部分为青藏高原和西北地区。该区雪场零散分布，且主要地处祁连山北坡、秦岭北坡、贺兰山。该区分布有 86 座滑雪场，仅占全国室外滑雪场总数的 13. 31%。其中，青藏高原分布有 21 家滑雪场，且均在高原东北部地区，邻兰州、西宁和川渝近域客源市场。陕西省、新疆维吾尔自治区南部、甘肃省、青海省及宁夏回族自治区滑雪场分别达 28 家、16 家、10 家、7 家、6 家。

因受海拔、气候限制和较低的消费市场，西藏自治区至今无滑雪场分布。该区滑雪场主要依托祁连山、贺兰山和秦岭山脉适宜地形条件进行空间布局。尽管该区拥有一定气候和造雪条件，但交通网络不发达、雪场进入性较差、客源较小，且仅为本区中心城市近域客源，雪场规模较小，基础设施和服务水平较差，大多雪场仅适合初级滑雪者。

2. 驱动机制

西北地区（34.5°N～45°N，89.30°E～111.80°E）冬春季平均气温较低，大部分区域多年雪季（11月至次年3月）平均温度介于-2～1℃，拥有理想的人造雪气候条件。2000～2014年，年均累计雪深介于0～4.51cm，积雪日数介于27～120天，若考虑人造雪，滑雪期基本可持续4个月左右。青藏高原（25°59′37″N～39°49′33″N，73°29′56″E～104°40′20″E）平均海拔高度在4000m以上，该区冬春季平均气温较低，大部分区域多年雪季（11月至次年3月）均温介于-12～0℃。2000～2014年，年均累计雪深介于2.30～7.30cm，大部分地区积雪日数介于120～210天。

该区拥有理想的人造雪气候条件和丰富的积雪资源。若考虑人造雪，滑雪期基本可持续5个半月左右。可以看出，该区是除东北地区、新疆维吾尔自治区外的另一个积雪资源富集区域。然而，以上两个地区区位闭塞，且远离京津冀、长三角和珠三角远域客源市场。尽管这两个地区拥有丰富的积雪资源，且具备一定的造雪气候条件，近年经济发展较快，但这两个地区人均经济水平普遍较低，远低于全国同期平均水平，且本地消费水平低下，冰雪产业政府主导力度小，较难举办较大的冰雪体育赛事，因此，当前雪场形成格局主要依赖于商业和市场运作。

（四）客源市场驱动、经济助力型：南方地区

1. 空间格局和特征

该区地处23°N～33°N，98°E～122°E，在行政区划上，包括川、渝、滇、贵、鄂、皖、苏南部及湘、赣、闽地区，该区积雪资源极为匮乏，仅分布90家滑雪场，且滑雪场位于海拔1000以上山区，仅占全国室外滑雪场总数的13.93%，而室内滑雪场则占全国室内滑雪场总数的60.96%。其中，仅川、渝室外滑雪场就有25家，居南方各省区市之首。该区滑雪场空间布局显示出明显的客源市场为导向的特征。尽管该区积雪资源匮乏，人造雪气候条件极为脆弱，但滑雪旅游客源市场巨大。在此背景下，陆续出现了诸如峨眉山、九鼎山太子岭、西岭雪山、玉舍雪山、神农架国际、大明山万松岭在内的多处优良级滑雪场。

2. 驱动机制

该区冬春季气温较高，滑雪季（11月至次年3月）平均温度介于

-1 ~ 0℃，人造雪气候条件极为脆弱。2000 ~ 2014 年，年均累计雪深介于 0 ~ 0. 729cm，积雪日数介于 0 ~ 26 天，若考虑山区人造雪条件，部分滑雪期基本可持续 2. 5 个月左右。较中国高纬地区、华北地区，该区主要以客源市场驱动，以产业资本和商业运作形式共同推动着滑雪旅游的快速发展。长三角、珠三角、川渝巨大的客源市场和强劲的经济消费能力是该区冰雪旅游快速发展的重要牵引力。2016 年，长三角、珠三角、成渝、武汉、长沙、合肥合计已超过 3 亿人口。江苏、浙江、福建、上海和广东人均 GDP 均超过了 7. 30 万元，而重庆和湖北人均 GDP 则超过了 5. 5 万元，旅游消费能力极强。伴随着经济的快速发展，南方居民冰雪旅游出行意愿增加，进而促使民营资本快速进入该区滑雪旅游市场（滑雪场开发和建设、旅游地产、旅游经营与管理）。滑雪场项目也由单纯的滑雪运动向旅游、度假、房地产开发的综合性业态转变。尽管该区积雪资源匮乏、冰雪体育赛事拉动力较弱、造雪成本较高、运营难度较大，但数量巨大的滑雪消费群体促使大量的资本融入滑雪产业体系，为南方群众提供了更多参与冰雪旅游和冰雪运动的机会。

四、不同区域雪场未来发展导向

（一）东北地区

东北地区凭借其得天独厚的积雪资源、深厚的冰雪文化资源以及跨境地缘优势，滑雪产业迅猛发展，其知名度迅速扩大，成为中国首选的滑雪旅游目的地。尽管涌现出的亚布力、北大湖、净月潭、万达长白山等旅游滑雪场早已成为国内外知名的滑雪度假胜地，但整体看东北地区旅游滑雪场在空间布局结构上仍然存在较大问题，主要表现为地区之间雪场数量和规模差距过大、雪场与当地自然和人文优势整合不明显、雪场与旅游景区整合度不佳、雪场密集且规模较小、部分雪场基础设施不健全、服务跟不上等方面的不足。在当代旅游与文化融合发展的大背景下，这些短板会明显阻碍东北地区滑雪旅游竞争力的整体提升，因此重新审视旅游滑雪场的空间格局，并加强与自然、社会、历史、文化等诸多要素的深度联系，是东北地区发展滑雪运动和开展滑雪旅游需要重点考虑的问题（杨奇峰，2019）。因此，未来该区应严控雪场数量，提升现有雪场规模、等级及其接待能力，在提质增效、发掘冰雪文化、冰雪小镇度假等项目上做文章。

一方面，健全现有雪场基础设施和提升滑雪服务、安全保障水平；另一方面，急需培育具有地域文化特色的滑雪旅游产品。通过资源整合，以增加滑雪产业内涵及旅游产品类型。同时，该区应借助滑雪运动人才培养基地优势，在滑雪教练、青少年滑雪人才培养、从业人员培训、赛事组织、冰雪文化等方面稳步推进，为中国其他滑雪场输送滑雪旅游从业人才。

“千里冰封，万里雪飘”是东北地区冰雪旅游乃至冰雪产业发展共同体的基础。整体上，未来东北地区需要建立冰雪产业共同体或区域冰雪产业联盟，以发挥东北冰雪产业整体竞争优势。区际内要素合理布局，共同培育冰雪旅游产品、线路，整合推出大东北冰雪旅游精品产品和线路，打造“冬季旅游去东北”的整体形象。制订差别化的冰雪产品营销和推介方案，激发中远域潜在客源和消费市场。同时，需要以冰雪旅游为核心，以冰雪运动为基础，以冰雪文创为引领，力图达成竞技体育、群众体育、冰雪旅游、竞技赛事的多维度融合，着力打造多区域联动的主题冬季旅游产品和精品线路。同时，发扬传统冰雪文化，开掘冰雪文化底蕴，彰显该区悠久的冰雪运动历史文化，凸显冰雪产业“人文”特性，打造全域冰雪旅游试验示范区、冰雪旅游度假区和世界级冰雪旅游目的地。

（二）华北地区

华北地区冰雪资源并不丰富，但京津冀巨大的客源市场、较为雄厚的经济基础，旅游消费水平较高，居民滑雪旅游出行意愿较高。同时，华北地区路网交通完善、便捷，滑雪市场运营模式较为成熟。经过十余年的发展，北京与张家口地区已形成巨大的冰雪旅游产业集聚区。继东北地区之后，以此为核心的华北地区一跃成为全国另一大冰雪旅游产业重心，且快速拉动了全国滑雪产业新一轮的发展格局。

华北地区最大的短板是积雪资源的匮乏，人造雪气候条件较差、雪场雪质较差。同时，区域地下水超采严重，水资源极为稀缺（夏军等，2004），这从根本上制约了雪场规模和等级，但该区客源市场巨大，消费能力极强、游客消费意识比较超前。未来，该区应严控雪场数量，甚至要大力压缩雪场数量，保证不过度占用地下水为出发点，以满足该区滑雪者基本需求为导向，进行滑雪场的科学合理布局。同时，应以筹办 2022 年冬奥会为契机，在北京—张家口人造雪条件较好的滑雪场，提升现有雪道标准和服务水平，争取建成几处能承办高水平、综合性国际冰雪赛事的场馆，依托该区旺盛的消费需求，积极普及冰雪运动项目，大力发展冰雪旅游和冰雪竞技赛事，进而带动全国冰雪运动的快速发展。

2022 年冬奥会无疑是华北地区冰雪产业实现跨越式发展的重大契机。事实上，近年这种历史机遇已经显现。截至 2018 年底，华北地区滑雪场已达 186 家，数量仅次于东北地区，滑雪人数达 210 万人次，较 2017 年，新增 66.3 万人次，增量全国第一（伍斌等，2019）。冬奥会的举办将促进北京—张家口滑雪外围产业和相关产业的快速发展，如冰雪器材、服装、场地、赛事、培训以及旅游、房产、娱乐等下游产业，通过北京—张家口冰雪竞技赛事、冰雪运动及冰雪旅游的辐射，华北地区将形成中国最大的冰雪旅游产业集聚区。

（三）西北地区和青藏高原

西北地区、青藏高原冰雪资源丰富，海拔高差大、积雪期长，拥有天然的冰雪旅游发展自然条件，但经济基础较差、中远域客源市场较远，冰雪旅游客源潜力较弱。尽管如此，伴随着“三亿人参与冰雪运动”机遇的到来，西北地区冰雪旅游乃至产业也进入快车道。特别地，经国内外滑雪专家、考古专家十几年的考察论证，确认新疆维吾尔自治区阿勒泰地区至少万年前就开始了滑雪，比目前认为的人类滑雪时间（距今 4500～5000 年）提前了几千年。西北地区民族众多，汇集了维吾尔族、藏族、回族、蒙古族等，形成了区域历史悠久的民族风情。以“丝绸之路+冰雪旅游+民族风情”为组合特色，近年西北地区冰雪旅游成效显著。新疆维吾尔自治区已经跃居中国第二大冰雪旅游大省。2017 年阿勒泰地区冬季接待游客量达 300 万人次，雪场接待人数接近 98 万人次，冰雪旅游发展迅速。青藏高原冰雪旅游主要地处外围海拔较低、水热条件优越区域。

近年来，随着国家西部大开发、丝绸之路经济带、青藏高原生态保护等优惠政策的实施，凭借较为丰富的积雪-气候资源，该区将吸引大量民营资本进入滑雪产业体系，在商业运作机制下，该区滑雪产业将与民族文化、文化旅游统筹整合进入快速发展期。2010 年，世界旅游组织正式启动“丝绸之路行动计划”（Silk Road Action Plan），截至 2016 年已有 33 个国家加入该行动计划，巨大的冰雪旅游潜力将会在该行动计划下发挥最大化效益。这两个区域应发挥丝绸之路经济带和青藏铁路沿线国家战略与倡议优势，通过改善冰雪旅游目的地进入通道，重点发展滑雪旅游与冰川旅游，统筹利用这些区域丰富的民族历史文化，进而推动该区冰雪旅游与冰雪文化产业的快速发展。

对于北疆地区，应立足阿尔泰山将军山滑雪场、阿尔泰山野雪公园、阿勒泰滑雪场、可可托海国际滑雪场，提升现有雪场提升设备、基础设施和滑雪服务、安全保障水平，在雪冰竞技体育、冰雪赛事、滑雪队训练基地、直升机滑雪、冰雪小镇等高端旅游产品上做文章，通过夏秋避暑旅游与冬春滑雪旅游相结合，开展阿尔泰山四季旅游度假模式。

（四）南方地区

经过10年发展，川渝、贵州滑雪场高达32家，浙江、江苏27家，湖北、湖南20家，这些南方区域已成为“三亿人上冰雪”的有力推动者。其中，2018～2019年滑雪季，四川成都西岭雪山依托滑雪场吸引50万人次参与了冰雪旅游。同期，滑雪季神农架已建成5座滑雪场，雪季接待人次达到30万，成为“观察南方雪上运动发展”的窗口。南方地区的岷山—邛崃山、武陵山、秦岭—伏牛山、大巴山—大娄山、大别山、乌蒙山已成为中国“北雪南展”的重要基地，这些山区已成为南方发展冰雪旅游经济的天然场地。

受制于气候条件、产业基础、滑雪认知等因素，目前南方滑雪旅游乃至运动整体处于起步阶段。尽管多数雪场滑雪人数较多，但大多属于一次性体验滑雪，亟须培育和发掘潜在滑雪客源市场。同时，从经营角度看，南方滑雪市场认知不足。加之，受暖冬影响，一些雪场往往在1月中下旬之后开业，2月底就结束滑雪，甚至一些雪场滑雪营业时间不足一个月。同时，滑雪季阴雨连绵、湿度极大，造雪条件较差，雪道融化加速，存雪困难，变暖背景下高温融雪风险加剧，为原本脆弱的冰雪资源雪上加霜，雪场经营压力较大，潜在风险巨大。未来，南方地区应因地制宜，结合气候、地形地貌、造雪条件，合理规划滑雪场，杜绝以短视经济利益为驱动的冰雪产业开发。相反，应在人造雪气候条件评估基础上，适度开发适宜气象条件的滑雪场。同时，增加开放夜场滑雪项目，增加雪场营业时间，以弥补滑雪季较短问题。滑雪旅游还需与南方民俗历史文化、休闲度假、康体健身、体育活动等旅游形式相结合，其最佳方式是将雪场建成综合型、四季型旅游区，通过与其他旅游形式的联动发展，促进南方滑雪旅游乃至滑雪产业的快速发展。

第六章　中国雪场空间格局影响因素

冰雪旅游及产业发展的地理环境约束条件非常严格，无论是政府对产业要素的调控，还是市场对产业要素的配置，总体上均受控于积雪资源、气候资源、地形条件自然因素限制。同时，滑雪场空间布局还受政策因素、人文环境、历史文化等社会因素的综合影响。一个好的滑雪旅游目的地不仅需要适宜的气候条件、良好的生态化环境，还需要深厚的历史、民俗等冰雪文化环境。特别地，还需接近大型城市群、世界级旅游景点，拥有较高的滑雪、度假服务接待水平，且需具有较好的旅游环境、社会治安环境和社会形象。

一、自 然 因 素

全球面临着气候变化的重大挑战，滑雪旅游作为"最直接、最受影响"的旅游类型，将面临更大挑战（Rixen et al.，2011；Fischer et al.，2011）。1999～2010 年，美国由于季节降雪减少，滑雪者减少 1500 万人次，损失 10 亿美元滑雪收入、1.3 万人就业机会和 8.1 亿美元附加产值（Burakowski and Magnusson，2012）。其中，美国东北部地区在1998～1999 和 2001～2002 滑雪季，降雪量减少了 38.60%～39.20%，滑雪运营时间减少了 3.90%～11.40%，造雪导致能源额外消耗达31.40%～36.70%（Dawson et al.，1999）。阿尔卑斯山在相对温暖的2006～2007 滑雪季，降雪量减少了 27%，滑雪运营时间减少了 7%，滑雪人次减少了 11%（Steiger，2011）。研究发现，在斯洛伐克，积雪深度减少 1% 和平均温度升高 1℃，将导致雪道范围分别减少 1.20% 和 6%（Demiroğlu，2016）。

（一）积雪资源

积雪资源禀赋会影响滑雪旅游产业的投入成本，积雪资源越丰富，投入成本越小；反之，则越大。积雪条件包括雪深和雪季（积雪日数）两方面。雪深关系雪道制作所需雪量，积雪日数反映人造雪气候条件适宜期。特别地，滑雪旅游胜地的雪质条件要高于其他雪场，其积雪密度、温度、硬度均会影响游客滑雪体验感和舒适性。Witmer（1986）曾从滑雪经济可行性角度提出了“百日规则”，即滑雪场在每年冬季的12月1日至次年4月30日，至少需维持30cm厚的积雪100天以上，才能保证滑雪场的经济效益。例如，国际著名滑雪场韩国龙平滑雪场、瑞典萨伦滑雪场积雪日数则超过了120天。中国积雪资源富集区主要集中在高纬地区的东北、新疆维吾尔自治区阿尔泰山和青藏高原东部地区，其雪深与积雪日数在空间上具有高度的一致性。其他区域积雪资源极为匮乏。高纬地区积雪日数在150天以上，中纬华北地区、西北地区（除冰川区）积雪日数则介于70～120天。其他低纬地区绝大部分积雪日数介于0～26天。总体上，中国绝大部分地区滑雪期集中在11月底至次年3月底，其余时间滑雪项目难以经营（图6-1）。

季节性因素已经成为各滑雪场满足消费者高层次消费需求发展的瓶颈。基于地面台站观察的平均积雪日数和平均雪深在过去的55年中均处于减少趋势。尤其在中国淮河以北的北方地区，平均积雪日数变化率为

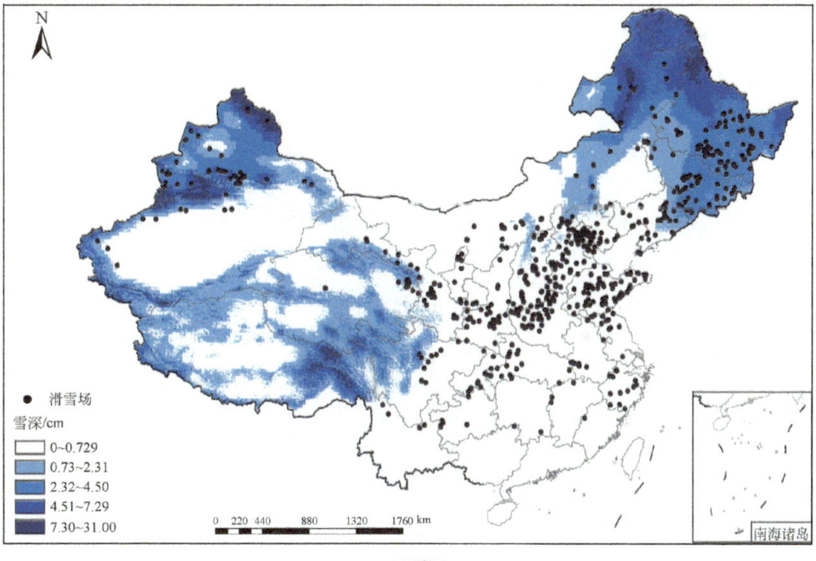

(a)雪深

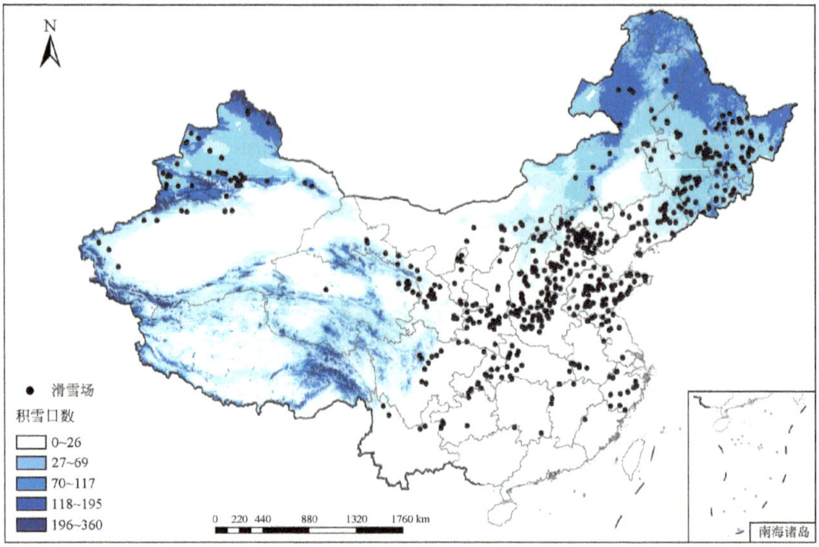

(b)积雪日数

图6-1 雪深、积雪日数与滑雪场空间分布

-0.8～-0.1d/a（图6-2），而平均雪深为-0.08～-0.02cm/a（图6-3）。可以看出，当前绝大部分滑雪场分布在积雪条件脆弱地带。未来冰雪旅游开发中，应该严控冰雪条件不足地区的滑雪场数量及规模，避免对当地生

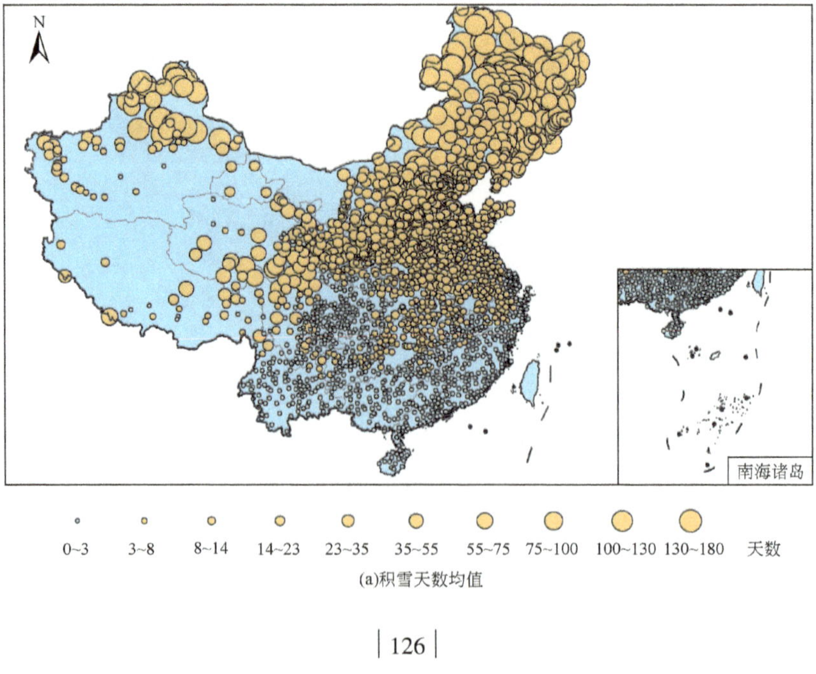

(a)积雪天数均值

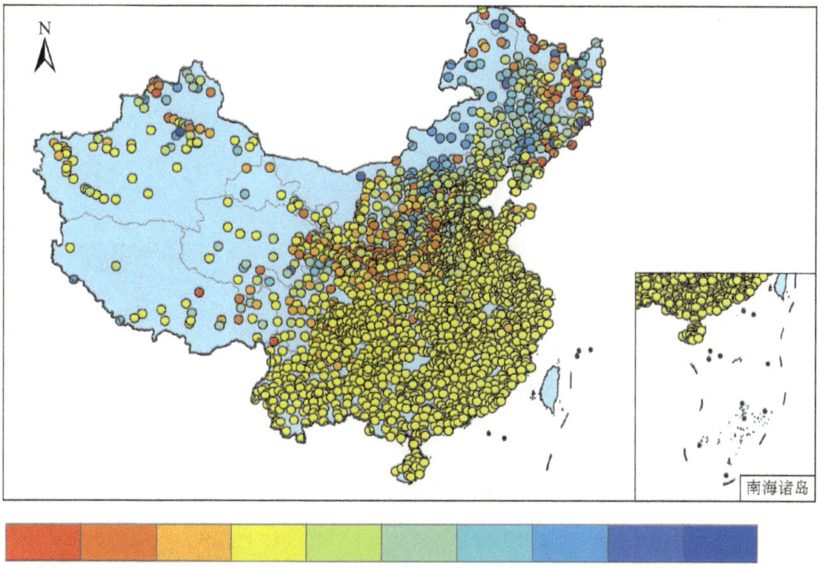

(b)积雪天数趋势

图 6-2 平均积雪日数及其变化趋势（1961～2015 年）

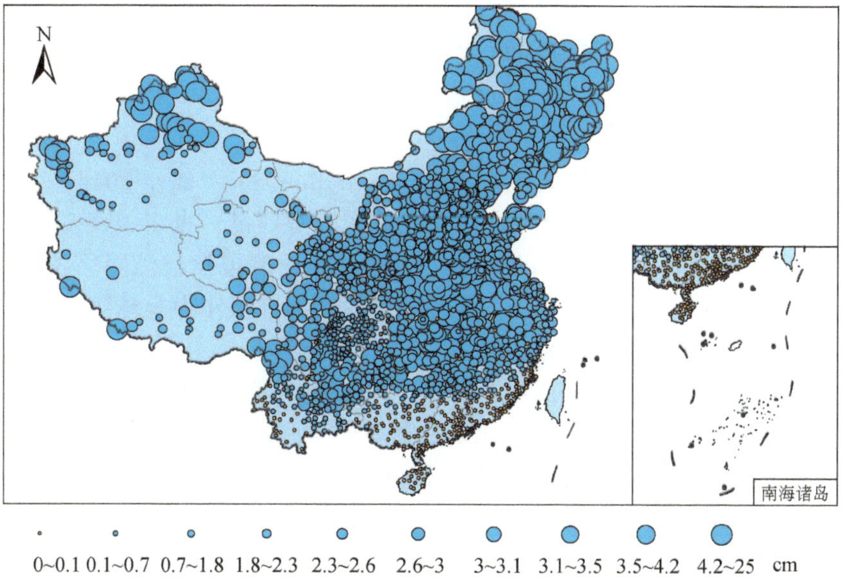

(a)雪深均值

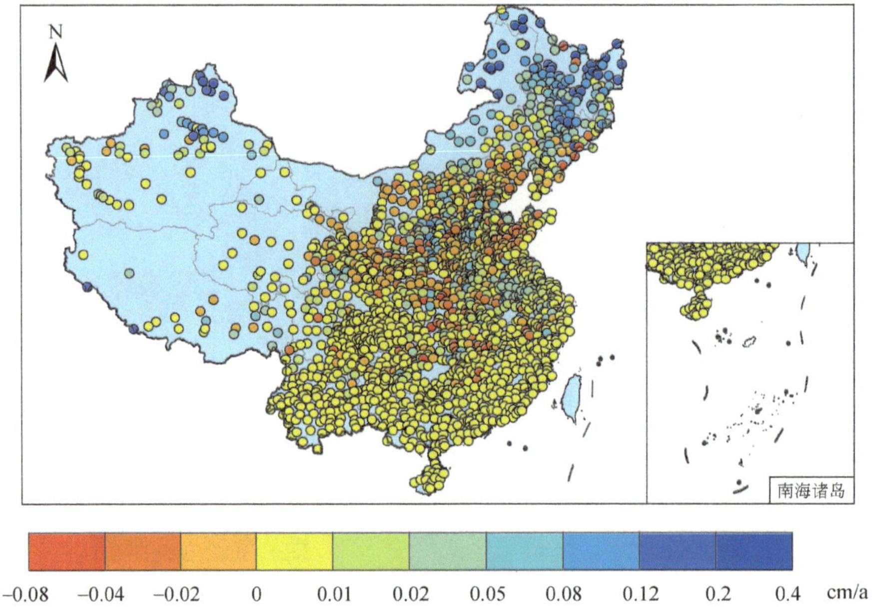

(b)雪深变化趋势

图 6-3　平均雪深及其变化趋势（1961 ~ 2015 年）

态环境破坏，以及对水资源过度依赖。

（二）气温、降水

气候变化对滑雪场影响巨大（Gilaberte-Búrdalo et al.，2014）。滑雪业作为旅游业受气候影响较为直接和显著的旅游项目，吸引了很多学者对其风险评估和经济效益方面的研究。关键影响因素包括自然降雪覆盖率、人造雪频率和成本、雪季长短、滑雪人次等。加拿大作为全球第七大滑雪市场，每年可接纳超过 1900 万人次的滑雪爱好者。

本书依据 1981 ~ 2014 年的相关历史数据，首次使用高分辨率数据，对比 2010 ~ 2011 冰雪季（-1℃/正常冰雪季）和 2011 ~ 2012 冰雪季（+3.6℃/暖冬冰雪季）的运营状况和自然状况变化。用全球或地方性循环模型分析不同情景模式下气候变化对加拿大东部地区主要滑雪度假村的影响。通过对比分析安大略省 17 个滑雪度假村两雪季的数据变化，供给方面，雪季长度缩短 17%，可运行缆车数量减少 3%，可滑雪区域面积下降 9%，雪质（粉雪覆盖天数）降低 46%，造雪天数下降 18%，还有大幅增加的造雪成本（用水量等）。需求方面，滑雪人数减少 10%。本研究的目的是帮助投资者、企业管理者和政府决策者在面对更恶劣的经营环境时，如何制定更行之有效的管理机制和应对政策来维持滑雪度假村甚至是旅游产业的正常运转（Rutty et al.，2017）。

滑雪旅游目的地存在的前提不仅受制于冰雪条件，而且受制于气象气候条件。中国高纬和高海拔地带拥有一定的低温条件、冰雪资源丰富，其他区域冰雪条件极为脆弱，而低温必须维持一定时间才能满足冰雪旅游消费需求。比较理想的冰雪旅游目的地雪季（积雪日数）应该在 100 天以上。每年的 12 月至次年 2 月是气温最低的期间，也是各地开展冰雪旅游的最佳时间。然而，中国大部分滑雪场依靠天然降雪已远远不能满足雪道的正常运营。因此，当前 95% 以上的冰雪旅游目的地仍然以人造雪/冰得以维系冰雪旅游发展。人造雪高度依赖于气象气候条件，为了产生雪，雪枪释放的水滴在高压下必须冻结。因此，空气温度和相对湿度以及其他因素对于该过程极为重要。实验证明（Olefs et al.，2010），在既定温度下，空气越干燥，产生的雪越多。对于温度-2℃和相对湿度 90% 与温度 1℃和相对湿度 45%，其雪产生的气候条件（干球温度）是一样的，低于这个阈值，造雪则增多。

近些年，中国经历了较为快速的全面暖化过程，从单个站点的趋势来看（图 6-4），中国绝大多数站点的平均气温为稳步上升趋势。

从年均气温、年均最低气温、年均最高气温、低温日数及其温度变化等趋势来看，中国绝大多数站点表现出较为一致的升温态势，全面暖化趋

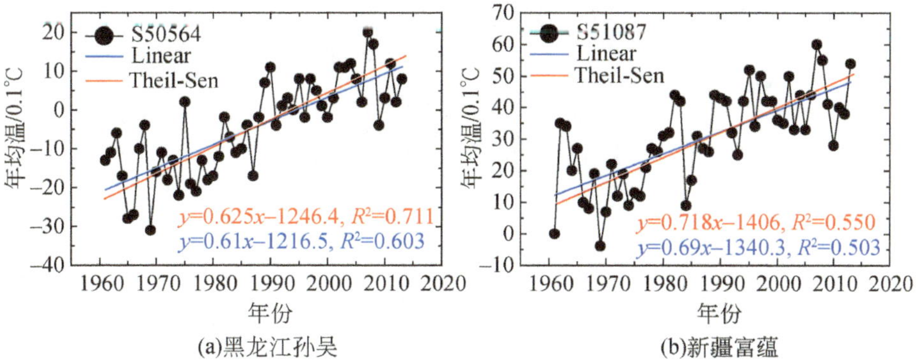

(a)黑龙江孙吴　　(b)新疆富蕴

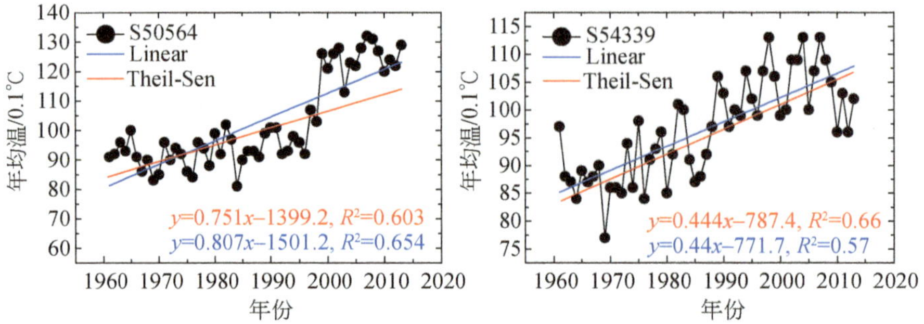

(c)新疆七角井 (d)辽宁鞍山

图 6-4 典型站点的年均温变化趋势（1961 ~ 2015 年）

势明显（图 6-5 ~ 图 6-7）。气候暖化给滑雪场的降雪带来深远的影响，平均降雪日数和积雪存留的天数减少，使得滑雪场的经营时间缩短、维持雪道的积雪等的运行成本增加，进而使滑雪场的运行风险增加。

总体来看，这是气候模式发生了变化（图 6-6）的综合结果。

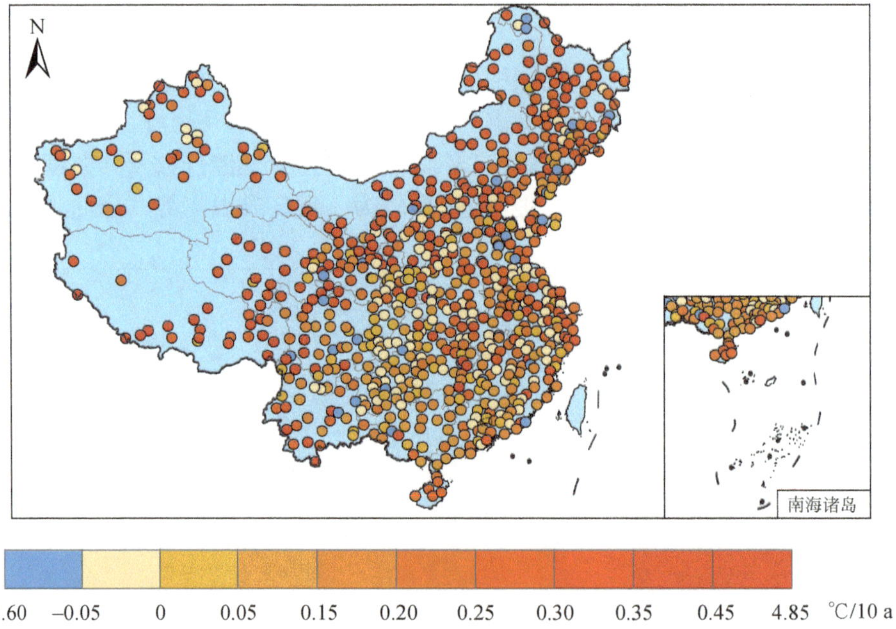

(a)年均气温

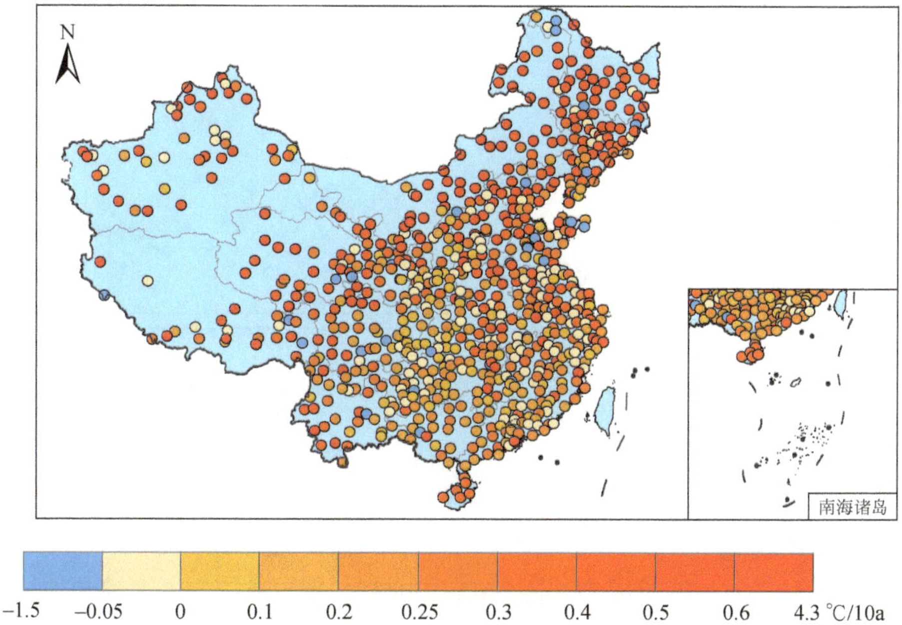

(b)年均最低气温

图 6-5 年均气温、年均最低气温（下图）变化趋势（1961～2015 年）

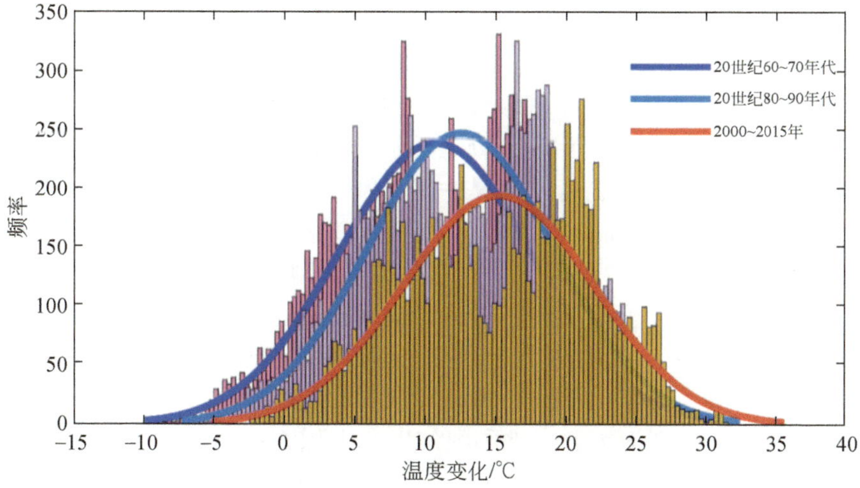

图 6-6 气候模式的年平均气温变化

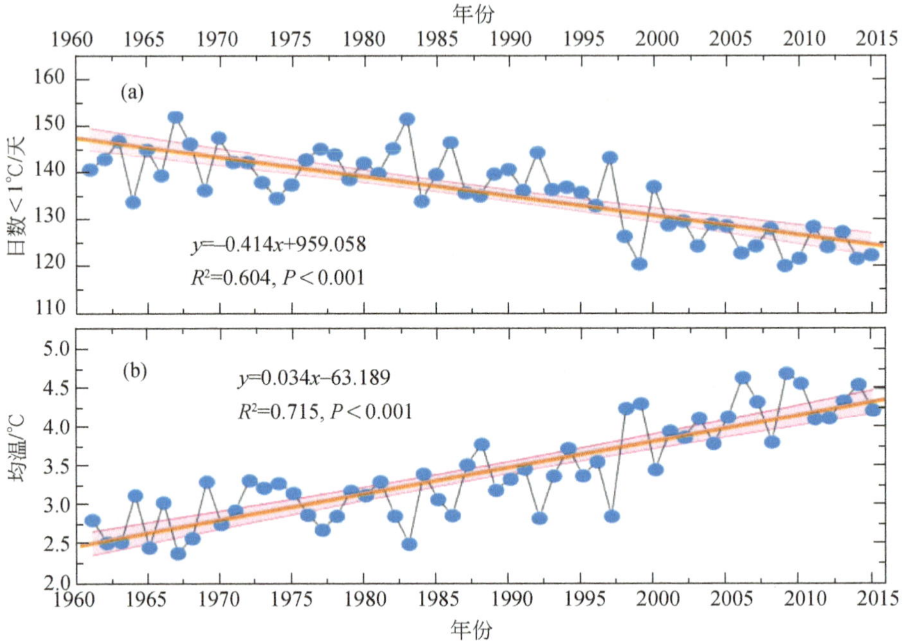

图6-7 低温日数（a）及均温（b）变化趋势（1961～2015年）

由图6-8可以看出，35°N以北大片区域以及青藏高原大部分地区和南方高海拔地区雪季（11月至次年3月）均温在0℃以下，适于人造雪，其他大部分区域温度高于2℃，人造雪条件极为脆弱。

冰雪旅游目的地受制于气象气候条件，气象气候条件的变化会波及冰雪旅游产业的发展。冰雪旅游一直是阿尔卑斯山等一些地区社会经济发展最重要的产业。冰雪旅游业一直是中国、俄罗斯、土耳其等新兴市场的重要社会经济驱动力（Vanat，2015）。然而，气候变化却极大地影响着冰雪旅游产业，使其成为“最直接受到气候变化影响”的旅游类型（Scott et al.，2012）。因气候变暖，瑞士雪道人造雪面积已由2000年的10%增加至2010年的36%，奥地利人造雪雪道达到了62%，意大利则达到了100%（Schweiz，2010；Hahn，2011）。已有研究显示，积雪期对气候变暖极为敏感，每升高1℃，奥地利阿尔卑斯山积雪期冬季和春季将分别缩短3周和6周（Hantel et al.，2000），积雪期的缩短意味着人造雪成本的上升以及对水资源的过度利用。

由图6-9可以看出，对比1961～2015冰雪季（11月至翌年3月），2009～2015冰雪季平均温度在全国范围内绝大部分区域增温显著。特别

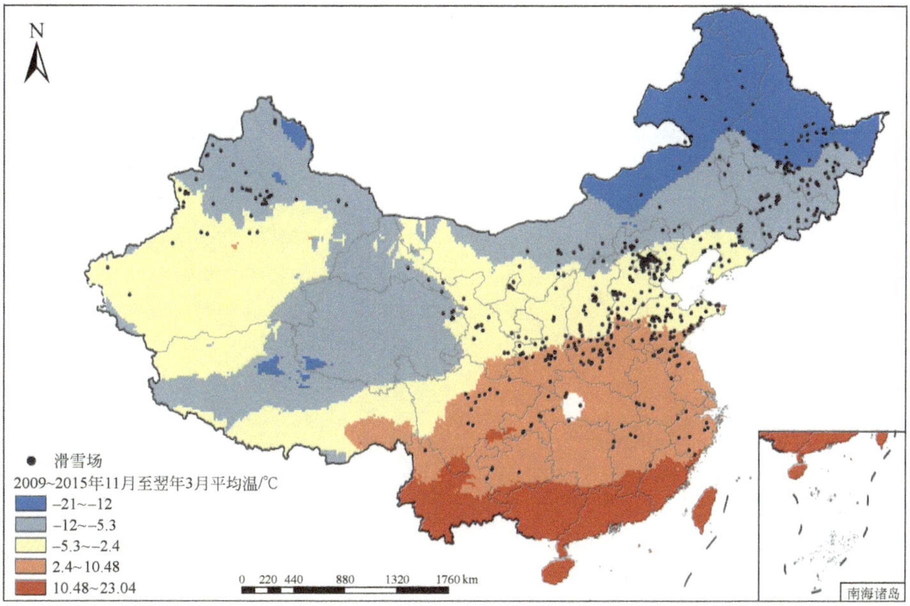

图 6-8　1961 ~ 2015 年全国冰雪季（11 月至次年 3 月）均温分布

是在滑雪场较为密集的华北地区和中东部地区，增幅度超过了 0.5℃，一些滑雪场被迫推迟营业和提前关闭，这无疑对今后滑雪场人造雪水资源过度利用埋下了伏笔。相反，在东北大部分地区冰雪季则出现了降温态势。当然，游客气候舒适度也是考量冰雪旅游目的地潜力大小的关键因素。北欧、日韩、中国北京—张家口，冰雪运动可以在-5℃左右，而在中国东北地区，尽管积雪资源丰富，但温度往往在-30 ~ -20℃，冰雪旅游者气候舒适度明显降低，进而会影响部分游客的出游动机。另外，降雪天气及风力也是影响冰雪运动的重要因素。例如，新疆与黑龙江冬季的最低温度平均在-30℃左右，游客体感不适，需穿防寒服，影响滑雪体验感。

当前，滑雪场人工降雪用水主要依赖于降水及地表径流，水源地的选取和水资源的合理利用已成为人工滑雪场持续发展的关键。调查研究发现，多数滑雪场选建在远离城市的山间，地下水是基本供给模式，因此充足的地下水源是保证滑雪场正常运作的必备条件。从全国多年平均降水量可以看出，80% 以上滑雪场的多年平均降水量在 400 ~ 800mm，仅在淮河、秦岭以南超过 800mm，内蒙古自治区、河西走廊、宁夏回族自治区及新疆维吾尔自治区部分区域则不足 400mm。1961 ~ 2015 年，年均降水量 656mm 以上区域主要集中在秦岭和淮河以南地区，东北地区、华北地

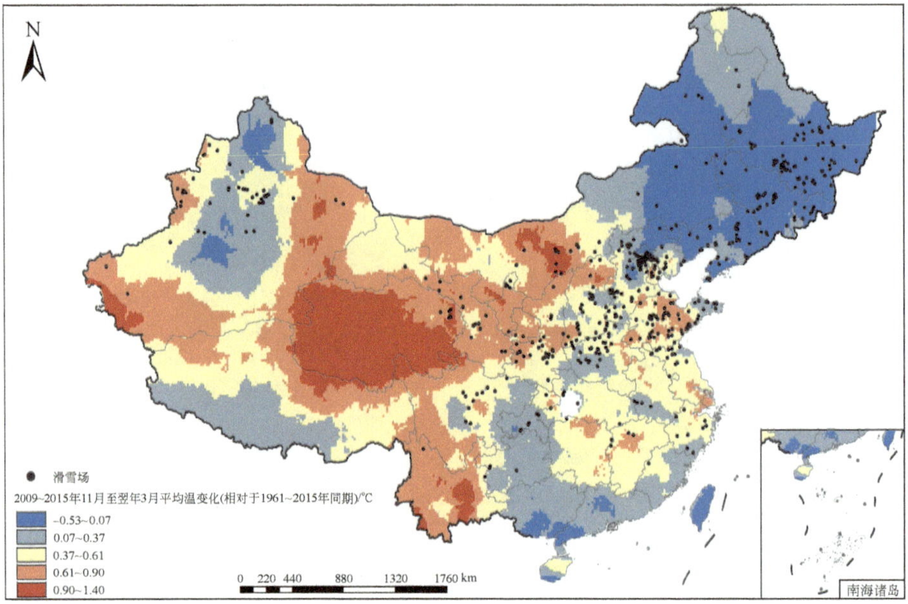

图 6-9　2009 ~ 2015 年冰雪季（11 月至次年 3 月）均温距平

区以及青藏高原东南部大部分地区降水量介于 288 ~ 656mm，西北干旱区大多数地区降水量不足 288mm。其中，2009 ~ 2015 年较 1961 ~ 2015 年多年平均降水量总体上呈增加态势。增加幅度较高区域主要分布于东北地区林区、长白山地区、四川盆地、青海省东南部、长三角、广西壮族自治区大部分地区，部分地区增幅超过了 94mm，降水减少区域主要集中在西北干旱区的大部分地区、藏东南地区、云贵地区以及华北地区大部分地区，降幅均超过了 19mm。降水的空间分布基本决定了水资源的空间格局（图 6-10和图 6-11）。

特别地，在华北地区，水资源矛盾和环境问题十分突出。山区与平原径流明显减少，地下水超采严重，已造成地下水漏斗、平原区河道干涸、湖泊湿地萎缩，地下水的枯竭会直接威胁到华北平原地区用水储备安全，并且引起国家的高度重视（夏军等，2004）。未来滑雪场布局应该严控水资源红线，特别要严控多年平均降水量低于 400mm 区域新建雪场数量及其规模，多年平均降水量 400 ~ 800mm 区域滑雪场布局同样要控制区域生态、工农业最低用水红线。

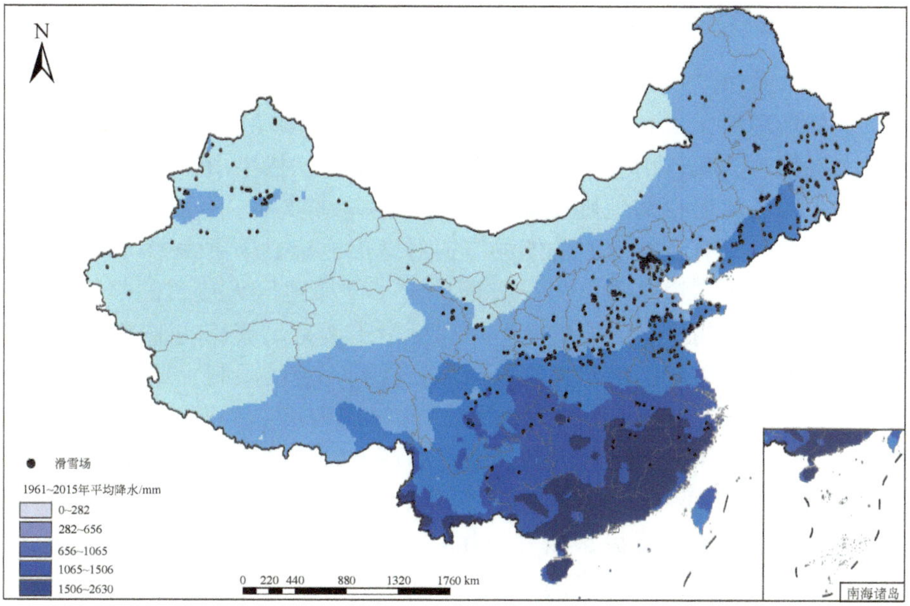

图 6-10　1961 ~ 2015 年全国多年平均降水量空间分布

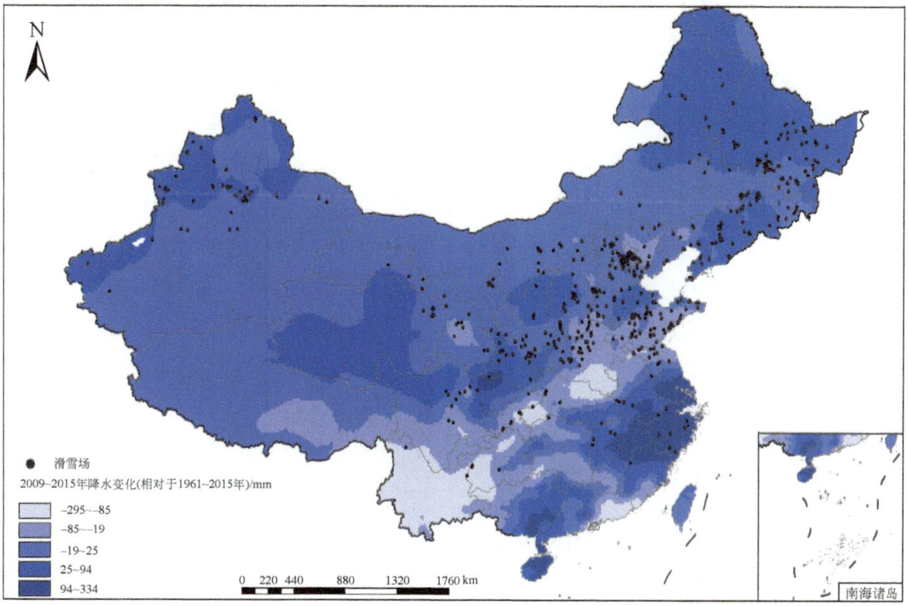

图 6-11　2009 ~ 2015 年全国降水距平

（三）地形地貌

滑雪旅游目的地是借助一定的地域空间作为载体，表征地表起伏和形态特征的地理单元（Ristic et al.，2011）。滑雪旅游目的地主要位于长白山、大兴安岭、太行山、秦岭、天山、阿尔泰山、伏牛山、吕梁山、巫山等山脉。滑雪旅游目的地则受海拔高程、落差、坡度、坡向的多重影响，而一定规模的具有竞技滑雪功能的雪道对地形地貌要求更为严苛。海拔高程一方面决定了雪道落差，另一方面决定了低纬地区人造雪的气候条件。例如，在竞技滑雪中，一定的落差可保证滑雪者有足够长的距离进行快速回转和滑降。滑雪场的绝对高度会因海拔受到一定的限制，即随着海拔的增高，气温会以0.65℃/100m直减率降低（周淑贞，2000）。因此，一定的海拔高程决定了低纬地区人造雪条件。研究结果表明，随海拔升高，积雪首日提前（2.2d/100m），积雪终日延后（2.9d/100m），积雪期和积雪日数均有显著增加，海拔每抬升100m，积雪期延长5.3天，积雪日数延长0.9天。其次，由于海拔的增加，气压也会随之降低。例如，当海拔2000m时，气压可以下降到标准大气压的80%以下，在此环境下部分人会有气喘、胸闷和眩晕等不适症状。适宜滑雪和竞赛的雪道需要一定的斜坡和宽度，简易雪道坡度应小于25°，中等及以上雪道坡度在40°及以上，而雪道宽度应大于8m（Fischer et al.，2011），而中国超过25°的雪道雪场数量极少。从图6-12可以看出，中国滑雪场海拔低于400m的占主导地位（约占滑雪场总数的50.3%），且主要集中在东北地区和沿海地区，落差较小，且坡度一般在3°以下。海拔高于800m的滑雪场数量为298家，约占滑雪场总数的38.7%，且主要集中在西北地区及南方高山区（图6-12和图6-13），坡度在5°左右。滑雪场完全在阴坡的数量为184家，半阴半阳滑雪场数量达202家（图6-14），其他坡向202家，不同坡向滑雪场数量差不多，这主要由地形条件决定，而非人为所能改变。其中，南方及川渝低纬地区，滑雪场海拔高程则在1000～2500m，落差基本超过了500m，坡度一般在8°～18°，坡向亦以阴坡为主（图6-14）。

（四）可达性

随着冬奥会的来临，中国的冰雪旅游与冰雪运动将蓬勃发展。市场应抓住机遇，针对不同地区进行不同的发展策略，创造市场活力的同时也方便人民的生活。对于可达性与市场潜力都较好的区域，应保持现有优势，优化滑雪场布局结构，重点建设一批设施及服务水平完善、具有度假与举

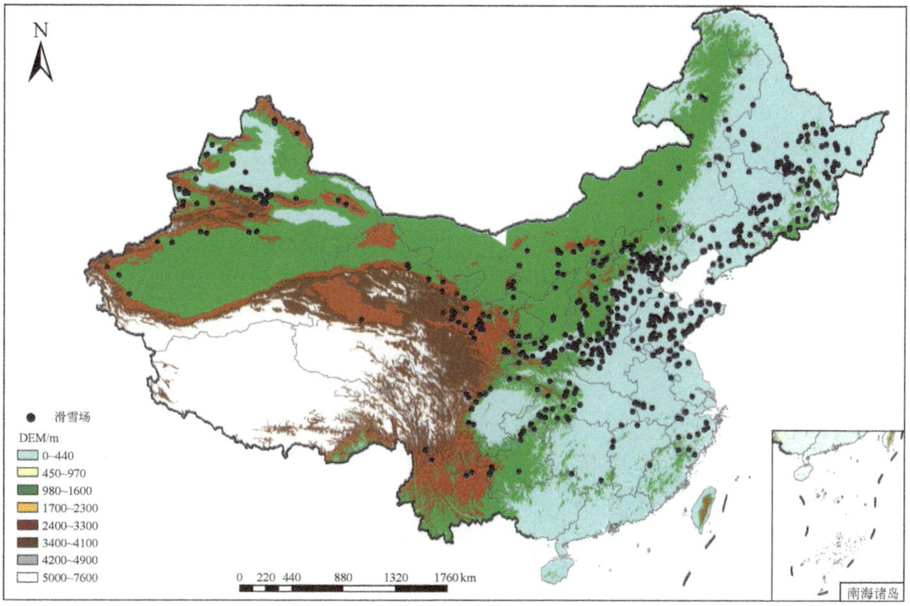

图 6-12　中国冰雪旅游目的地与滑雪场空间分布

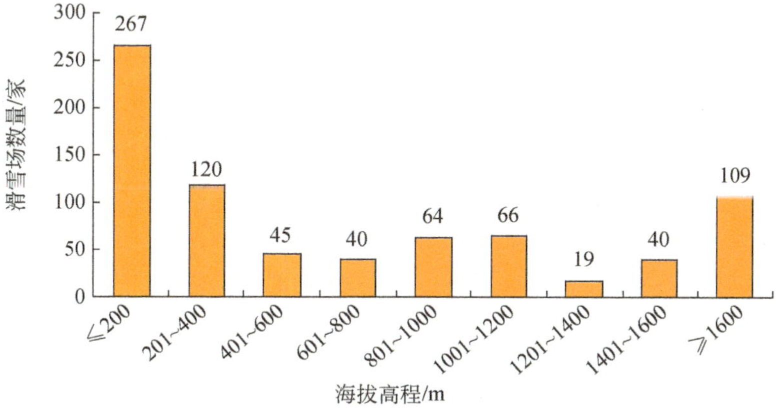

图 6-13　中国冰雪旅游目的地数量与海拔高程关系

办国际赛事能力的高品质滑雪场，提高冰雪旅游开发门槛、规范冰雪旅游市场；对于可达性较好而市场潜力较差的区域，应利用好现代工业技术，借助高海拔人造雪气候资源，建设室内滑雪、滑冰场，合理布局滑雪场，以最大限度满足不同区域客源市场的滑雪旅游消费需求；对于可达性较差

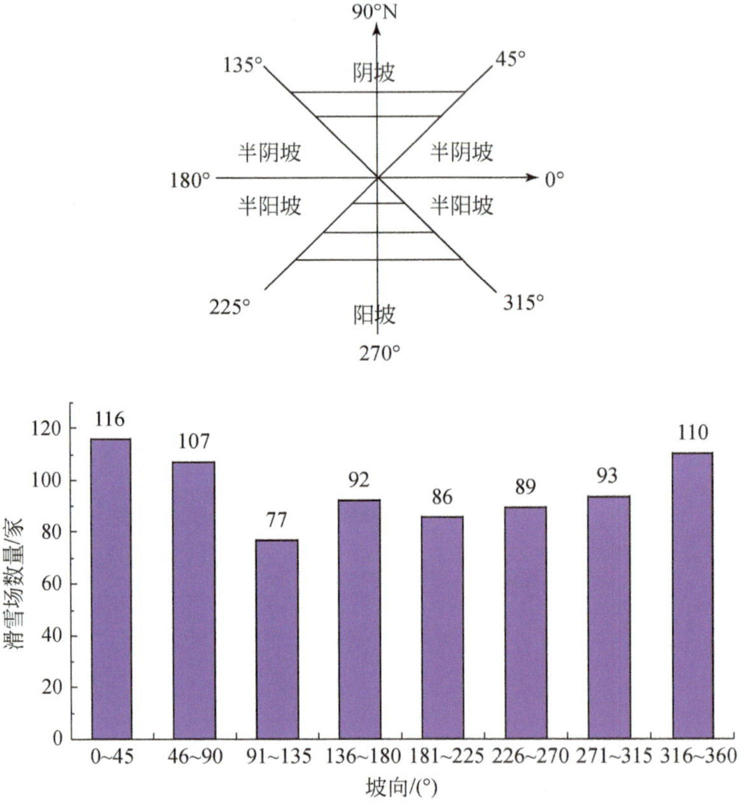

图 6-14　中国冰雪旅游目的地数量与坡向关系

而市场潜力较好的区域，应大力发展航空与高铁，消除可达性差带来的劣势，积极拓展远域客源市场；对于可达性与市场潜力都较差的区域，应淘汰一批规模小、经济环境效益差、重复建设的小型雪场，转变发展方向，建设其他优势产业。

可达性一般用交通便捷性表征，便捷性程度越高，滑雪者越容易到达滑雪目的地。伴随着居民生活条件的改善和休闲时间的增加，越来越多滑雪者选择自驾方式出行，因此更为关注雪场的可达性，更愿意选择交通便捷的滑雪度假地进行休闲度假或滑雪体验活动。未来雪场布局或雪场等级、规模提升要注重雪场可达性的改善。

（五）能源、水源状况

为了减少由气候变化引起的滑雪场的脆弱性，越来越多地采用造雪作为补充自然雪稀缺的适应性策略。事实上，造雪需要大量能源和水资源。造雪所需的高耗能和高耗水不仅增加滑雪场的运营成本，而且还对当地的能源需求和水资源造成一定压力，特别是西北干旱区和华北地下水超采区。因此，清洁能源和水资源丰富的地区更适合滑雪场建设与开发。对于雪场能源和水源消耗量，可根据相关文献资料（SLF，2006；Steiger and Mayer，2008）计算，生产 $1m^3$ 人造雪所需能量在 1.5 ~ 9kW · h，或者说生产 30cm 厚的 $1hm^2$ 人造雪所需能量在 5000 ~ 27000kW · h，而用于生产 $1m^3$ 人造雪耗水量在 200 ~ 500L，或者说生产 30cm 厚的 $1hm^2$ 人造雪所需水在 60 万 ~ 150 万 L。利用这些参数可计算整个滑雪区人造雪能源及其水量需求或消耗量。

二、社会因素

（一）人口规模、经济发展水平

现代冰雪旅游及产业发展与人口规模、当地经济实力紧密相关，滑雪旅游消费不能过度依赖国外。总体而言，冰雪旅游目的地与人口、经济分布呈现趋同特征。

安道尔是欧洲国家中国外滑雪者比例最高，对国外滑雪者依赖程度最高的国家。特别是在 2008 年经济危机中安道尔滑雪产业遭受重创，滑雪人次出现大幅下降。通过长期分析发现，安道尔的滑雪产业衰退一方面是由于本地滑雪者数量过少，另一方面是不断增长的国际竞争。就目前统计数据来看，在全球范围内，滑雪者和滑雪设施大多数都分布在经济发达的国家。

经济发展程度高，居民消费水平高，滑雪运动的需求也大。另外，充裕的资金也保障了滑雪设施、交通设施、住宿餐饮等基础设施运营。同时，滑雪属于高成本运动，对于运营期间的维护需要大量资金，因此滑雪产业对经济的波动具有高度敏感性。从图 6-15 可以看出，中国众多滑雪场分布于京津冀、哈尔滨、长春、吉林、沈阳、大连、长三角、川渝、乌鲁木齐、昌吉等具有一定人口规模的客源市场周边地带，其人口密度在 12 人/km^2。2016 年，京津冀、长三角、珠三角、成渝、武汉、长沙、合肥人口合计已超过 4.5 亿人口。同时，根据国际上的体育产业发展规律可知，当一个国家或地区人均 GDP 超过 5000 美元时，旅游成为大众化日常性消费，消费群体的需求由物质转向精神消费体验。其中，旅游、养生和户外体育市场（主要为雪冰体育）将呈爆发式增长。当人均 GDP 在 3000 ~ 10000 美元时，是滑雪人口高速增长期。人均 GDP 达到 10000 美元后对滑雪人口和滑雪人次的影响就很小了，更多的是体现在每次滑雪的消费能力提高。中国的人均 GDP 在 2008 年达到 3263 美元，2010 年达到 3678 美元。2016 年，中国居民人均平均可支配收入为 2.23 万元，其中，城镇居民人均可支配收入为 3.36 万元（图 6-15）。江苏、浙江、福建、上海和广东人均 GDP 已超过 7.30 万元，而重庆和湖北人均 GDP 则超过 5.5 万元，其旅游消费能力极强。依据国际上的体育产业发展规律，中国的经济总量、人均收入已经达到冰雪运动起步和高速发展阶段，目前全国形成的冰雪运动“燎原之势”就是这种规律的直接体现。据估计在未来 20 年里，中国人均 GDP 将超过 1.5 万美元，中等收入的居民会到达 50% 以上，人均每年出游次数将超过 5 次，全国旅游市场规模预计达到 70 亿人次，出行旅游成为大多数人的日常性消费。

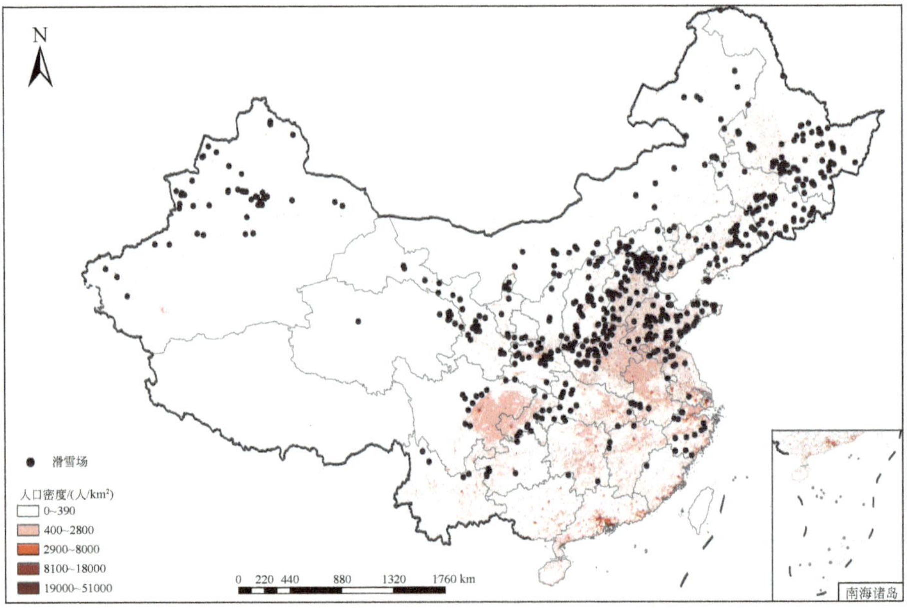

(a)人口规模与滑雪场空间分布

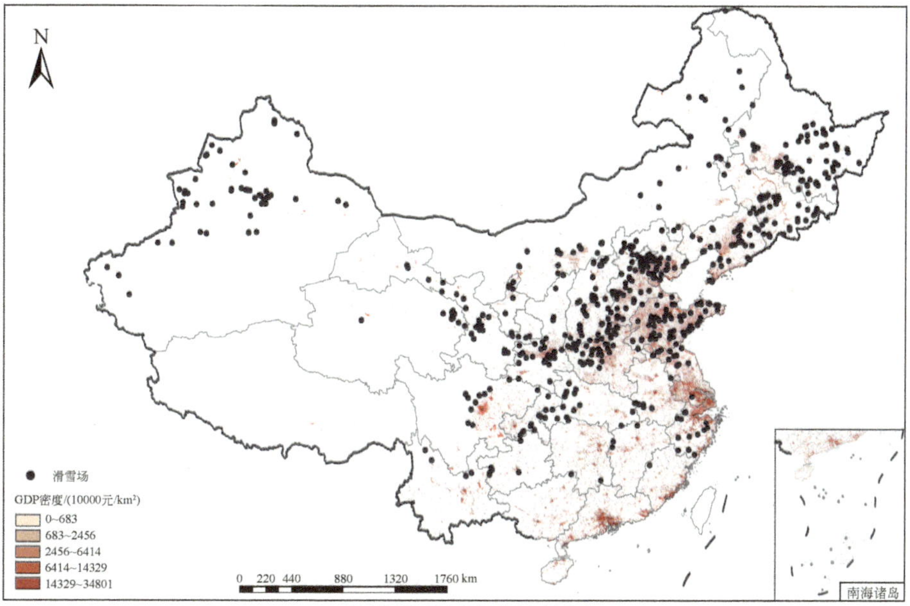

(b)经济发展与滑雪场空间分布

图 6-15　人口规模、经济发展与滑雪场空间分布

（二）政策机制

滑雪旅游及产业的发展不仅与雪场、装备制造业有关，而且与相应政策机制息息相关。如果政府管理部门重视且政策扶持冰雪旅游市场，投资者可以从资金投入中获得相应的利润，冰雪旅游市场将会迅猛发展。近期，《冰雪运动发展规划（2016—2025 年）》《群众冬季运动推广普及计划（2016—2020 年）》《关于加快发展健身休闲产业的指导意见》《关于大力发展体育旅游的指导意见》《北京 2022 年冬奥会和冬残奥会中小学生奥林匹克教育计划》等一系列政策的颁布。特别是 2018 年 9 月，国家体育总局颁布《“带动三亿人参与冰雪运动”实施纲要（2018—2022 年）》，该实施纲要总体目标提出到 2022 年，实现“带动三亿人参与冰雪运动”目标。预计在 2020～2021 年，冰雪运动深入实施“南展西扩东进”战略，冰雪运动覆盖初步完成全国各省区市部署；在 2021～2022 年，冰雪运动预期形成群众性的发展态势，争取实现“带动三亿人参与冰雪运动”目标。2019，中共中央办公厅、国务院办公厅印发了《关于以 2022 年北京冬奥会为契机大力发展冰雪运动的意见》，意见提出，“力争

到2022年，我国冰雪运动总体发展更加均衡，普及程度明显提升，参与人数大幅增加，冰雪运动影响力更加广泛”“冰雪产业蓬勃发展，产业规模明显扩大，结构不断优化，产业链日益完备”。以上一系列政策的发布，为下一步中国滑雪旅游乃至冰雪产业发展提供了政策保障，也彰显了中国为了冰雪运动迈进世界高水平，加快冰雪运动强国进程的决心和意志。

（三）配套设施与服务水平

在区位和交通条件相似的条件下，雪场最佳的选址是已开发的风景区。该区域内可以有效地利用现有各类设施，在一定程度上降低投资规模与风险，同时提高旅游风景区的四季效益。在旅游景区衡量雪场或景区标准，除了专业性的滑雪设施设备外，配套服务设施建设也成为另一个重要指标，雪场的基地建设是冰雪旅游顺利开展的必要前提，是度假旅游产品得以提供的前提保证。中国大部分雪场设备还比较陈旧，且大部分雪场都是面对初学者的，只配备了几条魔毯，只有20家滑雪场比较接近西方标准。近年来，大型雪场不断建立，包括北大湖滑雪场、云顶密苑滑雪场、松花湖滑雪场、万达长白山滑雪场、万龙滑雪场、亚布力滑雪度假胜地、太舞滑雪场等。

相应配套服务如下：满足旅游者日常需求的高、中、低档次宾馆、饭店；提供高层次消费的度假公寓或别墅；设施齐全的餐饮与娱乐；市场便利的购物场所；适合接待大型会议的会议中心；保障滑雪者安全的医院和急救中心；保证初级滑雪者滑雪需求的训练和教学培训中心；邻近交通枢纽的便捷交通和路线；容纳接待足够旅游者的吞吐量；别具一格的滑雪项目。中国现有的滑雪场服务设施以及相应的配套服务除几家能够达到滑雪爱好者要求外，其余均不同程度地存在服务设施不达标和服务质量不匹配等问题。例如，2005年黑龙江省所有雪场都存在运送能力低的问题，运力总数量不超过20000人；接待床位供应严重不足，所有雪场床位总和不足6000张；师资培训储备不足，黑龙江省仅有3所滑雪学校，滑雪教师不到百人。相对数量已增加的滑雪者，雪场存在着严重的接待能力低、培训储备不足、场地规模狭小以及设施档次不高等问题。截至2020年底，黑龙江省共有123家雪场。雪场开发建设完善，设施齐全的只有亚布力、二龙山、玉泉3家，接纳了80%的滑雪人次。其余30多家雪场均属于初级开发阶段，主要体现在场地小、档次低、设施差、功能不全以及交通不便等。据统计，乌鲁木齐市共有34家滑雪场，仅依托水西沟镇的滑雪场就有 21 家，但存在严重的配套设施不足问题，如在乌鲁木齐市的最大滑雪场地雪具配套只有 1000 套左右，此规模在哈尔滨市仍算不上中等。总体而言，当前中国滑雪旅游目的地配套设施和服务水平较低，远远不能满足当前日益剧增的冰雪消费市场，未来亟须强化配套设施建设和服务水平提升。

(四) 其他影响因素

滑雪旅游目的地的快速发展主要受限于积雪、气候条件、地形地貌、可达性、人口经济、配套服务水平等因素限制，同时还受到区位条件，电信、医疗公共服务水平，旅游安全、饮食、住宿、度假条件，冰雪文化、滑雪设施、滑雪价格等因素的限制。一个好的滑雪旅游目的地往往接近大型城市群、世界级旅游景点，具有较好的旅游环境、社会治安环境和社会形象，拥有较高的滑雪、度假服务接待水平，同时具有良好的生态环境和深厚的历史、民俗等冰雪文化土壤。

三、综合因素

通过 Google 地图和百度地图确定滑雪场坐标，建立现有滑雪场信息库。对比发现，当前现有滑雪场绝大多数分布在适宜度较高的地区。事实证明，当前中国已形成诸如长白山、大兴安岭—阴山、燕山—太行山、秦岭—伏牛山、巫山—武陵五大冰雪产业带。对自然因素驱动和社会经济因素驱动进行了空间分析，发现不同地区所受驱动力不同。新疆积雪资源丰富，气候条件适宜，以自然条件为主要驱动力；东部长三角等地区经济发达、人口密度大，以社会经济条件为主要驱动力；东北长白山地区与京津冀地区则是在自然因素和社会经济因素的组合下形成更强的驱动力。

总体而言，雪场选址要从充分考虑延长雪期、雪道积雪、改善小气候、最大程度保护原始植被、利于环保的角度出发，同时对选址坡向、风向、地形等因素也需要重点考虑。雪场规划要尽量选择北坡或西北坡，不受阳光直接照射，有利于延长雪期；尽可能保证坡面较平缓，土层深厚、砾石量少，雪场起伏低作业量小，尽可能保证开拓时成本低；开建的雪道尽可能以草地和耕地为主，林地覆盖率低，尽量减少大量林木砍伐，保证生态环境持续发展；雪场建设在尽可能距路网、居民点较近的区域，以便于滑雪者到达和节约时间；雪场建成后，需要在雪场周围以及雪道之间种植隔离林带，并且在雪道上种草，尽可能减小雪场对山地的生态环境影响，改善当地的小气候；雪道修建尽可能选择在坡面宽大处，保证雪场能力，坡下平整开阔，合理布置雪场综合配套设施；雪场附近的水源应充足丰沛，保障充沛供水量和优良的水质，在保证提供人造雪条件之外，还需满足景区日常生活用水；雪场的设施与布置应综合考虑景区总体布局，保证二者的协调性，最低程度破坏景观与风景点为代价，不干扰视觉效果为准则，使雪场本身成为景区内的一道风景。

四、雪场现存问题

当前，中国的冰雪旅游发展迅速，滑雪场的数量已经超过 700 家，存有数量已居世界首位，但滑雪人数却远远落后于美国、加拿大、奥地利、瑞士、法国、意大利和日本等滑雪大国。冰雪旅游目的地规模相对较小、基础设施薄弱、服务水平较低，滑雪人数占总人口比例仍然较小，其冰雪资源优势并未转化为空间规模优势和经济优势。同时，滑雪场经营方式和盈利模式单一。滑雪场的开发与建设需要科学有序的规划和指导，进而保证雪场的可持续发展，目前由于滑雪的大众普及与广泛宣传，滑雪场的需求也随之不断增加，滑雪场的建设如雨后春笋，许多项目盲目上马缺乏考察与规划。

（一）空间布局不均衡，缺乏统一规划

随着大众滑雪的普及，冰雪旅游市场的需求也日益增长，数量庞大的小型、小规模滑雪场迅猛发展，大多数的经营管理者都注重短期化的经济效益。同时，随着竞技滑雪内容的丰富和水平的提高，加之不断增加的大众滑雪人员，对滑雪场的数量和质量需求也随之增加。目前，现有 600 多家初级滑雪旅游项目，但由于大部分的雪场选址不当，初期建设中缺乏整体规划，重复建设严重，旅游度假区与功能区的划分和布局混乱。同时，冰雪旅游目的地空间布局仍存在规划不均衡、不合理问题。滑雪场近距离空间布局混乱，雪场造雪压雪设备、滑雪用具、索道等设施简陋，在运营成本中，造雪压雪设备的运营、空中索道的修养维护、人造雪与雪具的更新以及所需人工费用的占比较大。滑雪场前期投入与运营成本高昂，经营时管理的落后，交通运输、饮食住宿、安全保障以及医疗配套设备与服务的不到位，造就了当下滑雪场数量庞大，但滑雪人次偏少、经济效益差等

不良状况。

冰雪旅游的产业发展严格受地理环境制约，因此无论是政府的职能调控，还是市场的优化配置，总体上仍受冰雪资源、气候资源、地形条件及社会经济因素调控。现阶段，中国在滑雪场选址和规划上还没有统一的方法与标准，缺乏一致的理论与技术支撑，尤其是在前期勘察和论证阶段存在一定数量的感性决策现象，这也是造成滑雪场布局存在一定风险的因素。可以说，滑雪场前期的规划论证是滑雪场合理布局和运营成功与否的重要决定因素。

（二）生态环境破坏、水土流失严重

滑雪旅游目的地成功开发与良好运营很大程度上依赖于优质的生态环境。即使冰雪体育、冰雪旅游都被冠以生态、绿色、低碳的产业，但冰雪旅游项目的开发仍然会对原生的生态环境造成一定的破坏，如果生态环境质量下降会不同程度地降低滑雪旅游目的地的自身地域吸引力。滑雪场的兴建、扩建或改建过程中伴随着一系列环境问题，如生态植被破坏、水源涵养能力下降、土壤养分雨水淋溶，甚者导致土壤退化、生态系统功能衰退和水土流失。在兴建滑雪场过程中，往往会破坏雪道草地森林植被、土壤表层，使得原有生境改变，常引起生物多样性的减少，一些林下植物群落甚至将消亡。即使后期修复也无法恢复到原生生境的状态，造成植物单一的景观格局。同时，在雪场建设过程中，除了表现在植被生态系统的破坏还伴随着其他扰动，如水资源过度消耗、能源浪费和大气环境、水环境、人居环境污染等。

值得注意的是，中国大部分雪场位于降水量 400mm 以下的区域，在该区域大力发展滑雪场，会对原本脆弱的生态系统产生深刻的影响，加剧用水矛盾。当前，统筹雪场开发与环境保护已成为中国滑雪旅游目的地可持续发展与否的关键。

（三）滑雪旅游项目、盈利模式单一

滑雪旅游项目、盈利模式单一，相关产业的带动作用不明显。滑雪旅游本身受季节性影响明显，在滑雪季节又容易受气温、降水、风力等影响，雪场运营时间短、资金回收周期长，“一年闲三季”是大多数滑雪场面临的现状与瓶颈。大多数滑雪场旅游项目及盈利模式单一，依靠滑雪吸引游客，同时存在滑雪产品单一雷同，出现“叫好不叫座”的局面。经营项目比较单一是阻碍滑雪产业发展的另一个主要因素，没有形成以冰雪

为中心的综合性、多样化的冰雪旅游产业体系。如何解决“一年闲三季”和滑雪产品单一等问题是滑雪产业持续发展与否的关键所在。旅游自身是个无边界的产业，滑雪旅游同样具有拓展领域增大发展空间，从而提高自身发展水平和综合评估价值。滑雪产业空间拓展性很大程度上依赖于与其他产业的有机融合程度。

从产业发展角度而言，东北地区滑雪旅游产业的发展规模只能算初见成效，与之相配套的产业性、政策性法规措施仍需建立完善，产业发展的规划和指导处于草拟阶段，冰雪产业链尚需延长和扩展。从经济角度而言，滑雪旅游产业链的上游产业是冰雪装备，也是冰雪运动投入最主要的部分。滑雪旅游冰雪服务业处于滑雪旅游产业链的中游位置，通过利用上游产业链的冰雪装备产业资源，为产业链下游的滑雪旅游业提供开发资源。在东北地区，还没有完整的与冰雪活动相关的冰雪装备产业链条，该地区并未充分利用自身良好的工业基础大力发展相关的冰雪装备产业。

目前，东北地区滑雪场大部分都在使用进口机器设备，冰雪体育用品的生产与制造仍处于初级阶段。冰雪体育赛事是冰雪体育产业的重要组成部分，精彩的赛事在普及大众冰雪运动同时能够吸引全国各地的游客，但东北地区冰雪体育赛事缺乏宣传与推广，并未在全国范围内产生重大的影响（叶海波，2016）。

（四）冰雪运动普及程度不高，缺乏冰雪产业人才

由于冰雪运动受多种因素限制，该运动在中国的普及程度不高，与夏季运动项目的普及程度差距明显。冰雪旅游及相应产业的迅速发展需要有巨大的客源市场支撑，在中国，冰雪旅游是近年才发展起来的小众旅游产业，其消费具有中高端性，客源市场份额较小，仍然需要加大冰雪旅游的全民普及和推广。冰雪旅游客源市场较小的主要原因是较其他旅游形式，冰雪旅游入门门槛高，除费用外还需要一定技巧。同时，因惧冷、惧怕心理，超过九成的滑雪者是一次性体验者，其重游率极低，重游者多为接受过冰雪运动培训的人员。当前中国的冰雪运动人力资源极度匮乏，包括滑雪管理运营、滑雪从业、雪道制作维护、人工制冷、人工造雪、滑雪装备制造、滑雪培训教育等技术人才。现今，国内冰雪业内滑雪管理、技术人员绝大多数由哈尔滨市亚布力和吉林市北大湖两个老牌滑雪场输出，之后在其他雪场进行二度培训输出。中国的冰雪旅游文化和冰雪运动普及程度不足，这将严重影响中国冰雪产业可持续发展的后期运行。因此，急需建

立和系统完善当前雪/冰场职业教育和培训体系，确保冰雪运动人力资源数量充足、品质优秀、优化结构，以稳定现有的冰雪旅游市场和促进中国冰雪运动稳定及持续发展。

特别地，中国缺乏雪场管理、导滑员、雪场技术人才等滑雪旅游相关人才。部分省市滑雪旅游相关政策法规建设不完善，吸引民营资本和外商投资能力不足，市场发展缺乏资金支持，妨碍市场发展。

（五）安全防护薄弱，存在巨大安全隐患

当前，大多数雪场安全防护体系不健全，安全管理制度不完善，雪场安全存在巨大隐患。中国的滑雪游客绝大部分是一次性体验者。一次性体验滑雪者的技术水平低、安全防护意识薄弱，滑雪中安全事故频繁发生。雪场的安全信息员、雪上巡逻队、安全救护队、医疗室等安全防护人员和机构配比低，缺少足够的具有医生资质的安全防护人员和必需的急救设备。紧急救护预案和定期进行预案演练的制度不完善，缺乏预防性的紧急救护的实习和演练，在游客发生损伤和事故后，不能及时准确地处理事故，使伤者得到及时救治。

中国雪场的分区较少且分区不明确，不同水平的游客混在一起滑雪，碰撞事故时有发生，容易造成游客受伤。虽然中国部分雪场将雪道划分为初级、中级和高级雪道，但在各级别的雪道上对滑雪速度没有限速要求，游客不知道何时何处该减速，往往按照自己的喜好速度进行滑行，有些游客追求刺激，往往超速滑行，因超速滑行发生严重运动损伤的现象在雪场也屡见不鲜。

第七章　中国雪场适宜性评价与区划

雪场是滑雪产业赖以发展的重要依托，适宜性评价是未来雪场进行空间布局的基础。雪场受制于气象气候条件、客源市场等因素，雪场适宜性高度依赖于自然和社会因素。适宜的雪场布局对滑雪旅游资源开发速度、规模、效益有深远影响，是中国滑雪旅游发展新态势下的重要内容，其适宜度区划对于未来雪场统筹和综合自然条件和社会需求进行健康、可持续发展具有重要的科学意义。

一、雪场布局因素分析

冰雪旅游及其产业发展的地理环境约束条件非常严格，无论是政府对产业要素的调控，还是市场对产业要素的配置，总体上均受控于冰雪资源、气候资源、地形条件及经济社会因素。同时，还受控于区位条件、可进入性、接待条件等限制因素。现阶段中国还没有一套关于滑雪场选址、规划的方法与标准，且缺乏一定的理论与技术支撑，尤其是滑雪场前期勘察、论证阶段存在感性决策现象，一些滑雪场布局存在一定的风险因素。可以说，综合评估影响雪场诸类因素是雪场项目建设的重要决策依据（表 7-1）。

表 7-1　滑雪旅游目的地潜力评估标准

决定因素	评估标准与计分				
	优	良	中	一般	差
积雪深度/cm	≥7. 30	4. 51 ~ 7. 29	2. 31 ~ 4. 50	0. 73 ~ 2. 30	<0. 73
冰雪季长短/月	>5	4 ~ 5	2 ~ 4	1 ~ 2	<1
11 月至次年 3 月平均温度（冰雪季）/℃	−10 ~ −5. 1	−15 ~ −10	≤−15	−5 ~ 2. 7	≥2. 8

续表

决定因素	评估标准与计分				
	优	良	中	一般	差
风力	轻微	偶尔变动	偶尔偏高	易变	多风
海拔/m	>762.5，不高于2000	457.5～762.5	152.5～457.5	45.75～152.5	<45.75
落差/m	1001～1500	701～1000	401～700	201～400	<200
坡度/(°)	15～33，不宜超过33	8～15	4～8	2～4	0～2
坡向	正北/东北/西北	东	西	东南/西南	南
可达性/h	<1	1～2	2～3	3～4	>4
隶属或邻近景区级别	世界级	国家级	省级	无	无

说明：一些指标参考国际竞技滑雪场地标准及《中国滑雪场所管理规范（试行）》。其中一些参数综合统筹考虑竞技滑雪和旅游（大众）滑雪场地参数需求。

未来滑雪场选址亟须加强对各类影响因素的评估工作，并考虑建立应对各类风险的应急预案。其中，冰雪资源主要由年均雪深、年均积雪日数、积雪质量表征，气候条件主要由冬春季气温、风速、风向、湿度等反映，地形条件主要包括海拔、高差、坡度、坡向，而经济社会因素则由可达性、滑雪场隶属或邻近景区级别（周边景观）等因素组成。其中，本书主要分析积雪深度、冰雪季均温、海拔、可达性等主要影响因子与滑雪场分布的关系。当然，区域水资源、能源、基础设施（道路、电力、电信）、自然景观、生态环境、人口密度（客源市场）、经济密度（消费能力）等也是影响雪场布局的重要因素，在此从略。

二、雪场适宜性评价体系建立

雪场选建适宜性评价与区划包含以下四个进程：①确立滑雪场选址标准；②建立相关指标数据库；③指标数据分析；④得到当前雪场建设适宜性分布图。

通过对已有雪场调查、专家咨询及文献查阅确立滑雪场选址条件。滑雪场选址包含积雪资源、温度条件、地形条件、经济条件、路网条件及旅游景点共六个方面条件（每一条件又包含相应的具体参数）。具体如下：①滑雪场对积雪资源的需求量较大，积雪日数越长、积雪深度越深对滑雪旅游业越有利。②在一些天然降雪较少的地区，可以通过人造雪维持滑雪场正常运营。人造雪需要在温度0℃以下的环境进行，此时温度条件成为滑雪场能否建立的关键因子。③地形条件对于滑雪场选址至关重要，不同等级的雪道对坡度有相应的具体要求。人造雪的需水量非常大，这要求滑雪场建立在靠近地表径流和水库的地方或建造人工蓄水池。滑雪场还应建立在植被丰富、环境景观优美的地区。④充足的客源市场和优越的区位才能保证滑雪场的经济效益，经济发展程度极大地影响着滑雪场的分布。⑤交通的便捷度是发展滑雪旅游的关键，距离交通干线越近，越有利于滑雪场的发展。⑥成熟的旅游景区基础设施较好，有一定的客源市场，滑雪场建立在景区或周边易促进旅游产业集聚。根据滑雪场选址标准，可建立相关指标数据库。

一级目标层指标为雪场适宜性指数。二级领域层指标为地形因子，包含海拔、坡度、坡向三个三级指标；气候因子，包含1月平均气温、1月平均湿度、年总降雪天数3个三级指标；土地类型，包含植被类型、土地利用类型、开发强度三个三级指标；经济因子，包含人口密度、人均收入、可达性三个三级指标（表7-2）。这四个方面在三级因素层包含12个三级指标，所有指标数据的时间节点为当前21世纪10年代（2011～2020年）、近期21世纪30年代（2031～2040年）、远期21世纪50年代（2051～2060年），空间分辨率为1km×1km，研究范围为整个中国行政区域。

表7-2　滑雪场适宜性评价指标体系

目标层	领域层	因素层	指标说明
雪场适宜性指数	地形因子	海拔	地形因子能很大程度影响冰雪运动基础设施的建设和开展
		坡度	
		坡向	
	气候因子	1月平均气温	环境温度和湿度决定人造雪的可能及维持时间，总积雪日数决定自然雪的形成及持续时间
		1月平均湿度	
		年总降雪天数	
	土地类型	植被类型	土地利用类型是决定冰雪运动能否开展的重要前提条件
		土地利用类型	
		开发强度	
	经济因子	人口密度	可达性越好，冰雪运动可进入性越强。人口规模和经济规模决定人的参与能力及消费规模大小，是维系运动设施盈利与否的关键
		人均收入	
		可达性	

三、雪场适宜性分析

（一）自然条件适宜性分析

自然因素指标——积雪，包含积雪日数和雪深，积雪日数数据为MODIS积雪产品去云处理后得到的无云产品。雪深产品为车涛博士开发的中国雪深数据集，原始数据空间分辨率为25km，通过降尺度计算得到1km的空间分辨率。积雪日数和雪深越大，滑雪场建设适宜度越高，将二者归一化处理以相同权重得到积雪指标。

自然因素指标——气温，年平均气温空间插值数据是基于全国2400多个气象站点日观测数据，通过整理、计算和空间插值处理生成。气温越低，滑雪场建设适宜度越高。

自然因素指标——植被覆盖，所用数据为SPOT_Vegetation年归一化植被指数（normalized differential vegetation index，NDVI）数据，NDVI越大，滑雪场建设适宜度越高。

自然因素指标——坡度，由SRTM DEM数据计算得到，根据《旅游滑雪场质量等级划分》及专家意见，认为坡度大于30°时不适宜建设滑雪场，以坡度为25°时为最优进行归一化处理。

自然因素指标——水源，使用中国1∶400万河流空间分布数据集，对河流数据进行中国区域的成本距离分析，距离河道越近，滑雪场适宜度越高。

自然因素指标——土地利用，中国土地利用现状遥感监测数据基于Landsat 8 OLI遥感影像，通过人工目视解译生成。剔除以下三类不适宜建设滑雪场的土地利用类型，即城乡、工矿、居民用地；水域；未利用土地。

自然因素指标——海拔，所用数据为SRTM DEM数据，当海拔大于4500m时不适宜开展大众滑雪运动，将该区域掩埋掉。

对雪场开发而言，自然属性适宜性是雪场建设的基础性条件，好的自然属性将为雪场提供好的供给产品。一般来说，自然属性适宜性综合指标得分较高地区具有优良的自然禀赋，包括丰富的积雪资源、人造雪气候资源、适宜的体感温度和地形、优美的自然景观、充足的水资源等。自然属性适宜度较高地区主要分布在大小兴安岭、长白山、阴山—燕山、太行山、阿尔泰山、天山、青藏高原东缘、秦岭等地，且绝大多数处于山区、林区一带。总体而言，适宜度较高的雪场处于东北和新疆维吾尔自治区。青藏高原大部分地区海拔高，不适合雪场建设，而中国西北地区大片沙漠戈壁也不适宜建设雪场。纬度越低，雪场越向高海拔山区拓展。高温导致中国南方雪场适宜性较低。

（二）社会条件适宜性分析

雪场适宜性评估中社会经济指标主要选取 GDP、人口、距路网距离、距居民点距离、距景点距离等作为评估因子。

GDP 和人口：由于缺乏现有 GDP 和人口的空间格网数据，使用夜间灯光数据来替代。不同夜间灯光强度能够代表不同的地区经济发展水平。这里采用 NPP VIIRS 夜间灯光数据进行核密度分析，分析结果的值越高适宜度越好。

距路网距离：所用数据为针对众源开放街道地图（open street map，OSM）。OSM 指由大众采集并向大众提供的开放地理空间数据，与传统地理信息采集和更新方式相比，来自非专业大众的众源空间数据具有数据量大、显示性好、信息丰富、成本低等特点和优势。对 OSM 数据进行成本距离分析，距离道路越近，成本距离越低，建设适宜度越好。

距居民点距离：包含省会城市及地级市，对点数据进行成本距离分析，距离居民点越近，滑雪场建设适宜度越好。

距景点距离：包含 AAAA 级、AAAAA 级景点，根据国家旅游局旅游景点名录通过 Google 地图获得位置坐标信息，然后对点数据进行成本距离分析，距离景点越近，滑雪场建设适宜度越好。

中国东西部社会经济差异显著，雪场的社会经济适宜性高值区主要分布在东部沿海地区，其次为长江中游、成渝地区及东北地区，新疆维吾尔自治区中部在西北地区相对稍高。对于雪场开发，社会经济适宜性起着至关重要的作用，社会经济适宜性即从消费需求方面和可达性方面评估滑雪场。雪场社会经济属性综合指标得分越高，则雪场适宜度越高。例如，通常雪场适宜度越高，越靠近较发达地区，且越靠近道路和旅游景点。社会经济适宜性较高地区滑雪场为滑雪产业提供了巨大的消费市场。中国东西部社会经济发展不平衡性，西部社会经济适宜性远远落后于东部，这与雪场自然适宜性空间分布不同。社会经济适宜性较高地区主要分布在长三角、环渤海（包括京津冀地区）、中原经济区和东北经济区。

四、不同气候情景雪场适宜性评价

（一）评价模型

1. MaxEnt 模型原理

MaxEnt 模型接受已知的分布信息，对未知的分布信息不持偏见，不做任何假设。对于由有限网格组成的研究目标地区 X（中国陆地部分），记 $\pi(x)$ 为 X 中每一个像元 x 的非负分布概率，$\sum \pi(x)=1$，将 π 的可能分布定义为 π'，则 π' 的熵为

$$H(\pi') = -\sum_{x \in X} \pi'(x) \ln \pi'(x) \tag{7-1}$$

滑雪场的已知分布点信息为限定条件，目标地区 X 中满足限定条件的分布有很多，选择信息熵最大的分布作为 MaxEnt 模型的最优分布（Phillips et al.，2006）。

2. 模型构建

首先，利用获取大数据的方法，对中国的滑雪场利用网络爬虫、语义分析、文献报道等方法获取地理位置的经纬度信息和建设时间、运营时间、消费级别、游客量、大众点评热度等，形成滑雪场样本点信息数据库。对获取的样本点进行数据清洗和质量检验，将已关停、位置信息漂移的滑雪场从数据集中剔除，保留当前运营的有效滑雪场分布数据 743 个（图 7-1）。

采用 MaxEnt 3. 4. 1 软件将对应的样本点数据和 12 个环境建模因子（表 7-2）分别导入 MaxEnt 中进行建模，随机选取 70% 作为进入模型的训练集，剩余 30% 作为模拟结果的测试集，其他参数采取默认设置。

3. 模型精度检验

采用 ROC（receive operation characteristic）curve 检验模型的精度，ROC 曲线与横坐标围成的图形面积称为 AUC（area under ROC curve，图 7-2）。1997 年，Fielding 和 Bell 首次将 AUC 引入 MaxEnt 模型的性能评价中，因 AUC 值不受诊断阈值影响，被公认为是目前最优的模型预测指标。

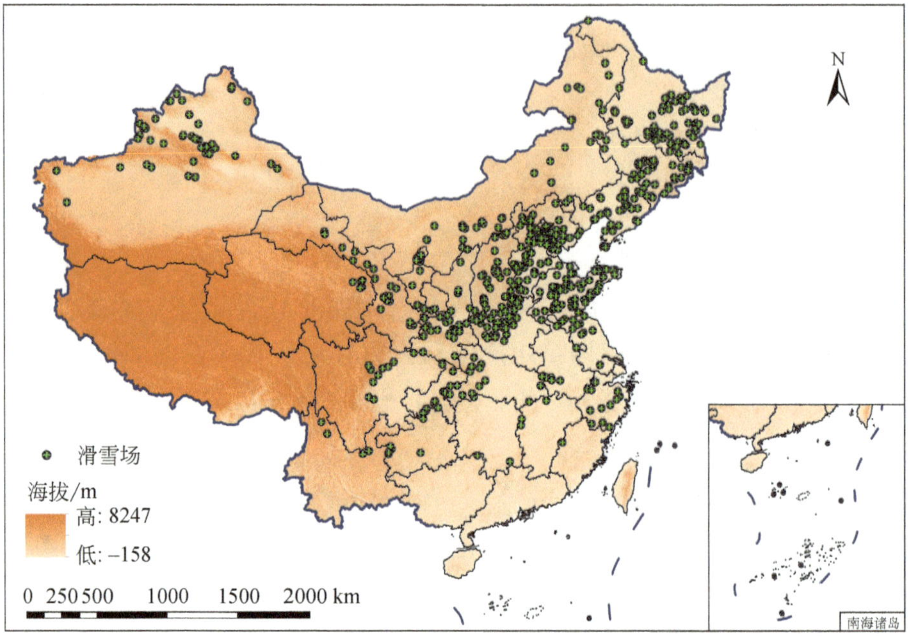

图 7-1　中国滑雪场分布（2020 年 12 月）

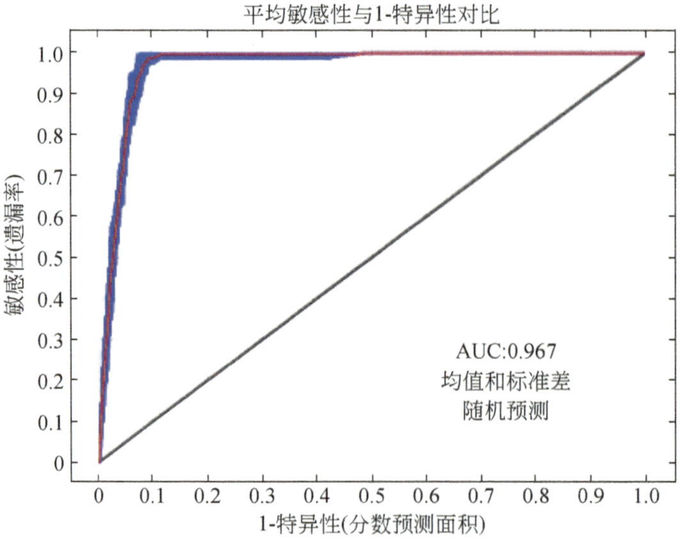

图 7-2　MaxEnt 模型中的预测精度 AUC 检验曲线

采用 AUC 评价模型的性能，其取值范围为［0.5，1］。0.5 表示样本点随机分布，1 表示模型结果与样本点实际分布区完全相同，值越大表示模型预测精度越高（Adhikari et al.，2012）。在利用 AUC 对模型进行评估时，最常用的标准如下：AUC 为 0.5～0.6 时，模型预测准确性差，预测结果不可接受；AUC 为 0.6～0.7 时，预测精度一般，预测结果勉强可以接受；AUC 为 0.7～0.8 时，预测精度较准确，预测结果可以接受；AUC 为 0.8～0.9 时，预测精度很准确，预测结果良好；AUC 为 0.9～1.0 时，预测精度极准确，预测结果最为理想（Marmion et al.，2009；Lu et al.，2012；Escalante et al.，2013）。

4. 适宜性综合评价

MaxEnt 模型结果输出格式为 ASCⅡ，适宜性指数 *P* 范围为［0，1］。根据相关适宜区评价研究结果，通过 ArcGIS 10.5，将滑雪场潜在适宜分布范围划分为极不适宜（0～5%）、不适宜区（5%～20%）、低适宜区（20%～35%）、中适宜区（35%～55%）、高适宜区（55%～100%）（Zhang et al.，2018；Yi et al.，2018；Oke and Hager，2017）。

雪场适宜性评价总体技术路线如图 7-3 所示。

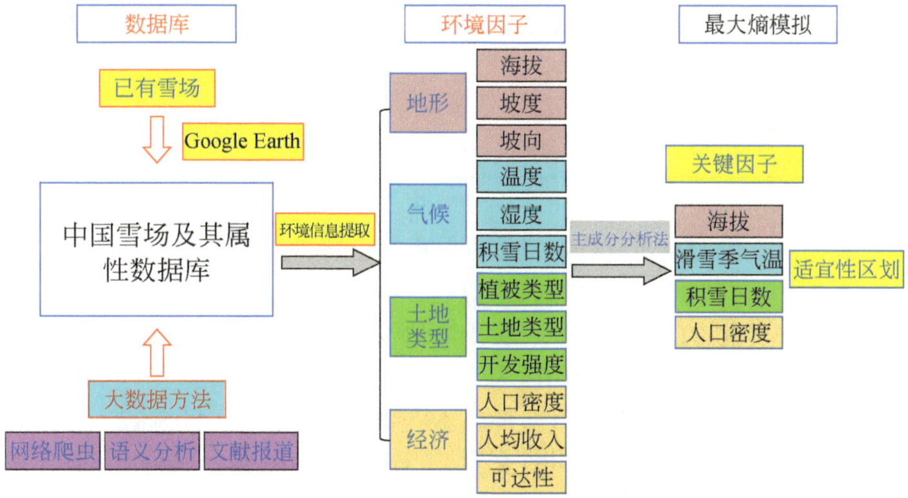

图 7-3　利用 MaxEnt 模型对雪场适宜性进行模拟的总体技术路线

（二）当前适宜性评价

主成分分析（principal component analysis，PCA）结果显示（表 7-3），

累计贡献率85%以上的因子有4个，分别是人口密度、1月平均气温、海拔和年总降雪天数。其中滑雪场与人口密度空间分布高度匹配（贡献率36.1%），显示冰雪运动是以人的需求驱动为主的一项运动。在人口分布的密集区，滑雪场分布密度较高，高的人口密度对一个滑雪场正常的运营维系起到关键的主导作用。高的游客量降低滑雪场的运营成本，是盈利与否的决定性因素。此外，最冷月1月平均气温（贡献率23.7%）在很大程度上决定着成雪条件，尤其是人造雪是否能够开展。由于中国的滑雪场主要针对春节前后的客流量，最冷月1月平均气温决定了人造雪的维持时间，是决定滑雪场运营时间长短和运营成本大小的决定性因素。另外在地理环境因子中，海拔（贡献率16.4%）起到了限制作用，高海拔尤其是在中国南方的山区地区具有较好的成雪条件，但在青藏高原、天山等高寒地区恰恰也制约了冰雪运动的开展。主成分分析结果显示，滑雪场和年总降雪天数关系不密切，意味着滑雪场和自然降雪之间关系较低，自然降雪不是影响滑雪场的主要因素，相对地，人造雪的气候条件是冰雪运动的决定性因素。

表7-3　主成分分析结果中累计贡献率85%的主要因子　（单位：%）

变量	贡献率	累计贡献率
人口密度	36.1	36.1
1月平均气温	23.7	59.8
海拔	16.4	76.2
年总降雪天数	8.1	84.3

利用滑雪场潜在适宜分布范围划分标准，将中国滑雪场适宜性等级划分为五类。从模型的模拟结果来看（图7-4），当前中国雪场高适宜区主要分布在中国北方的华北平原、黄土高原及东北平原等低海拔地区。

总体看，中低适宜区以山区为主。长白山（东北地区）、燕山—太行山（京津冀地区）、博格达山（乌鲁木齐市）、祁连山（青海省、甘肃省交界）、秦岭（陕西省、四川省交界）、泰山（山东省）、鄂西山地（湖北省）、伏牛山（河南省）、青藏高原东缘（四川省）、四川盆地周围等丘陵山地，具有较高的滑雪场适宜性，未来适宜布局一些具有一定规模和高等级的滑雪场。当前，84%的滑雪场分布在综合适宜度较高的区域，而16%的滑雪场分布在综合适宜度较低的区域，且大部分是分布在山地和丘陵区的小型滑雪场。

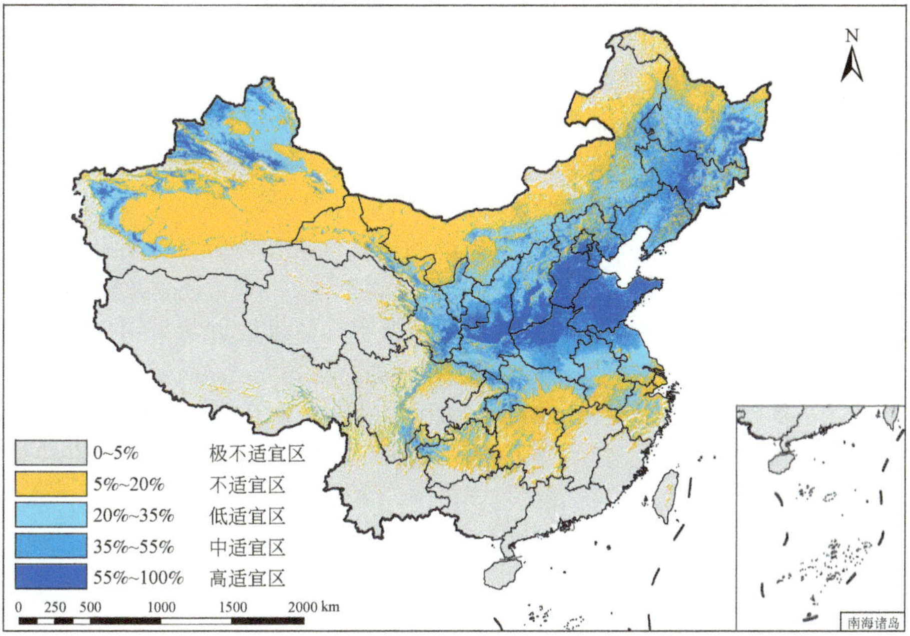

图 7-4 基于 MaxEnt 模型的中国滑雪场当前适宜性等级

整体上，中国滑雪场不适宜区和极不适宜区主要分布在中国南方地区和海拔较高的青藏高原、大兴安岭、蒙古高原、新疆的天山及沙漠地区。南方地区因全年气温较高，平均海拔较低，即使在全年最冷的 1 月，平均气温也大都在 0℃以上，很难达到自然降雪和人造雪的条件，只在局部海拔相对较高的丘陵和山区有零星分布。总体来看，中国南方的长江一线是中国滑雪场分布的最重要界限，其南部地区很难有适宜滑雪场的造雪条件。此外，青藏高原地区因高海拔、高寒、缺氧、环境恶劣、人口稀少等，极不适宜滑雪场的运营。大小兴安岭、蒙古高原、新疆的天山及沙漠地区大部分区域也是滑雪场不适宜分布区。这些区域的分布面积较大，不适宜区域占国土面积的 60% 以上。

（三）未来气候情景下雪场适宜性评价

当前，全球正经历着一场显著的全球变暖过程，基于地面台站的观测和气候模式模拟的结果均显示，当前全球地表气温比 1900 年工业革命前的全球地表气温增高了 1.5℃左右，其中高纬度的两极地区及高海拔的"第三极"青藏高原地区增温幅度更大，是全球变暖的典型区，尤其是最近几十年，全球增温处于加速状态（Wei and Fang，2013；IPCC，2014）。全球气候的全面暖温化显著影响了滑雪场的运营气候条件。中国滑雪场集中在春节附近的1～2月运营，暖温化使滑雪场的运营时间普遍缩短，尤其是中国南方地区，低温天数越来越少，滑雪季日最低温普遍升高，气温的升高不利于雪场人造雪。此外，在运营期缩短的同时，运营成本如电耗、水耗等相应提高，滑雪场运营利润相应减少。

为了对未来气候情景下中国滑雪场的适宜性进行评价，本书采用气候情景分析方法。本书中的气候情景采用订正后的、利用HadGEM2-ES全球气候模式驱动RegCM4.4的计算结果，温室气体排放方案采用中等温室气体排放情景RCP4.5（representative concentration pathway 4.5W/m^2，图7-5）。基础平均温度采用2011～2020年的平均值，距平分别为2031～2040年和2051～2060年的平均值与2011～2020年的平均值的差值（Zhang et al.，2017）。

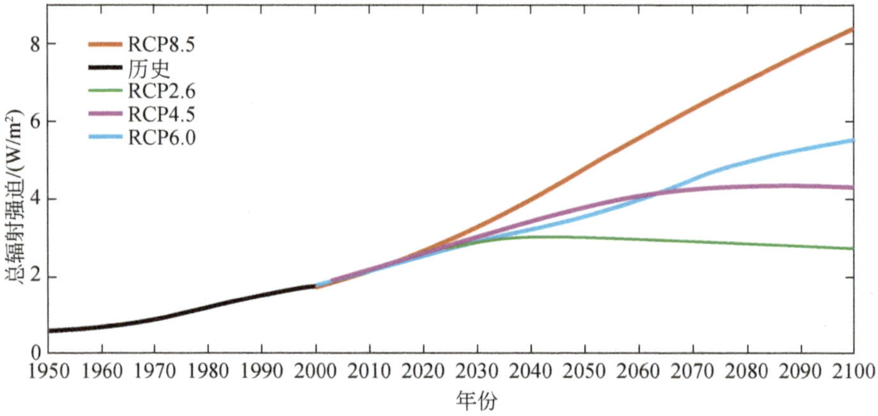

图7-5 全球每个代表性浓度路径下的总辐射强迫情景

1. 各因子趋势预测

从最冷月1～2月的平均气温变化来看（图7-6），在未来气候情景下，中国将经历全面的暖化过程。其中，高海拔的青藏高原、高纬度的东北地区等将是升温最为剧烈的区域。

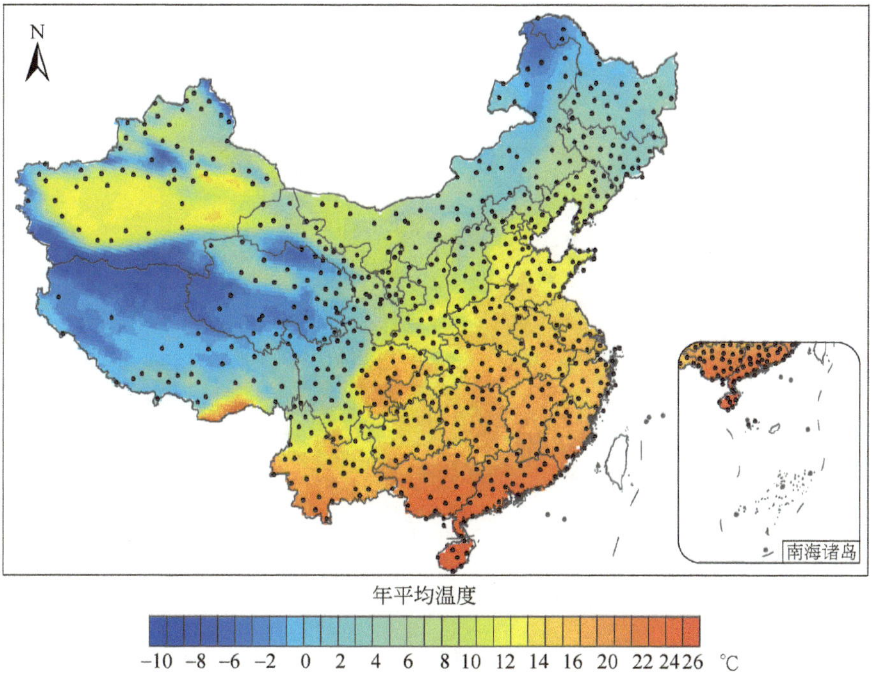

(a)2011~2020年

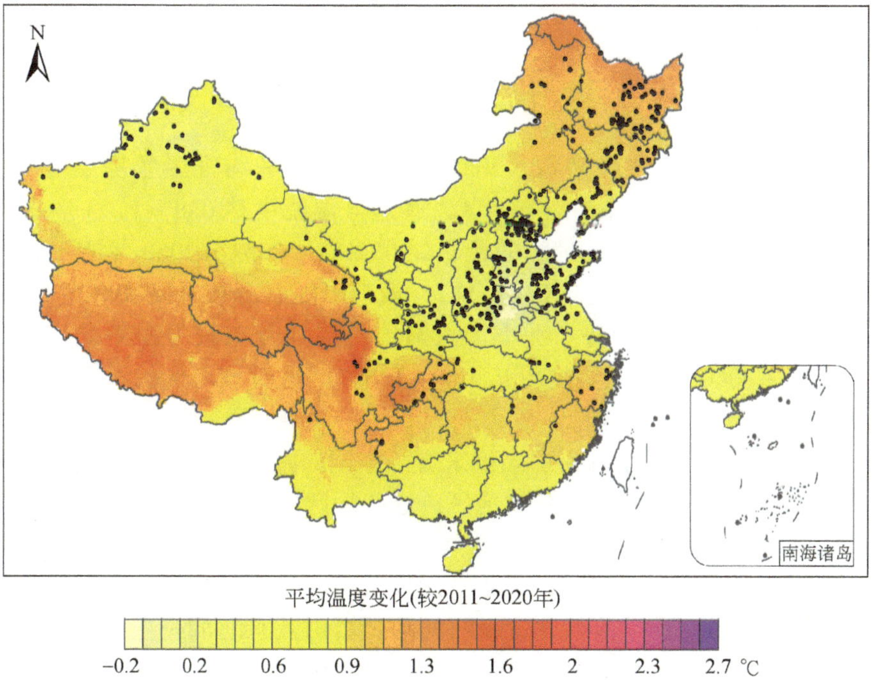

(b)2031~2040年

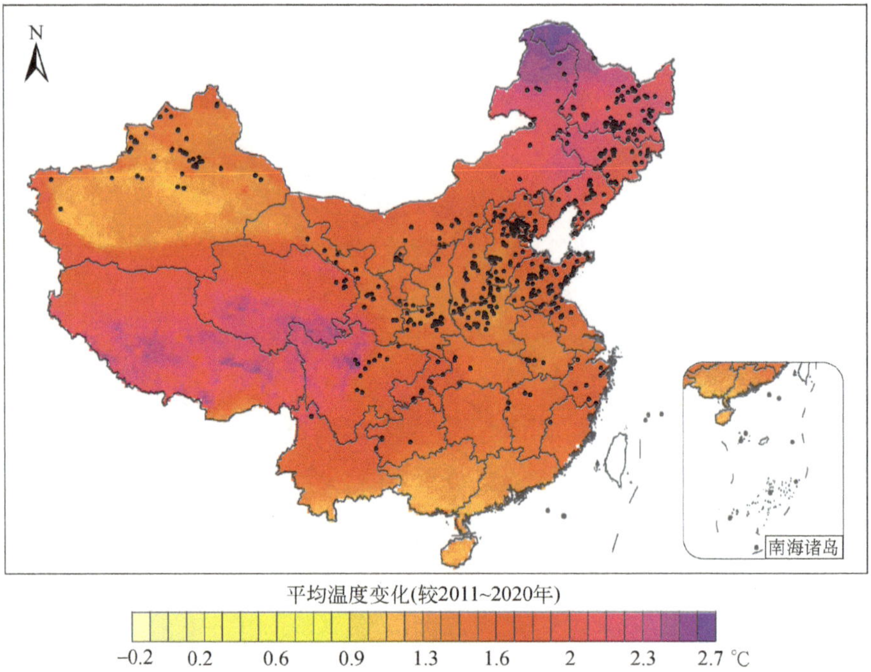

(c)2051~2060年

图 7-6　当前（2011～2020）及未来气候情景下（2031～2040 年、2051～2060 年）1～2 月平均气温及增加值

说明：台湾省资料缺失

从模型预估的结果来看，2031～2040 年的平均升温幅度在 0.3～1.0℃，其中，青藏高原和南方地区，普遍升温幅度达 0.8～1.0℃，是升温幅度最高的地区。从长时间的预估结果来看，2051～2060 年青藏高原和东北地区升温幅度可达 2.0～2.3℃，表现出随着海拔升高和纬度升高，升温幅度普遍增加的趋势。在中国人造雪滑雪场分布较为密集的南方地区，2051～2060 年升温幅度可达 1.4～1.6℃，这对该地区的滑雪场造雪及运营将带来深刻的影响。

从降雪天数及降雪的雪水当量来看，中国的降雪主要发生在高海拔的青藏高原及高纬度的新疆、东北地区。这些地区的降雪天数及雪水当量均普遍较高。而其他地区降雪普遍较少，尤其是长江以南的南方地区，固态降水尤为稀少。在未来气候情景下，2031～2040 年、2051～2060 年的雪水当量距平只在藏东南—滇西北、新疆的阿尔泰山及东北的长白山地区显示出减少趋势，其他地区则接近于 0，没有明显的增加及减少趋势（图 7-7）。

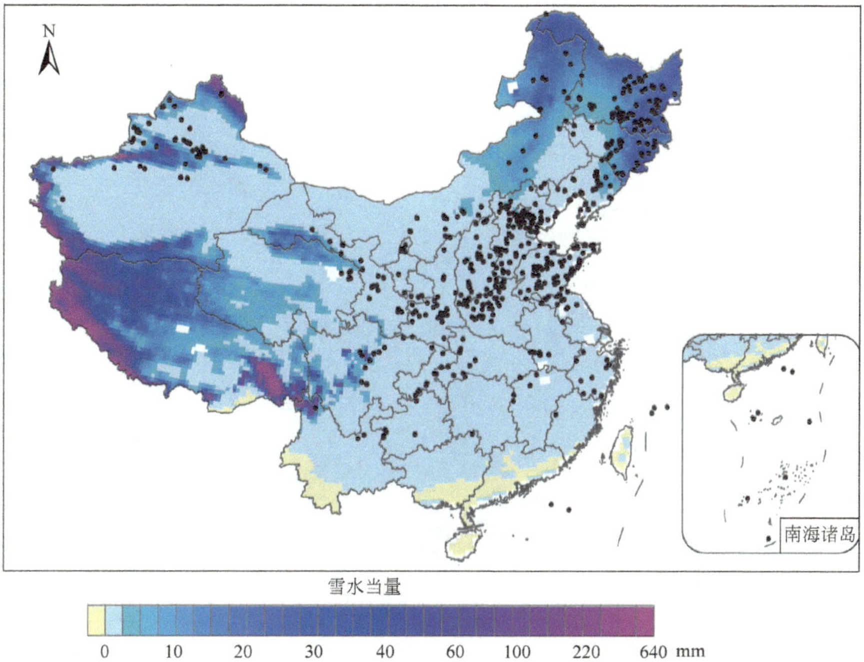

(a)2011~2020年

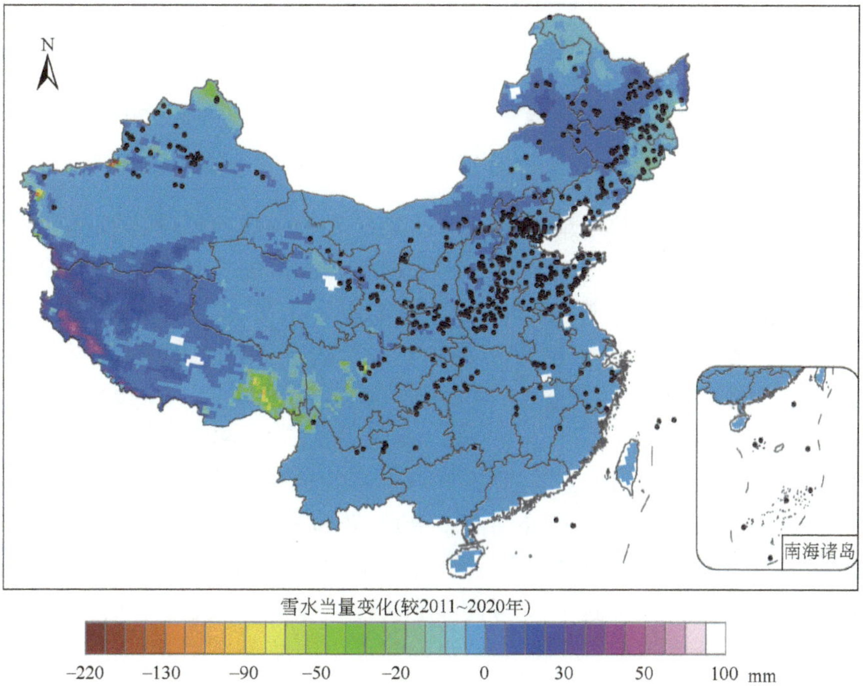

(b)2031~2040年

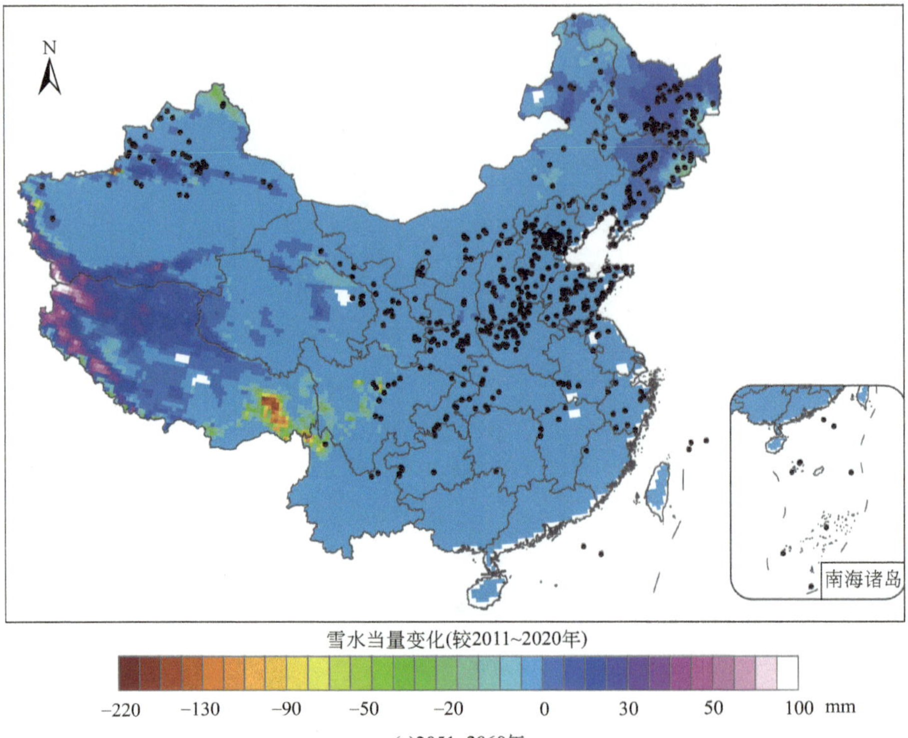

(c)2051~2060年

图 7-7　当前（2011～2020 年）及未来气候情景下（2031～2040 年、2051～2060 年）年平均雪水当量及增加值

基于主成分分析的结果显示，滑雪场是以人的消费需求为基础的一项运动。一定规模的人口密度，即一定数量的客源市场，是维持其运营门槛和存活的基础。好多低等级的小型滑雪场以春节等节假日为主要运营目标。考虑到人口预测的复杂性，本书中人口密度预测数据来自清华大学 Chen 等（2020）的预估数据（2010～2100 年）。其中采用的情景为 5 个共享社会经济路径（shared socioeconomic pathways，SSPs）中的 SSP2，即低的碳排放情景、每对夫妇全面 2 个小孩人口政策下的发展情景。

从总人口的预估结果来看（图 7-8），不同的共享社会经济路径预测结果均显示 2030～2035 年中国人口将达到峰值，在此之前中国人口出现老龄化，随着老龄化加速和生育率的降低，中国人口缓慢增长，在 2035 年的峰值后，不同的情景预测结果均表明，中国总人口将开始出现下降趋势，其中 SSP4 情景下的下降趋势最为剧烈，是 5 个情景下人口总数下降最快的情景。不同的情景预测结果表明，随着老龄化加剧和生育率的普遍降低，中国人口在经历峰值后减少趋势是不可避免和长期的。这意味着，一方面，总人口下降，总人口密度将缓慢降低；另一方面，随着城市化速度加快，越来越多的人口将由农村地区集聚到城市地区，使农村地区的人口密度降低，而城市人口密度增加。这两种趋势可以从人口的空间密度变化显示出来（图 7-9）。

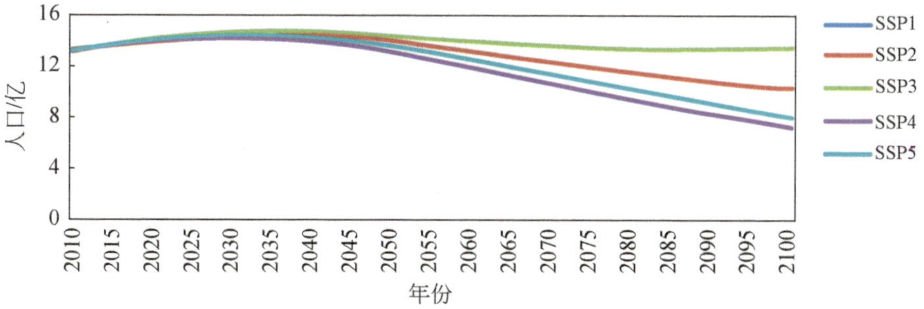

图 7-8　5 个 SSPs 情景下中国 2010～2100 年总人口变化趋势

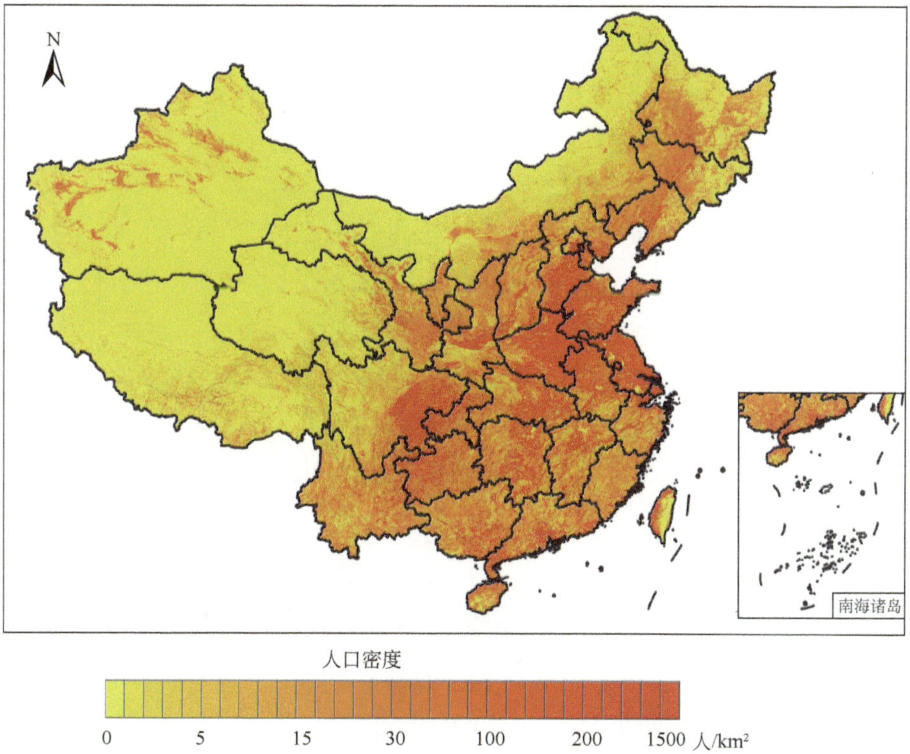

(a)2011~2020年

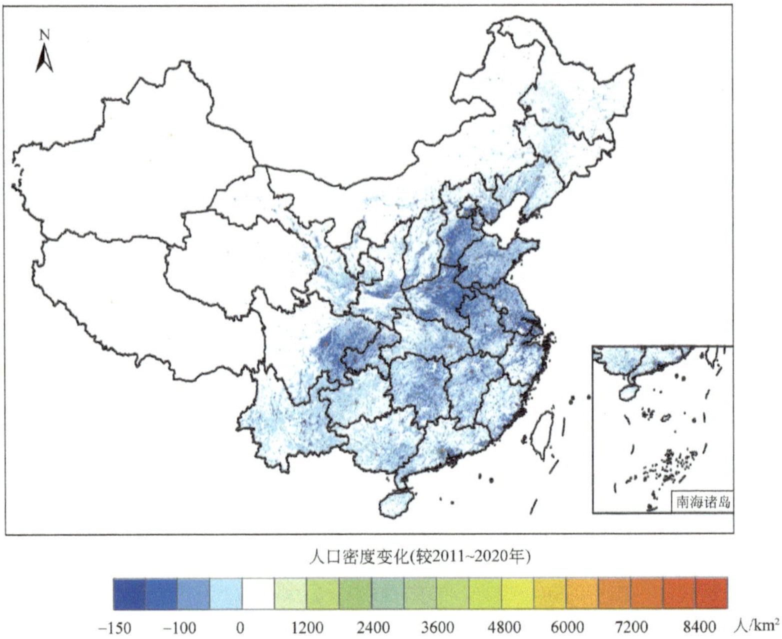

(b)2031~2040年

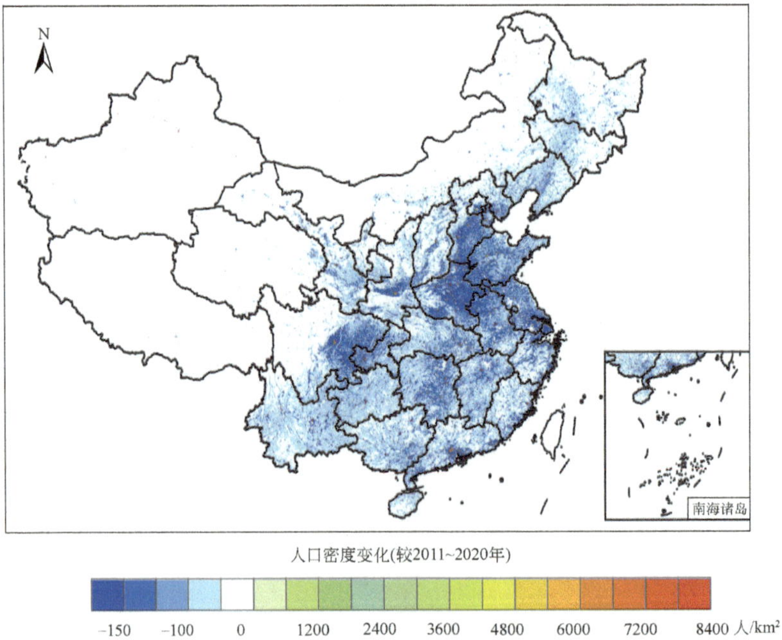

(c)2051~2060年

图 7-9 当前（2011～2020 年）及未来 SSP2 情景下（2031～2040 年、2051～2060 年）人口密度及变化

总体来看，随着中国人口规模的减少，尤其是城市化的加速，2031～2040年和2051～2060年中国人口将在空间上体现出农村向城市移动的集聚过程。这一过程体现在低海拔的华北平原、四川盆地及广大的南方地区农村人口迅速减少而向城市移动，城市化的结果使人口集聚于城市地区，城市人口规模增加，城市建成区面积增加，人口密度相应增加。这种趋势对以城市为主要客源市场的滑雪场是积极的影响，城市人口密度的增加客观上能增加滑雪场的客源和消费规模，对于维持其运营具有很好的促进作用。

2. 2031～2040年、2051～2060年适宜性评价

综合以上预测情景，本书对2031～2040年及2051～2060年中国雪场适宜性进行了模拟和评价，评估结果如图7-10和图7-11所示。

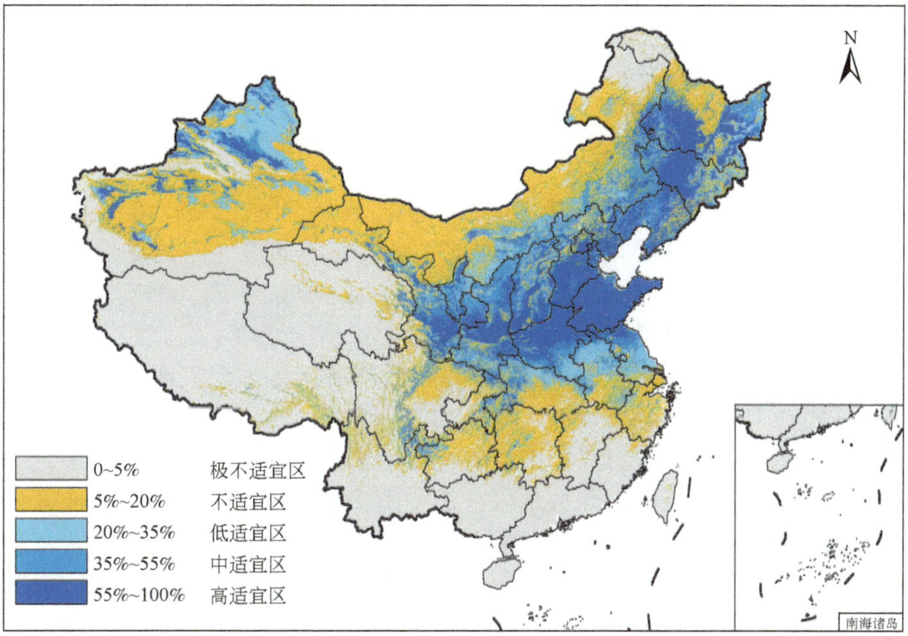

图7-10　2031～2040年中国雪场适宜性等级

总体来看，中国滑雪场的总体适宜性格局没有太明显的空间变化。但随着社会经济的发展，社会经济对滑雪场的影响越来越小，全球变暖趋势使得气候条件成为影响滑雪场发展的最主要因素。近期（2031～2040年）预测结果中，自然指标和社会经济指标的权重分别为0.75和0.25。综合

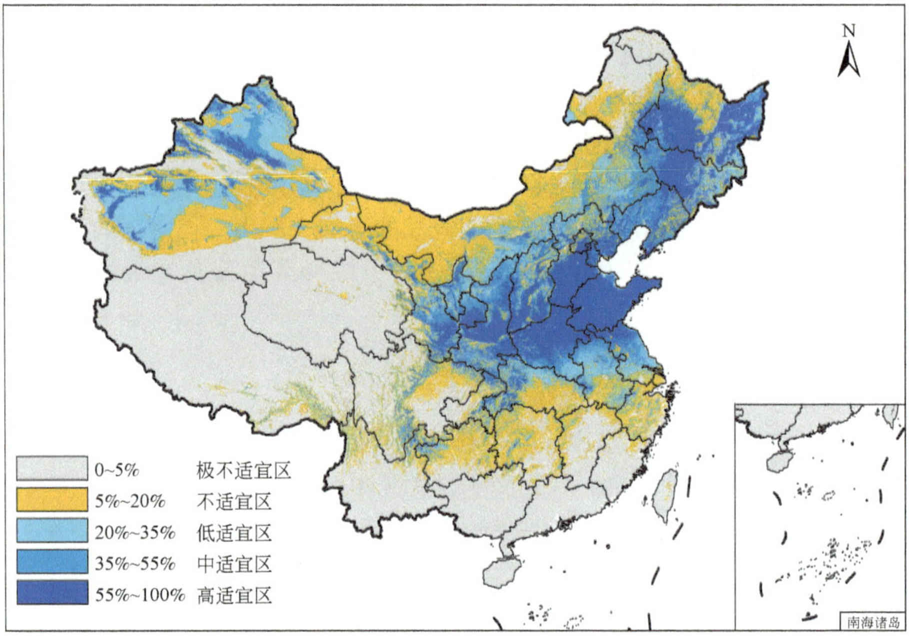

图 7-11　2051～2060 年中国雪场适宜性等级

适宜度变化非常显著，适宜度较高的区域从当前的 32.40% 增加到 38.50%。冰雪季气候的暖化使得西北、东北、华北等地区的寒冷趋势减弱，人体体感温度升高，更加适宜于户外滑雪运动的开展。相反，在中国南方地区，由于温度增加，滑雪季平均温度过高而变得不适宜经营室外滑雪场的区域占到全国面积的 16.70%，届时将有接近 100 家滑雪场因无法人造雪或造雪成本急剧增加而关闭。

到 21 世纪 50 年代，滑雪产业将主要聚集在东北平原、西北、华北平原以及西南较低纬度的高海拔地区，而中国华南、华中和长江以南地区将不能发展室外滑雪场（图 7-11）。在纬度较低的地区，滑雪场的运营者需要思考怎样在越来越有限的运营期内收回成本赚取利润。但随着人口快速向城市集聚，越来越多的市民以从事城市第二、第三产业为主，且闲暇时间也在增加。随着城市及周边地区消费人口增加，滑雪场客源市场将进一步拓展，并将有利促进城市周围滑雪场的开放，进而可增加中国北方地区滑雪场的客源，保证运营门槛。

在当前滑雪场适宜度研究的基础之上，进一步的适宜度变化分析结果显示，综合适宜度较高的区域从当前的 32.40% 增加到 43.20%（21 世纪 50 年代）。在滑雪季寒冷的新疆、西北、东北等地区，平均温度升高将会缓解滑雪季户外的严寒，提高游客的舒适度，社会经济的发展也会促进当地滑雪产业的发展。相反，南方地区的滑雪产业将会受到气候变化的强烈冲击。中国长江以南地区由于温度过高而不再适宜经营室外滑雪场，南方地区的不适宜区域逐步北扩，到 21 世纪中期（50 年代）占到全国面积的 22.40%，届时将有超过 100 家滑雪场进入高风险区而面临倒闭。

五、未来气候情景下中国雪场风险分析

近年来，全球变暖已经影响到社会经济的各个方面，这种趋势一直在加强和放大。按目前的发展趋势和惯性，全球暖化的影响将是长期的和深刻的，在短时间内是很难扭转的（IPCC，2014）。许多研究报告指出，在未来几十年的最大影响风险中，传染病位居首位，其次是气候行动失败和其他环境风险，而这种风险对依赖于气候资源的相关产业将显得尤为明显（World Bank，2018）。从不同气候情景预测的气候变化趋势来看，到 21 世纪末，中国将经历全面的暖化过程，其中预测的 1 ~ 2 月平均最低温（T_{min}）、平均最高温（T_{max}）和平均温度（T_{mean}）均呈现出一致的增长趋势（图 7-12）。

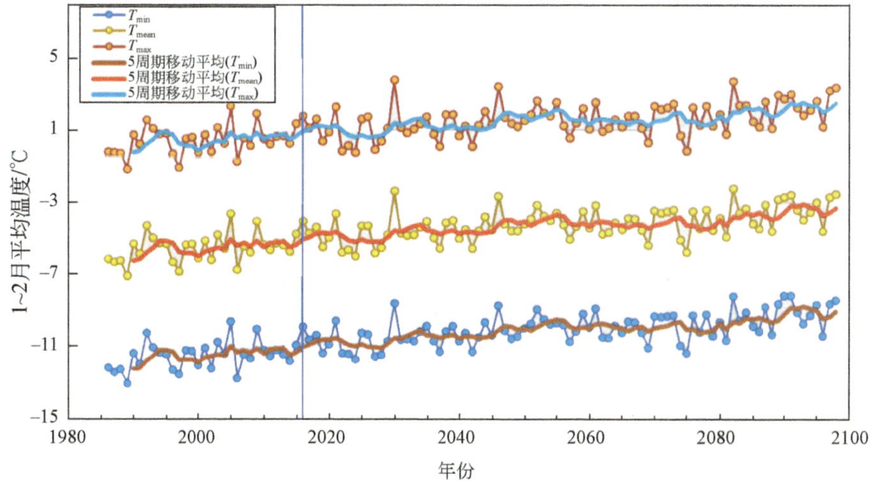

图 7-12　中国主要冰雪季（1 ~ 2 月）未来气候情景下的气候变化趋势

说明：气候情景采用订正后的、利用 HadGEM2-ES 全球气候模式驱动 RegCM4.4 的计算结果，温室气体排放方案采用 RCP4.5。1986 ~ 2016 年为观测值，2017 ~ 2098 年为气候模式模拟值，距平采用 1986 ~ 2016 年的观测平均值

从气候变化的长期趋势来看，这种暖温化的趋势是逐渐加强的。从中国主要冰雪季（1～2月）未来气候情景下3个指标的距平来看（图7-13），以1986～2016年的平均值作为现状值，预估的2017～2098年的距平基本为正值，负值在2030年后基本消失，且距平随时间越来越大，超出了近

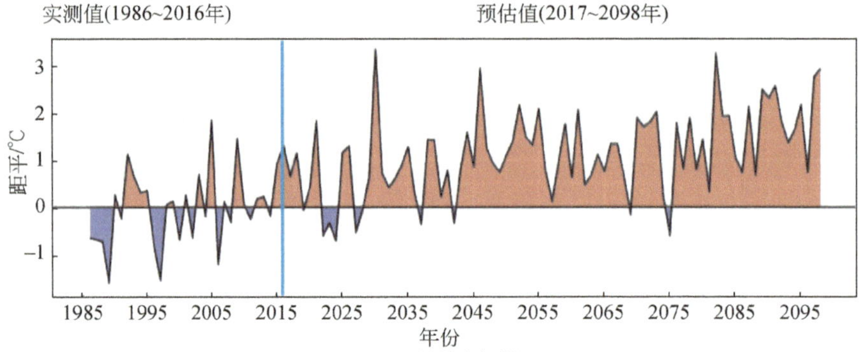

(a)1~2月最高气温

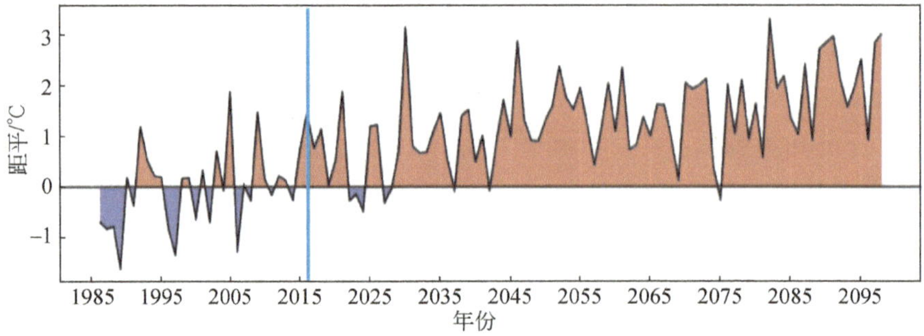

(b)1~2月平均气温

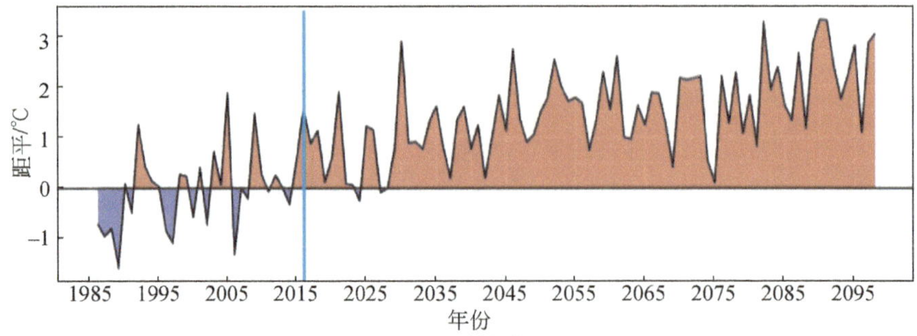

(c)1~2月最低气温

图7-13　中国主要滑雪季（1～2月）未来气候情景下气候变化距平趋势

说明：气候情景采用订正后的、利用HadGEM2-ES全球气候模式驱动RegCM4.4的计算结果，温室气体排放方案采用RCP4.5。1986～2016年为观测值，2017～2098年为气候模式模拟值，距平采用1986～2016年的观测平均值

些年观测的历史记录值，证明中国将进入持续的暖化增温阶段，增温幅度将越来越大。1～2 月最低温及平均温度的持续上升将成为普遍的常态，也将深刻地影响中国滑雪场，尤其是中国南方地区滑雪场的运营。

依据中国现有 700 多个滑雪场的气象资料，从统计结果可以看到，90%以上的滑雪场1～2 月平均温度<2℃，以此作为滑雪场人造雪及正常运营的基本气象条件（即雪场适宜性风险等级）。气候变化的这种趋势意味着随着气候的变化以及社会经济的发展，自然条件和社会经济条件对滑雪场影响的权重是动态变化的。社会经济水平的提高将会促进滑雪产业的发展，而气候变暖将会导致滑雪季温度增高，从而增加滑雪场的运营风险。整体而言，到 21 世纪 30 年代，综合适宜度较高的区域将从当前的32.40%增加到 38.50%。在寒冷的北方，较小幅度的升温不仅不会影响滑雪场的雪质和雪量，反而会提高游客的舒适度，且社会经济的发展也会促进当地滑雪产业的发展。相反，华中和华东的滑雪产业将受到气候变化的强烈冲击。中国长江以南的南方地区由于温度升高而不再适宜经营室外滑雪场的区域逐步扩大，到 50 年代将占全国面积的 22.40%。也就是说，在 21 世纪 30 年代、50 年代情景下，中国雪场将分别有 121 个、247 个进入高风险区，占当前雪场总数的 17.3%和 35.4%（图 7-14）。由于气候

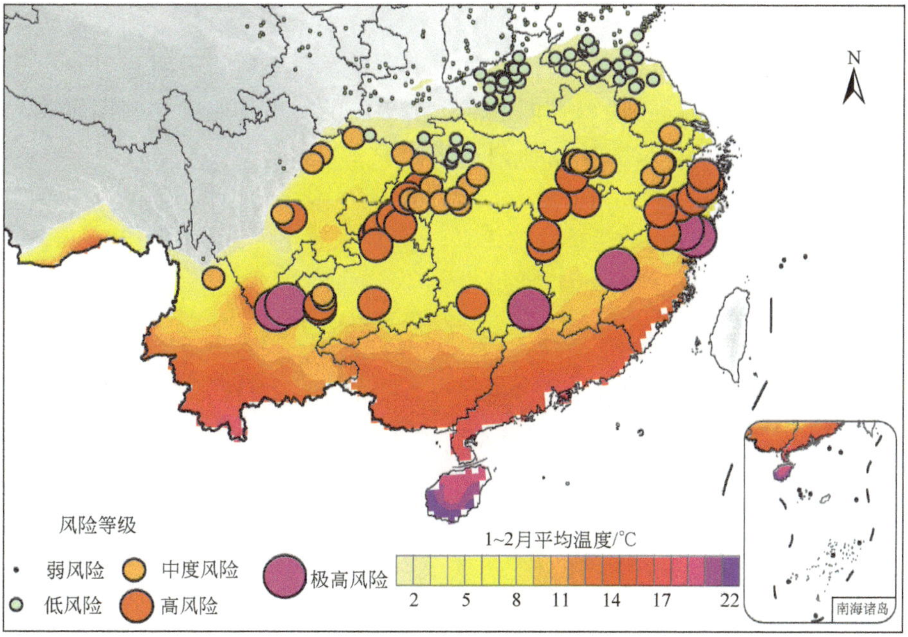

(a)21世纪30年代

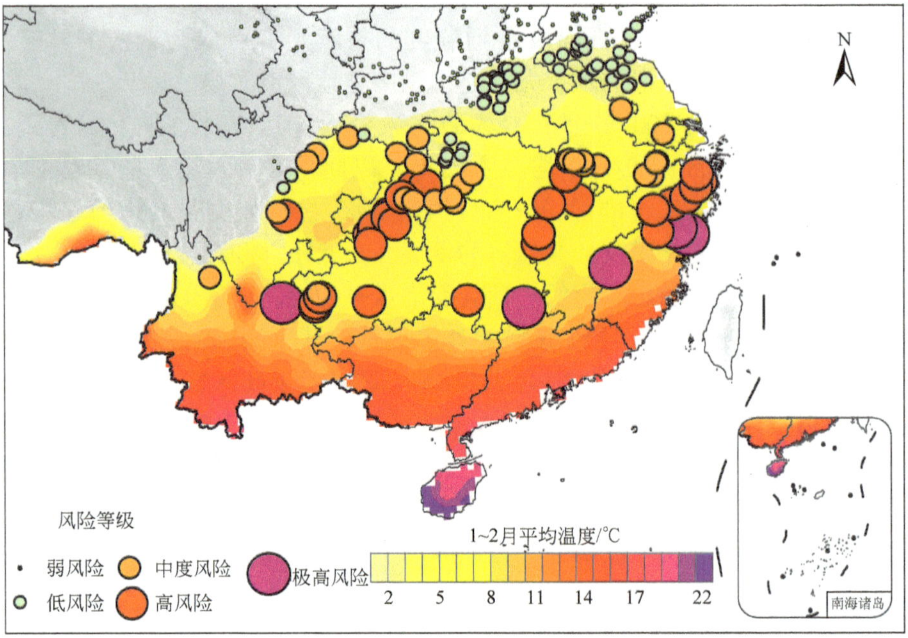

(b)21世纪50年代

图 7-14　21 世纪 30 年代和 50 年代中国雪场风险等级

变化，冬季温度增高，滑雪场将会花费更多成本用于造雪及雪道维护。另外，生活水平的提高将使得人们追求质量更高的滑雪体验，这些因素将导致中国南方地区小型滑雪场面临倒闭的严峻考验。

第八章　中国滑雪旅游空间结构优化

雪场空间结构优化的前提是立足积雪-气候资源基础条件，统筹满足不同年龄结构、不同滑雪年龄、不同地域、不同行业、不同竞技水平滑雪者、不同文化背景间的多方冰雪旅游消费市场，即按细分市场，突出地方人文特色，优化推出品类繁多、个性化特征明显的专项冰雪旅游产品，以满足不同群类滑雪者的特殊需求，在更大范围吸引更多已有或潜在滑雪人群。同时，空间结构优化还需要与不同气候情景相结合。另外，空间结构优化还需要与乡村振兴有机衔接。

一、总体优化方案

当前，中国滑雪场空间结构总体上比较零散，由于空间结构的不合理，其冰雪旅游资源和气候资源优势并未转换为经济优势。未来，中国滑雪场空间布局，亟须立足冰雪资源禀赋、气候条件、水源条件、地形地貌条件、客源条件、消费能力、区位交通条件，应加大滑雪旅游目的地进入通道的改善，重点发展已有滑雪旅游目的地建设，拓展自然条件优越的潜在滑雪场，统筹利用滑雪区丰富的民族历史文化，在此基础上，全面推进冰雪运动“南展西扩”战略，以东北三省提升现有滑雪场服务水平为基础，发挥当前京津冀冰雪运动引领带动作用，促进北方其他地区后发优势，带动南方地区和青藏高原协同发展，通过集聚发展、点轴带动思路，最终形成多区协同、多点扩充的冰雪旅游空间网络发展格局。

依托不同区域的积雪资源、气候条件、水资源条件、文化资源，考虑已有滑雪旅游及冰雪体育产业开发基础，通过集聚发展、点轴带动思路，基于“优化主导优势功能、提升中等功能、改善弱势功能”的原则，提出了未来5~10年中国滑雪场空间优化布局方案，即未来亟须着力培育、布局和优化“四核、五带、四区”（四核为哈尔滨—牡丹江、长春—吉林、乌鲁木齐—昌吉、北京—张家口冰雪旅游集聚区；五带为长白山、哈大线（哈尔滨—大连）、燕山—太行山、秦岭—伏牛山—大别山、巫山—大娄山—乌蒙山一线滑雪旅游带；四区为东北、华北、北疆、南方冰雪旅游区滑雪场空间格局（图 8-1），以提升现有雪场等级规模及旅游效应，带动其他区域滑雪产业的快速稳步发展（王世金等，2019）。在此基础上，还要强化其他区域，在旅游中心城市周边布局一定数量、规模的雪场，以对“四核、五带、四区”空间布局起到有效的互补，共同助力和推动全国冰雪产业的快速发展。

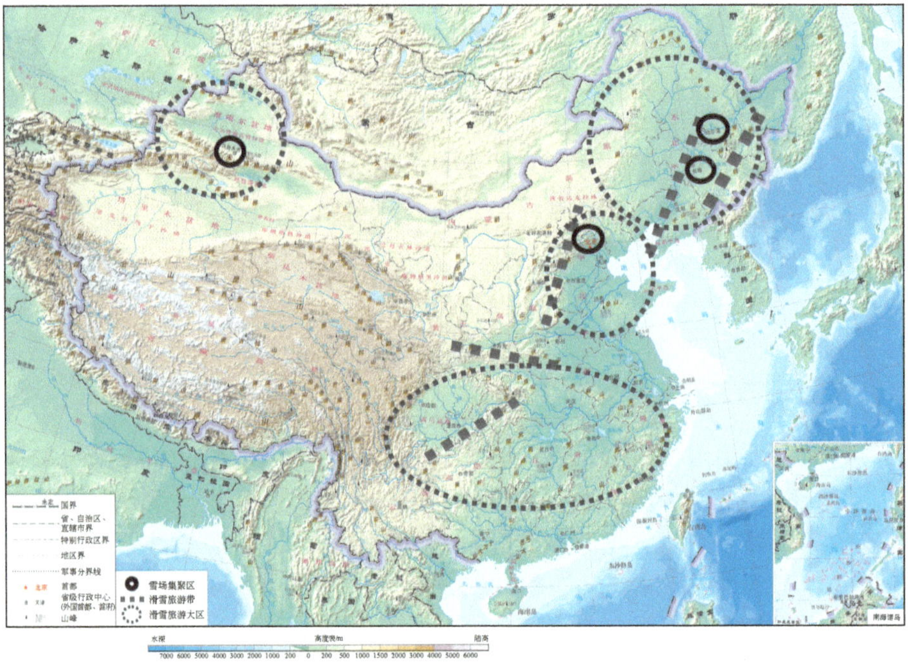

图 8-1 中国雪场空间优化布局

（一）“四核”优化方案

对于“四核”冰雪旅游集聚区，已有雄厚的冰雪旅游基础，应重点建设一批多雪道、设施及服务水平完善及具有一定旅游度假功能，且能够承办综合性国际冰雪赛事的高标准精品滑雪场。在热点区可适当开发一批小规模、特色鲜明的滑雪度假区。在此基础上，淘汰一批设施及服务水平不全、存在一定安全隐患的小规模滑雪场。

对于哈尔滨—牡丹江冰雪旅游集聚区，力争将黑龙江省建成全国冰雪装备研发制造基地，并在哈尔滨市、牡丹江市、齐齐哈尔市、黑河市打造成冰/雪上运动装备、冰/雪场地制备装备、武器装备及车辆极寒环境试验产业集群。重点推进鸿基索道、黑龙冰刀、乾卯雪龙体育用品等企业上市，众筹融资，同步引进国外成熟技术或先进冰雪装备制造企业，通过合资合作、联合开发等方式，研发滑雪索道、压雪机、造雪机、制冰机、单板、冰刀等冰雪设施装备，打造核心品牌，进行短平快的国产化进程，争取一批龙头企业走出去，以巩固黑龙江省在中国冰雪旅游产业的龙头地位。

对于长春—吉林冰雪旅游集聚区，要区别于黑龙江冰雪资源，从资源互补上做文章，特别是要做冰雪之外的文章，着力打造长白山温泉与冰雪旅游的融合，打造松花江雾凇与旅游的融合，打造查干湖及其他湖泊冬捕与冰雪旅游的融合，力争提供与黑龙江有差别化的冰雪旅游供给产品。

对于乌鲁木齐—昌吉冰雪旅游集聚区，要利用具有一定影响力的“丝绸之路冰雪风情节”，积极打造乌鲁木齐冬季旅游品牌活动和旅游名片，从乌鲁木齐—昌吉一体化空间发展战略出发，形成具有维吾尔族民族特色和丝绸之路历史文化特色的冰雪旅游目的地。

对于北京—张家口冰雪旅游集聚区，围绕2022年冬奥会，加快推进京张地区冬奥及群众性冰雪场馆、冰雪装备研发制造、交通网络与综合服务等设施建设，主动将冰雪产业发展融入京津冀协同发展，加强京张地区间的交流合作与协调联动，借助北京巨大的消费市场，着力做好京张冰雪旅游产品供给侧结构性改革。积极拓展京张地区冰雪体育赛事体系，形成中国乃至东亚最具市场潜力的冰雪产业带。同时，加大力度培育京张地区冰雪产业后续发展的高层次的人才、科研力量。

（二）“五轴”优化方案

在2022年冬奥会的助推下，当前中国长白山冰雪产业带、哈大线（哈尔滨—大连）冰雪产业带、燕山—太行山冰雪产业带、秦岭—伏牛山—大别山冰雪产业带、巫山—大娄山—乌蒙山滑雪旅游带五大冰雪旅游产业带已初具规模。对于“五带”滑雪旅游带，其冰雪旅游发展相对成熟。其他滑雪旅游带是近年才形成的，其积雪及水资源匮乏（限制人造雪），滑雪旅游基础较弱，但历史文化旅游资源富集。“五带”滑雪旅游带依托水资源承载力，应合理控制、规范和优化滑雪场数量、规模及其布局，在提质增效上面做文章。

1. 长白山冰雪产业带

长白山冰雪产业带位于长白山、龙岗山、千山一带，中朝文化底蕴深厚。该区域的粉雪资源禀赋是世界上顶级的，是世界三大天然雪基地之一，同时该区域温泉资源富集，具有极大的开发潜力。该区域未来应该依托当地政府，以冰雪旅游、冰雪文化、冰雪体育为发展方向，着力打造冰雪度假旅游、冰雪温泉养生、冰雪体育赛事三大产业。

2. 哈尔滨—大连冰雪产业带

哈尔滨—大连一线冰雪资源富集，绝大部分雪场分布于城郊，拥有庞大的客源市场，该区也是东北地区较为成熟的冰雪产业带。同时，该区满族文化深厚。未来该区应依托巨大的滑雪客源市场、完善的交通网络，协同城市旅游和文化旅游，以提供四季、全方位的冰雪旅游产品。

3. 燕山—太行山冰雪产业带

该区域位于燕山—太行山腹地，革命老区，旅游资源丰富，毗邻京津等城市，生态功能突出，亟须创新生态补偿机制，加强生态建设和水源地保护，有序开发旅游资源，利用“互联网+”带动绿色农副产品加工业发展。

4. 秦岭—伏牛山—大别山冰雪产业带

秦岭、伏牛山一线是我国的南北分界线，气候类型复杂多变，依托于独特的山地地形与客源市场，该区域冰雪旅游发展较为成熟。大别山则是湖北与河南、安徽省的界山，山区人造雪气候条件比较脆弱，雪场过度开发将无异于饮鸩止渴，因此该区域的未来发展应以优化现有滑雪场为基础，淘汰一批规模小、效益差的滑雪场，规范未来开发方向，建立生态补偿机制，实现未来的可持续发展。

5. 巫山—大娄山—乌蒙山冰雪旅游带

巫山、大娄山、乌蒙山一带地处重庆、湖北、四川、贵州四省区，山区森林覆盖率高，但灾害多发、土壤贫瘠、交通不便，少数民族人口多。当前，神农架、六盘水、仙女山、金佛山已建有多处等级较高的雪场。后期，应加强基础设施建设，发展特色农业、生态文化旅游，创新生态补偿机制，建设长江流域重要生态安全屏障。

（三）“四区”优化方案

1. 东北地区

东北地区不管是当前还是未来将一直是中国最具冰雪发展潜力的地区。未来一定时期，东北地区冰雪旅游持续发展的问题不在积雪资源，而在客源市场的拓展和冰雪产品的研发。东北三省乃至呼伦贝尔、兴安盟和锡林郭勒在冰雪旅游营销方面，不能各自为战，形成内部竞争。相反，应该建立东北地区雪场联盟，进行全域统筹，培育东北冰雪旅游业态，组团开发、组团营销。对于“四区”冰雪旅游区，东北地区已经具备一定的冰雪旅游文化基础，市场较为稳定，未来应重点开发差别化的冰雪旅游产品，避免产业同构，通过区域联盟整体推进，创建“北国冰雪”国际旅游品牌，在冰雪文化方面进行差别化推介，形成各地独具特色的冰雪旅游+文化旅游的品牌形象。同时，需要进一步开拓长三角、川渝、珠三角中远域潜在客源市场。

2. 华北地区

冰雪赛事引领下的华北地区，区位交通、人口规模及经济基础较其他三个地区具有明显优势。在京津冀协同发展背景下，要加快京津冀三地文化和旅游协同机制，提升北京—张家口冰雪产业集群规模效应。同时，要推动大运河、长城文化旅游与冰雪旅游的有机融合。未来，华北地区冰雪旅游市场潜力必将得以提升和拓展。当然，须提高冰雪旅游开发门槛、规范冰雪旅游市场，避免过热的冰雪旅游对整个旅游市场的扰动。另外，冬奥会后，华北地区冰雪旅游需稳步推进，在提质增效方面下功夫，避免小规模雪场的重复建设。

3. 北疆地区

北疆地区与东北地区一致，拥有丰富的积雪资源和气候旅游资源。北疆积雪资源富集，滑雪文化底蕴深厚。同时，该区还拥有阿尔泰山、喀纳斯湖自然风光和哈萨克族民族文化、远古滑雪文化。近些年，北疆阿勒泰地区正着力打造世界级冰雪旅游和冰雪运动目的地。然而，北疆距离中远域客源市场较远，交通成本较高，在一定程度上阻碍了滑雪旅游的快速发展。未来应加快建设几处超大规模、具有一定国际影响力的野雪滑雪公园，积极承办重大冰雪体育赛事，打造世界一流滑雪度假区。对于省外冰雪旅游者，探索交通补助模式，积极拓展远域客源市场。同时，借鉴东北地区雪雕、冰雕、冰灯等艺术形式，更多关注北疆滑雪旅游与冰雪艺术文化的有机结合。另外，冰雪旅游还要与边境文化建设高度融合。

4. 南方地区

南方滑雪场主要分布在川、渝、贵、鄂、浙、闽等地（如川西、金佛山、乌蒙山、神农架等山区），滑雪旅游主要由旺盛的滑雪客源市场驱动，但这些区域的积雪资源及气候条件（人造雪条件）极为脆弱，应严控雪场数量及规模，借助高海拔人造雪气候资源，以中-低规模雪场开发为突破，以室内滑雪、滑冰场为补充，按气候条件合理布局滑雪场，以最大限度地满足不同近域客源市场的滑雪旅游消费需求，且可以弥补滑雪季或雪场运营期较短的现实瓶颈。南方地区冰雪旅游热度有赶超北方的逆袭态势。立足南方巨大的消费市场，南方实现了冬季旅游新的突破。滑雪投资不断攀升，冰雪旅游热情高涨。南方少雪，积雪资源极为珍贵，因而带动了滑雪旅游奢侈项目的发展。南方滑雪旅游区往往是风景名胜区，南方特色生态旅游与滑雪运动、旅游的有机融合，吸引了不同类型的旅游消费群体。未来，南方地区应着力滑雪旅游与休闲度假旅游、文化体育项目的有机融合和综合发展，突破地域冰雪资源匮乏限制，同样需要在差别化的滑雪旅游项目上进行创新突破，进而推进南方地区滑雪旅游的快速发展。南方区域重点山区冰雪旅游优化方案如下：

乌蒙山片区山高谷深、地势陡峻，森林覆盖率高，水能资源丰富，但生态脆弱、地贫灾多、交通不便。然而，该区却有亚高原独特海拔与气候条件，夏季气候凉爽，冬季山顶积雪，滑雪舒适度较高，是较大规模开展冰雪运动的有利场所。为此，贵州省、云南省可依托乌蒙山气候条件和山体高差特点，适度开发一批雪场，助推云贵高原冰雪运动，强化冰雪运动产业聚集，形成南方冰雪旅游高质量发展区。

大别山片区以大别山区及黄淮平原南部为主体，降水丰富，但沿淮低洼易涝，适宜建设一定数量、空间合理的雪场。发挥大别山自然资源优势，组织策划冰雪旅游节、冰雪嘉年华、冰雪文化节等内容丰富、形式多样的群众性冰雪活动。同时，深度挖掘革命老区的文化资源优势、特色农产品资源发展红色旅游和乡村旅游。

罗霄山片区森林覆盖率超过 70%，降水丰富，红色文化积淀深厚，交通较为不便。部分山区有一定的人造雪条件，亟须加强基础设施建设，适度发展滑雪旅游，协同红色旅游、森林旅游，同时以“互联网+”发展电子商务带动特色农林产业发展，提升滑雪旅游+的拉动效力，彰显滑雪乃至生态价值，进而促进该区乡村振兴。

中国南方地区的广东、广西、海南、香港、澳门以及福建、台湾、上海经济发展水平较高但缺乏人造雪的气候条件，不适宜建设室外滑雪场。建议建造室内滑雪/冰场，以普及冰雪运动。

二、滑雪旅游开发模式

滑雪旅游已进入了高端体验阶段，后期需要一定的开发模式增加其体验感，开发模式越深入、吸引力度越大，游客的体验感也越强，好的开发模式是滑雪旅游得以可持续发展的基础条件。当前，冰雪主题乐园模式、赛事导向型模式、冰雪节庆模式、避暑旅游与冰雪旅游模式、室内四季滑雪场模式等相对比较成熟，且显示出巨大的消费潜力。

（一）冰雪主题乐园模式

滑雪旅游不仅仅是滑雪，辅之以各类冰雪活动。既然是冰雪旅游，大众性参与是其目标。大众导向类冰雪旅游方式注重冰雪旅游产品的参与性、娱乐性、新颖性和时尚性。这类活动以雪场、河湖冰区、林区为主，其活动对基本设施要求不高，也往往简单易学。例如，大众观光类冰灯展、雪雕、冰雕、冰挂及雾凇观赏、马/狗拉爬犁、冰车、冰猴、冰帆等。美国迪士尼公司上海总部华特迪士尼有限公司曾授权哈尔滨冰灯游园会，将2008年第三十五届冰灯游园会改名为“哈尔滨迪士尼冰雪游园会”。整个游园会变成迪士尼卡通世界。据报道，整个冰雪公园由迪士尼表演，这是世界上第一次将迪士尼技术应用于主题冰雪的活动。

在中国，哈尔滨冰雪大世界是这类模式的典型代表。哈尔滨冰雪大世界成立于1999年，是由哈尔滨市政府为庆祝千年庆典神州世纪游活动而创立的，以充分发挥哈尔滨冰雪资源优势。哈尔滨冰雪大世界推出了非常庞大的冰雪艺术作品，并展示了北方名城哈尔滨的冰雪文化和冰雪旅游的独特魅力。哈尔滨冰雪大世界分室外和室内部分。室外部分每年在冬春季举行大型活动。自1999年至今，已举办了23届哈尔滨冰雪大世界。其中，第二十届哈尔滨冰雪大世界园区总占地面积60万 m^2，用冰量11万 m^3，用雪量12万 m^3。园区以一轴（筑梦二十年）八大主题区（经典回眸、真爱小镇、祈福区、冬奥运动区、冰雪王者区、童趣互动区、综合服务区和精品区）合理分布。冰雪景观群百余个，互动娱乐项目30余处，十二大项数百场精彩活动连续不断，本届冰雪大世界依然是全球规模较大的冰雪主题乐园。室内冰雪主题乐园以“冰雪世界、梦幻启程”为主题，占地0.50万 m^2 的主题乐园突出艺术性和娱乐性，分亲子游乐区、浪漫打卡区、创意互动区、冰景故事区四大区域。

冰雪体验模式以体验为最大卖点，如哈尔滨冰雪故事园。第一届冰雪故事园将民间文化与冰雪旅游业相结合，利用冰雪资源展示了北域风土人情，并使用冰/雪雕展示了哈尔滨、老秋林和其他独特的历史文化的起源。在第二届冰雪故事园上，冰雕小组群书写北方神话传说。在第三届冰雪故事园上，建造了冰灯笼庙会，以展示北方庙会全景。同时，采用动静结合方式，在包子铺和冰糖葫芦冰雕旁放置了实物。利用冰/雪雕艺术，营造浓烈的冰雪氛围。又如，芬兰凯米的雪城堡，由冰床、冰桌、冰椅、冰酒吧组成。夜间可睡在由挪威专门为雪设计的保暖睡袋。每个房间都有其独特主题，装饰可与酒店媲美，这座雪城堡冰雪旅馆设置有可容纳10人的使用传统芬兰烟熏式的桑拿室，再寒冷的天气也可保证游客身体温暖。在雪城堡，瑞士阿尔卑斯山五个度假村均由3000m^2 的冰块建造而成，形成独特的穹顶冰雪屋，均可容纳120人，无论是产品促销、公司奖励，还是派对、生日聚会或其他活动，均可满足客人的多种消费需求。冰雪氛围也是冰雪体验的一种方式。例如，依托当地冰雪资源和传统文化来建雪城、冰城等。

（二）赛事导向型模式

举办国际体育比赛可在国际上产生重要影响，同时可增加举办地旅游人数和旅游收入，这便是许多国家争相举办大型体育赛事的重要原因。赛事导向型模式主要是利用主办或承办冰雪体育赛事来助推当地滑雪旅游的一种方式。此类赛事包括专业赛事和趣味活动。专业赛事对竞技水平要求较高，主要包括自由式滑雪空中技巧世界杯赛、瓦萨国际越野滑雪赛、单板追逐赛、高山滑雪、花样滑雪锦标赛、越野滑雪、现代冬季两项赛、速度滑冰、冰球、冰壶等竞技比赛。趣味活动主要面向游客或大众，对竞技技术要求较低，适合大众，主要包括雪橇赛、堆雪人赛、雪雕比赛、雪地套圈、冰上拔河、穿越冰池、推爬犁、冰上舞狮子等，这些都是比较常见的。趣味活动比专业活动更适合公共（大众）娱乐，危险系数较低，相对简单。

冬季滑雪正越来越受到公众的欢迎，游客也将从玩雪阶段发展到相对专业的冰雪运动阶段。场地可提供设备租赁，亦可携带自己的运动器材。

如今，越来越多的滑雪胜地正在开发“金卡”用户、雪地高尔夫、高级教练陪练服务等。高端游客已成为滑雪市场的新生力量。一些场馆设施齐全，具备举办国际活动的能力。冰雪赛事具有很强的娱乐性、观赏性和参与性，如冬季奥运会、亚洲冬季运动会、全国冬季运动会等大型体育赛事，将吸引大量的国内外游客观看。同时，作为会后遗产，一些雪场亦可在会后带动大量游客到此游览、体验（孙广丰和张宇，2007）。

（三）冰雪节庆模式

节庆节日可提升冰雪旅游知名度和吸引力。冰雪旅游往往可以与当地历史文化和民族风情高度融合，通过冰雪节庆活动，以扩大冰雪旅游市场。当前，冰雪旅游节、冰雕节、雪雕艺术博览会、冰灯节、冰钓节等都是与节庆类活动有关的冰雪节庆。每年，被称为“雪城”的加拿大北部魁北克古城都举办“魁北克冰雕节”，历时约三周。无论是从冰雕数量还是从游客人数上看，魁北克冰雕节都是世界上最好的冰雕节之一。为了迎接冬天的到来，加拿大首都渥太华从 1978 年开始在每年 2 月初举行为期 10 天的“冬季节日”庆祝活动。冰雕和冰雪运动则是冬季节日的重要内容。在日本北海道各地，同样举行各种形式的冰雪庆祝活动，其中最著名的是北海道首府札幌的“雪节”。为改善节日气氛并吸引更多游客，当地政府组织了雕塑家团队制作冰雕，他们的冰雕以造型优美、体形巨大而闻名。

中国北方的一些城市从国外举办冰雪节的经验中吸取了教训，陆续开发了当地的冰雪旅游并提升了其品质。东北地区具有国内独特的自然条件，其滑雪旅游资源禀赋较高，是中国滑雪旅游的代表性地区。丰富的积雪资源与该地区的冰雪艺术、文化、民俗有机融合，形成了类型多样的冰雪旅游产品。自 1998 年中国长春冰雪旅游节成立以来，已从创办之初的单一滑雪节发展成为一个综合性的冰雪节日。2010 年，在中国长春冰雪旅游节期间，长春市接待国内外游客 977 万人次，实现旅游总收入 101 亿元，分别比上年同期增长了 8% 和 10%，累计签约项目 19 个，签约资金高达 182 亿元，充分体现了冰雪节暨展览活动的经济和市场效益。吉林省多次举办国家及世界级的冰雪旅游活动，包括第四～第九届吉林查干湖冰雪捕鱼旅游节、2006 年中国·吉林长白山冰雪旅游节、第六届亚冬会、吉林森工冰雪旅游节、2006～2012 年中国长春冰雪旅游节暨净月潭瓦萨国际滑雪节以及第二届中国吉林冰雪温泉旅游节等，这些活动极大地推动了吉林省的冰雪旅游竞争力。2008 年吉林省旅游资源普查报告显示，吉林省冰雪旅游资源主要集中在中东部地区，以长春、吉林、白山、延边地区为主。近些年，延边朝鲜族自治州已培育了诸多冰雪节庆活动，有效地促进了当地的滑雪旅游进程。例如，中国长白山国际雪文化旅游节、图们江阿里郎冰雪节、吉林延边长白山国际冰雪旅游节、首届延边滑雪公开赛、延边阿里郎冰雪旅游节暨龙井海兰江滑雪节、第二届中国瓦腾—长白山之夏滑雪节、长白山国际旅游节暨首届瓦腾—长白山之夏滑雪节、延吉国际冰雪旅游节等。

打造具有东方文化特色和独特魅力的冰雪节，将吸引更多来自世界各地的游客。位于哈尔滨南部的沈阳在冰雪资源、冰雪文化、冰雪景观以及人才方面被认为均不及哈尔滨。然而，近年来，沈阳已成为冰雪旅游业中的一支新生力量。沈阳冰雪节已连续举办十届，首届国际冰雪节于2005年启动。因哈尔滨冰雕成为国内外知名产品，为此，沈阳避免哈尔滨冰雕优势，与日本札幌雪节合作，利用札幌雪节经验，打造国内一流的雪雕产品，同时，游客可参加各种娱乐活动，包括雪爬犁、狗爬犁、赛车、雪山寻宝等，这些活动使游客真正融入冰雪项目。新疆维吾尔自治区位于欧亚大陆中部，地处73°40′E～96°23′E，34°35′N～49°18′N。冬季多雪。每年从11月至次年2月为积雪期，积雪期长约120天，积雪相对较厚，在1.2m左右。这里具有适合于开设滑雪胜地的适宜海拔（海拔介于1000～4000m）。1997年，新疆维吾尔自治区滑雪旅游产业开始起步。尽管滑雪旅游的市场份额较低，但市场增长率却很高。2003年，新疆维吾尔自治区第一届冰雪旅游节的举办，极大地促进了新疆维吾尔自治区冰雪旅游业的发展，特别是滑雪旅游业的快速发展。另外，新疆维吾尔自治区喀纳斯冰雪风情旅游季已举办13届，成为阿勒泰地区最重要的冬季旅游节事之一，对推动阿勒泰地区乃至全疆的冬季旅游起到了积极的作用。活动内容包括禾木古老滑雪比赛，哈萨克族、蒙古族图瓦人传统民俗竞技比赛、大力士比赛、射箭比赛、叼羊、雪地摔跤等，吸引了众多游客及当地牧民参加。

（四）避暑旅游与冰雪旅游模式

统筹避暑旅游与冰雪旅游，是促进区域全季旅游发展的最佳选择。“夏季避暑旅游目的地”气候宜人、避暑资源优越、旅游体验设施完备、生态环境优良、服务配套设施完善，适宜夏季避暑旅游、漂流戏水体验、休闲养生度假。这些区域一般位于森林覆盖率高、风景优美、人文环境深厚的东北地区、华北地区、西北地区和青藏高原东缘及其南方山区，不仅具有夏季避暑旅游功能，而且兼具冬春季滑雪旅游功能。这些地区冬季冰雪旅游和夏季避暑休闲两翼齐飞，“冷”资源和“热”资源的有机融合，将使“凉”资源“火”起来，形成“联动冬夏、带动春秋、驱动全年”的旅游产业发展新格局。

例如，吉林省近年围绕“深度玩冰、厚度玩雪、暖度温泉、热度民宿”产品符号，推出一批高质量项目。目前，吉林省雪场已达34座，并组建2个国家滑雪综合训练基地。其中，长白山国际度假区、吉林万科松花湖旅游度假区和北大湖滑雪度假区被评为中国十佳冰雪旅游度假区。在冰雪旅游基础上，各地还在打造休闲避暑旅游度假项目，一些城市旅游形象得到了不断提升。“长春·最佳避暑旅游城市”“中国通化·康养天下”“山水画卷·生态白山”“美丽中国·鲜到延边”等城市形象深入人心。其中，万科松花湖旅游度假区的运营规划，借鉴加拿大惠斯勒黑梳山等国际顶尖滑雪度假区的四季运营经验，开发成特色度假胜地。2016年11月30日，中共长春市委、长春市人民政府发布《关于做大做强冰雪和避暑旅游产业的实施意见》。该实施意见明确提出“十三五”期间长春市的冰雪和避暑旅游产业的总体要求和发展目标。在此背景下，经多年发展，全市初步形成了以冰雪观光、冰雪活动、冰雪体验、冰雪运动为核心的冰雪旅游产品体系，以及以清爽的气候资源和中国“最佳避暑旅游城市”品牌为优势的消夏避暑旅游产品体系。冰雪旅游和避暑旅游产业的整合对于拓展全季旅游新空间，提升旅游产业新动能，推动冰雪旅游向综合性休闲度假转型、升级具有重要指导意义。

可以说，东北地区避暑旅游与冰雪旅游模式在西北地区、华北地区、川渝地区均具有一定的借鉴作用。

（五）室内四季滑雪场模式

室内四季滑雪是避暑旅游与冰雪旅游、四季旅游形式的又一有利补充。室内滑雪将克服南方地区无法布局室外滑雪场的环境条件，也满足了南方乃至城市近距离体验冰雪运动的消费需求。近年，中国室内四季滑雪场发展很快。例如，为迎接2022年冬季奥运会和冬季残奥会，北京奥林匹克公园的奥森尖峰旱雪四季滑雪场——亚洲最大的室外四季滑雪场已正式营业。随着2022年冬奥会的举办，市民对冰雪运动的热情也在不断高涨。为此，北京奥林匹克公园内开设了多种冰雪项目，让市民可以零距离感受冰雪运动的魅力。

哈尔滨市融创室内滑雪场是全球最大的室内滑雪场，2017年6月30日开业，建筑面积8万 m^2，接待服务区1.50万 m^2，娱雪及滑雪区共

6.50 万 m^2；拥有 6 条长度及坡度不同的雪道，最大落差 80m，最长雪道 500m，最大坡度 25.4°，设有初级滑雪区、中高级滑雪区及雪地公园；拥有 104 台制冷设备，50 台造雪机，2 条索道，6 条魔毯（其中两条进口魔毯）；日最大接待量 3000 人，瞬时接待可达 1500 人。2017 年 6 月 30 日 ~ 2018 年 7 月 15 日共接待 36 万人次。2017 年荣获吉尼斯世界纪录（吉尼斯世界最大室内滑雪设施）、2017 年全国室内外滑雪场接待人次十强、全国滑雪场坪效第一、2017 年度 WSTOPS 中国滑雪场三十强、2017 年度 WSTOPS 最佳嬉雪乐园等称号。其中，一层初级滑雪区为两条雪道，一条坡度 5°，一条坡度 8°，长 70m。在右侧儿童教学区配备了进口儿童滑雪教学道具，在一层娱雪区配备了 3 条雪滑梯、4 条冰滑梯、冰上碰碰车、雪城堡（含城堡咖啡厅）及冰雕展。上行魔毯坡度为 14.5°，长 150m，是目前国内唯一的架空式进口魔毯。2 条索道，高级滑雪者需乘坐索道到达顶端。拥有 4 条雪道，分为麋鹿道（左侧）、老虎道（中间上段）、雪兔道（中间下段）、黑龙道（右侧）。落差 80m，最长雪道（左侧带拐弯的雪道）500m。最大坡度 25.4°（老虎道），其中最具有挑战性的为黑龙道（图 8-2 和图 8-3）。

图 8-2　哈尔滨市融创室内滑雪场外部景观

图 8-3　哈尔滨市融创室内滑雪场内部景观

其他室内四季滑雪场，如广州融创雪世界、无锡融创雪世界、成都融创雪世界、重庆融创雪世界、昆明融创雪世界、北京乔波室内滑雪场、绍兴乔波滑雪场、海口万达娱雪乐园、上海银七星室内滑雪场、吉林北山室内四季越野滑雪场、来宾冰河世纪滑雪场、深圳阿尔卑斯山室内滑雪场、洛阳伏牛山滑雪度假乐园、长沙瑞翔冰雪世界等。

三、滑雪旅游客源市场空间优化

滑雪旅游产业不仅受雪场供给侧的影响，而且与滑雪客源市场息息相关。雪场空间结构优化的同时，也不容忽视对其客源市场的培育、宣传和优化。近年来，随着中国经济的快速发展和人民生活方式的转变，大众对旅游的需求意愿显著提升，特别是对于康体、养生类中高端旅游项目的需求更为旺盛，进而使冰雪旅游受到大众的普遍欢迎。然而，在雪场空间优化过程中，重场地建设和局域市场影响，较少从滑雪旅游客源市场需求端进行空间优化。

客源市场是滑雪产业发展的需求端，其结构主要指客源市场空间结构和消费者特征，以及消费者对滑雪产业的参与意愿、未来滑雪旅游消费偏好等。客源市场消费结构优化不能依赖于客源市场的自我调整，而是要加大滑雪旅游目的地政府的冰雪旅游营销力度，引导潜在客源市场消费群体的滑雪意愿，从思想上改变潜在客源市场消费群体的消费理念，激发冰雪旅游的潜在服务效能。要打破“酒香不怕巷子深”的传统理念，学会利用新型融媒体方式，不断开拓市场、稳固市场。同时，对潜在滑雪客源市场的培育是一个长期的过程，滑雪运动要从少儿抓起，并强化对少年、中年群体的宣传教育。特别地，滑雪旅游要遵循市场规律（张大春等，2021），其开发要紧密结合客源市场消费者以及潜在消费者偏好进行，实时推出多样需求的多样滑雪旅游产品，以开发多元化的旅游市场。

四、滑雪旅游与乡村振兴

中国冰雪资源富集，文化景观多样，具有文旅高效融合的资源基础。冰雪旅游发展不仅可以传承和发扬寒冷地区民族传统文化，而且可以给这些地区带来巨大的生态、经济、社会收益，是乡村振兴的主要抓手。冰雪旅游在提高乡村居民收入水平，维护生态平衡方面发挥着重要作用。事实已证明，冰雪旅游、生态富民与乡村振兴可深度融合、相互促进和一体推进。生态产品价值实现机制作为有效调节“绿水青山”保护者与“金山银山”受益者之间环境利益及经济利益关系的制度安排，已成为生态文明建设、乡村振兴和脱贫增收协同推进的重要举措。十九大提出实施乡村振兴战略。2018 年《国家乡村振兴战略规划（2018—2022 年）》实施。然而，当前乡村振兴评价指标未体现不同区域、不同乡村地域系统特色，也缺乏东北地区及其山区冰雪资源或产业指标。

未来需统筹山水林田湖草生命共同体，牢固树立全域旅游、全季旅游理念，让“冰天雪地也是金山银山”与“绿水青山是金山银山”同等重要，成为各地生态文明建设的发展基石，从而推动中国冰雪旅游绿色发展，将冰雪资源优势转化为经济优势，将冰雪旅游、生态富民和乡村振兴一体化推进。

（一）冰天雪地与“两山”论

滑雪场是冰天雪地转化为金山银山的重要物质载体，也是滑雪旅游的物质或空间载体，更是冰雪产业赖以发展的重要依托。2005 年 8 月 15

日，时任浙江省委书记习近平来到湖州余村，以充满前瞻性的战略眼光首次提出“绿水青山就是金山银山”。党的十八大以来，习近平总书记多次强调“绿水青山就是金山银山”。“两山论”已成为生态文明思想的核心，习近平总书记关于“自然价值论”的论述，是马克思主义理论中超越古典经济学劳动价值论、新古典经济学效用价值论的重大理论创新突破。2015 年，《关于加快推进生态文明建设的意见》发布，正式把“坚持绿水青山就是金山银山”的理念引进中央文件，成为指导加快推进生态文明建设的重要指导思想。同年，《生态文明体制改革总体方案》印发，提出了建立自然价值和自然资本的理念，要求自然保护应得到合理的回报以及经济补偿，以维持和增加自然资本的价值。习近平总书记在 2016 年 3 月全国两会期间参加黑龙江代表团审议会议时指出，“绿水青山是金山银山，黑龙江的冰天雪地也是金山银山”，这是对冰雪旅游服务功能及其潜在价值的最高评价。事实上，“冰天雪地也是金山银山”也是对“绿水青山是金山银山”论断的有力补充。2018 年，全国生态环境保护会议上，习近平总书记指出，要加快建设和完善生态经济体系，以生态产业和生态产业化为主体和确定的路径，从而实现价值实体经济和生态文明建设的关键系统的新时代。2021 年 4 月 26 日，中共中央办公厅、国务院办公厅印发《关于建立健全生态产品价值实现机制的意见》。建立健全生态产品价值实现机制，是贯彻落实习近平生态文明思想的重要举措，是践行“绿水青山就是金山银山”理念的关键路径，是绿色发展的内在要求，也是从源头上推动生态环境领域国家治理体系和治理能力现代化的必然要求，对全面推动乡村振兴绿色转型具有重要意义。

（二）滑雪旅游与乡村振兴

滑雪旅游是中国全民参与奥运的切实举措，是山区旅游扶贫的重要手段，更是一些欠发达地区经济快速发展的重要引擎。伴随着 2022 年冬奥会的举办，国内“白雪变白银”的魅力迅速放大。据估算，这将带动冰雪关联产业的收入突破 3000 亿元。截至目前，中国举办冰雪旅游节的城市，大大小小已有三四十个，不仅数量骤增，且“北冰南展、西雪东进”之势汹汹。业内人士指出，各地争相抢占 2022 年冬奥会“风口”，使“冰雪经济”悄然走俏。从新疆维吾尔自治区、宁夏回族自治区、甘肃省、河南省到京津冀，再到湖北省、四川省，多地都在迅速进军“冰雪旅游市场”，争相打造冰雪旅游项目及群众性冰雪运动。一些自然积雪无法满足需求的地区，则相继采用人造雪方式发展冰雪旅游与冰雪运动。当然，与美国、加拿大、奥地利、瑞士等冰雪产业大国相比，中国冰雪旅游产业总体还处于较低水平（伍斌等，2019；Vanat，2019）。可以说，中国依托丰富而广布的积雪资源和人造雪气候资源禀赋开展滑雪旅游是未来几年奥运会全民参与奥运的切实举措。

同时，中国滑雪场大多地处老少边穷的高寒山区，山大沟深、产业单一是其重要特征，这些区域大部分是相对贫困连片区。可以说，中国连片相对贫困区与山区空间分布高度吻合（图 8-4）。尽管 832 个贫困县已全部摘帽，但巩固脱贫攻坚成果任务艰巨。当前，仍存在“三农、三牧、三林”问题。相对贫困区绝大部分地处自然保护区，拥有较高的植被及其冰雪资源覆盖度。冰雪旅游根据地在山区、在乡村，发展冰雪旅游与乡村振兴、巩固脱贫成效在战略部署和国土空间上高度契合。这些区域积雪资源和人造雪气候资源丰富，其开发不仅可以丰富该区域旅游资源内涵及组成，且可以丰富当前旅游业态，并将有效破解华北地区、西北地区冬春季旅游淡季之瓶颈问题（图 8-4）。生态和冰雪产业无疑将成为山区乡村振兴的重要引擎，也将成为“绿水青山是金山银山，冰天雪地也是金山银山”理念转化的重要路径。

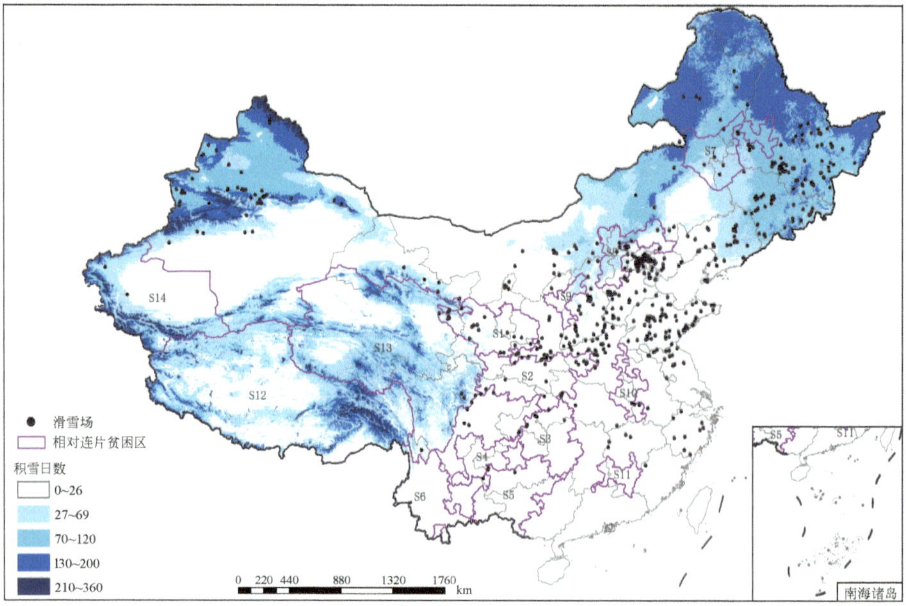

图 8-4　中国滑雪场集中连片相对贫困区乃至“三区三州”连片贫困区空间关系

（三）滑雪旅游助力乡村振兴路径

集中连片相对贫困区具有一定的人造雪气候条件和富集的积雪资源，但区位闭塞，且远离京津冀、长三角和珠三角远域客源市场。近年，经济发展较快，尽管全部贫困县区脱帽，但这些地区人均经济水平依然相对较低，远低于全国同期平均水平，且本地消费水平低下，冰雪产业政府主导力度小，较难举办较大的冰雪体育赛事。因此，当前绝大多数雪场形成格局主要依赖于商业和市场运作（王世金等，2017）。然而，这些区域丰富的积雪资源和生态资源却是“黄河流域生态保护和高质量发展”“长江共抓大保护、不搞大开发”“青藏高原生态屏障建设”“绿水青山就是金山银山”“冰天雪地也是金山银山”等国家重大战略实施的物质基础，更是支撑生态文明、美丽中国建设和高质量绿色发展国家战略的资源环境基础。

近年来，随着国家西部大开发、丝绸之路经济带、中部崛起、黄河流域高质量发展与生态保护、长江上游绿色发展、东北振兴等优惠政策的实施，凭借较为丰富的积雪-气候资源，该区将吸引大量民营资本进入滑雪产业体系，在商业运作机制下，该区滑雪产业将与民族文化、文化旅游统筹整合进入快速发展期。未来，应加大冰雪旅游目的地进入通道的改善，重点提升已有滑雪旅游目的地等级规模，拓展积雪资源条件优越的潜在滑雪场，统筹利用丰富的民族历史文化，推动滑雪旅游与冰雪文化产业的协同发展。

“绿水青山是金山银山，冰天雪地也是金山银山”。滑雪、生态、康养、文化旅游及产业作为互补性极强的全季、全域绿色产业，是落实“天蓝、地绿、水清、人和”绿色可持续发展目标的重要引擎和抓手，其发展将有利于促进相对贫困山区经济收入、增加劳动就业率、实现旅游扶贫和提升福祉等一系列山区可持续发展目标。

第九章　中国滑雪旅游可持续发展保障机制

过热的市场需求进而引发了当前滑雪场空间布局不合理、生态环境破坏严重、滑雪项目产品单一、冰雪专业技术人员短缺等诸多现实问题，冰雪资源优势并未转化为空间规模优势和经济优势。从初级到中级再至高级滑雪市场转变，仍是一个非常漫长的过程。在过热的市场驱动之下，滑雪旅游目的地存在诸多问题。当前，亟须开展滑雪旅游目的地现存问题系统分析，提出应对这些问题的战略对策。

今后，仍需加快全国积雪-气候资源调查与评估、滑雪旅游目的地规划、全国滑雪场环境督察、滑雪场四季经营模式探索、冰雪专业技术队伍培养等一系列研究工作，以规范当前不合理的雪场空间布局和较为混乱的滑雪旅游市场，并促使中国滑雪旅游向可持续、健康发展的方向迈进。

一、加快积雪-气候资源调查与评估，制定全国冰雪旅游总体规划

与国外近百年冰雪旅游发展相比，中国冰雪旅游还处在初级阶段。近年，大多数地区冰雪旅游项目存在重复开发、同质现象。东北地区、华北地区冰雪项目单一、冰雪产品雷同、盲目竞争、互争客源现象极为严重，进而造成恶性竞争而另外一些地区气候条件、基础设施、区位交通均适合滑雪旅游，但却得不到有效开发。滑雪场对气候条件、地形条件、水源条件、能源条件要求较高，基本全部滑雪场雪道需要人造雪，一些滑雪场雪道、基础设施在在建、扩建、运营过程中，对山地草地-森林生态系统破坏严重，对当地水资源和能源需求很大，常造成滑雪场生态破坏和水资源过度利用。其中，不少滑雪场建设以对环境破坏为代价。同时，因滑雪场过度快速发展，其雪道精细化管理、滑雪教练、医疗专业人才极为匮乏，

许多滑雪场软件服务严重滞后。

鉴于这些问题，当前亟须加快全国冰雪旅游资源调查评估与规划，以指导今后全国冰雪旅游健康持续发展。文化和旅游部、国家体育总局应尽快统筹，组织联合相关科研单位对全国冰雪资源储量、类型、空间分布、景观特点、开发潜力进行一次全面的调查和评估。本着因地制宜、合理布局、面向市场、突出重点、长远发展的原则，制定科学合理的全国冰雪旅游总体规划。首先，规划要立足冰雪资源禀赋、气候背景、区域生态环境、经济环境，要发挥政府主导、赛事引领宏观调控作用，提高冰雪旅游开发门槛，严厉杜绝冰雪资源匮乏、自然条件差、开发价值低、投资效益不明显、布局不合理以及发展前景模糊、重复建设严重的雪场项目，积极鼓励冰雪资源富集、气候条件优良、区位交通便捷、综合条件好、发展前景可观的项目。冰雪旅游景区不能片面追求全面开花，要依托冰雪资源及其客源市场使其空间合理化。例如，2015 年，韩国滑雪场仅 18 家，但滑雪人数高达 608 万人次。其次，规划要明晰不同级别规模滑雪场开发建设准入标准，完善滑雪场整体规划设计方案，限制或摒弃低水平低层次开发滑雪场建设，以提质增效为方向，推进全国冰雪旅游精品目的地建设。最后，规划要突出不同区域人文特色，开发具有区域特色的冰雪+文化旅游产品，以避免同地域冰雪旅游项目同质化竞争现象。对于一地多雪场的区域，应建立一个强有力的管理委员会，统一协调对内、对外的工作，进而在滑雪产业发展过程中发挥重要作用。

二、重点部署滑雪产业装备、设备研发基地，提升老牌制造业技术研发水平

东北地区和京津冀是老工业基地，工业发展历史悠久，拥有完整的钢铁、机械装备制造工业体系。这些工业基地是冰雪装备产业发展的基础，也是冰雪产业发展的核心动力。借助冬奥会红利，未来应依托产业基础，加强资本合作，积极引进战略投资者和知名品牌，培育壮大骨干企业，推进技术创新、产品创新、模式创新，将该区打造成为具有影响力的全国冰雪装备研发制造基地。

建议国家在冰雪装备、设备产业基地布局上优先考虑拥有一定制造工业基础的东北和京津冀地区，力争将东北三省建成全国冰雪装备研发制造基地，并在北京市、哈尔滨市、牡丹江市、齐齐哈尔市、七台河市、沈阳

市、柳州市打造成冰/雪上运动装备、冰/雪场地制备装备、武器装备及车辆极寒环境试验产业集群。在争取国家政策扶植基础上，增强冰雪产业造血功能，培养冰雪产业装备制造龙头企业。重点推进相关企业上市，众筹融资，同步引进国外成熟技术或先进冰雪装备制造企业，通过合资合作、联合开发等方式，研发制造索道、压雪机、造雪机、制冰机、雪地摩托等冰雪设施装备，打造核心品牌，进行短平快的国产化进程，争取一批龙头企业走出去，以巩固东北三省在中国冰雪旅游产业的龙头地位。

三、发挥“旅游+”拉动力，探索滑雪场四季运营创新模式

如何破解“一年闲三季”和滑雪产品单一问题，是滑雪产业持续发展的瓶颈。事实上，旅游是个无边界产业，滑雪旅游同样可以有效拓展自身发展空间，以提升其发展水平和综合价值。滑雪产业的空间拓展主要取决于与其他产业的有机融合程度。

奥地利蒂罗尔州滑雪旅游产业采取政府主导+村落经营的发展模式取得了巨大成功。其中，蒂罗尔州费斯（Fiss）以滑雪场+家庭亲子游为主题，圣安东滑雪场以年轻时尚为主题都取得了成功。借鉴国际经验，中国雪场从产品功能设计到多元化娱乐体验，从特色主题活动到互动体验也做到了新颖创新，处处体现雪场设计特色化。为打破滑雪旅游产业季节性限制，拓宽滑雪旅游关联维度，中国在滑雪产业方面也做了大量工作。当前，“旅游+”已成为拓展旅游发展空间的一种新经济形态，并正在成为推动经济转型升级的新引擎。其中，“滑雪旅游+”是多方位、多层次的，“+”的方式也多种多样。“滑雪旅游+”已成为破解冰雪旅游同质化，形成区域冰雪旅游特色化、差异化的重要途径。可以说，“+”的含量越高，其竞争力也越强。

滑雪旅游+冰雪特色小镇建设，有利于发挥特色小镇对滑雪产业的引领作用。例如，太舞冰雪小镇、富龙冰雪小镇、长白山冰雪小镇、松花湖冰雪小镇、亚布力冰雪小镇等。冰雪小镇是目前冰雪旅游综合开发的流行业态，张家口等一些地区尽管打出了冰雪小镇概念，但距离真正意义上的冰雪小镇还有很大距离。滑雪旅游+乡村旅游的结合，有利于扩展乡村旅游项目。滑雪旅游+科普、研学（教育）旅游的结合，可以培育潜在滑雪客源市场。科普是科技融合冰雪运动的有效途径之一。在滑雪场增设冰雪

及冬奥会科普馆，全面诠释冰、雪物理特性，天然雪/冰形成过程、人造雪/制冰原理、冬奥会赛事，让普通大众与冰雪科技有一个近距离接触，同时，雪场、冰场的发展还要与所在地域文化科普高度融合，做到差别化发展，避免同质竞争。滑雪旅游+冬季体育的结合，将充分发挥冬季冰雪体育、冰雪艺术优势，拉长冰雪旅游产业链。滑雪旅游+民俗项目的结合，将使雪上赛马、狗/马拉雪橇、雪地摩托、传统冰车、抽冰嘎、冰上龙舟、冰蹴球、转龙射球等民俗冰雪项目丰富并拓展当前的冰雪旅游产品和内涵，这类滑雪场如黑龙江省亚布力、哈尔滨冰雪大世界等。滑雪旅游+温泉旅游的结合，将滑雪主题融入温泉养生康复之中。冰雪目的地人气最高的温泉有花溪地温泉生态乐园、国信南山温泉、清河半岛温泉、关东文化园、成园温泉山庄、御龙温泉、美丽岛温泉、宾县英杰温泉、浴龙谷温泉度假村和弓长岭温泉滑雪场。滑雪旅游+休闲度假旅游的结合是滑雪旅游走向高端旅游的标志。“滑雪旅游+互联网”的结合，将有力融合“大数据、云计算”等信息技术的智慧滑雪旅游互联网平台。随着经济社会和滑雪旅游的不断发展，“滑雪旅游+”的内容会越来越多，各地滑雪场要改变单一项目局限性，滑雪旅游+的内容要因地制宜、因时制宜，各地要充分挖掘自身独特的冰雪文化及其旅游资源，不断拓展冰雪旅游项目，选择自身“旅游+”的优先领域重点突破，积极探索不同区域滑雪旅游目的地四季运营模式。

以冰雪旅游为核心，以冰雪运动为基础，以冰雪文创为引领，力图达成竞技体育和群众体育、冰雪体育和冰雪旅游、竞技赛事和对外友谊的多维度融合，着力打造主题冬季旅游产品和精品线路，推出系列冰雪节庆活动、体育赛事和冰雪文艺演出。注重冰雪旅游与文化、体育、教育、时尚、商贸等产业有机深度融合发展，依托雪雕、冰雕、冰灯文化以及国际冰雪节等拳头产品，发扬传统冰雪文化，挖掘冰雪文化底蕴，打造黑龙江省为全域冰雪旅游试验示范区、冰雪旅游度假区和世界级冰雪旅游目的地。

总体而言，滑雪场的四季经营模式将是未来滑雪场解决“一年闲三季”经营困境的重要路径。当前，京津冀依托冬奥会举办地优势，逐步完善了滑雪旅游与体育赛事、国家冰雪竞技训练、休闲度假、夏季避暑的有机融合体系。黑龙江省则提出要推进冰雪旅游、冰雪文化、冰雪艺术、冰雪教育、冰雪装备制造、竞技体育等多种产业的扩量升级、融合发展。吉林省则提出要打造包括冰雪休闲度假、冰雪温泉养生、冰雪观光体验、冰雪民俗在内的冰雪旅游产品体系。新疆维吾尔自治区以“丝路文化+冰雪旅游+民族风情”为主题，各地培育各类具有区域特色的冰雪运动赛事和活动，并与冰雪节有机结合，以促进新疆冰雪运动和冬季旅游大发展。内蒙古自治区以承办2020年第14届全国冬季运动会为契机，现已初步形成以冰雪旅游为核心，冰雪健身休闲、竞赛表演、体育旅游为主要内容，冰雪装备制造业为基础的冰雪产业发展格局。通过“冰雪旅游+”拉动力，不仅可实现冰雪旅游目的地旅游资源的综合利用与优化配置，而且可以增加旅游产品内容，促进冰雪旅游目的地四季运营模式的开展。

四、培育精品冰雪文化产品，提升区域冰雪旅游综合实力

冰雪文化是人们长期在寒冷环境中创造的具有冰雪符号的民族文化、传统习俗、生产方式、文学艺术和建筑文化，以及依托冰冻圈符号所开发的各类产品、项目、活动等（王世金等，2022）。文化是旅游之魂，旅游是文化的表现形式。冰雪文化旨在提倡文旅融合，特别是文化与滑雪产品的融合，保留中国冰雪文化，是中国民俗旅游发展独特性的所在，将冰雪与民俗文化相结合，将有很大的市场潜力。冰雪民俗是在冰雪自然环境中形成的适应冰雪环境的日常生活习俗。冰雪艺术是对冰雪民俗的升华，源于冰雪民俗，又高于冰雪民俗。

根据区域地貌、文化差异、自身特点开发差别化产品经营模式，深入开发适合不同消费层次的差异化滑雪旅游产品，避免雷同性滑雪旅游区的同质化竞争。冰雪文化氛围是冰雪文化的历史积累，一定程度上影响着冰雪旅游者的出游动机及其参与程度，其差别化的区域冰雪文化不仅可提升冰雪旅游文化含量，也可提高冰雪旅游文化的内涵和品位。冰雪文化主要通过节庆活动得以体现，冰雪节庆已成为现阶段冰雪旅游、冰雪体育快速发展的主要推介和营销手段。国际上著名的冰雪旅游节有加拿大魁北克冰雪狂欢节、挪威奥斯陆的雪节、美国密尔沃基破冰节、日本札幌雪节等。当前，比较有影响力的冰雪节庆活动包括中国·哈尔滨国际冰雪节、黑龙江国际滑雪节、中国长春冰雪旅游节暨净月潭瓦萨国际越野滑雪节、吉林国际雾凇冰雪节、吉林查干湖冰雪捕鱼旅游节、延吉国际冰雪旅游节、沈阳冰雪节、呼伦贝尔中国冰雪节、阿尔山冰雪节、北京延庆冰雪旅游节、中国·崇礼国际滑雪节、中国新疆阿勒泰国际冰雪艺术旅游节、乌鲁木齐丝绸之路冰雪风情节、中国（四川）南国冰雪节、峨眉山冰雪温泉文化界等多类冰雪旅游文化活动。这些节庆活动的成功举办为冰雪旅游发展起

到了重要的推动力。

冰雪文化的加工创作主要体现在冰雪影视、文化、曲艺等方面，冰雪文化的加工创作对于推动冰雪旅游及其冰雪体育运动作用巨大。特别地，《冰雪运动发展规划（2016—2025 年）》指出要鼓励各类媒体加强对冰雪体育文化、冰雪运动健康知识和赛事活动的宣传、推广和展示，积极引导大众形成冰雪运动习惯和消费观念。利用冬奥会、全国冬运会以及各冰雪单项赛事的机遇，大力开展宣传、展览、征文、集邮等丰富多彩的冰雪文化活动。积极支持形式多样的冰雪题材的文艺、影视、书画等作品的创作，推广冰雪文化，促进冰雪产业快速发展。这一契机为中国冰雪文化促进冰雪旅游快速发展提供了一个重大机遇。

五、加强培养冰雪运动人力资源，培育冰雪旅游潜在客源市场

受多种因素限制，中国冰雪运动普及程度不高，与夏季旅游项目的普及程度差距明显。冰雪旅游乃至产业的快速发展需要有巨大的客源市场支撑，而中国冰雪资源是近年才发展起来的一个具有中高端消费特性的小众旅游产业，其客源市场份额较小，急需加强冰雪旅游的全民普及和推广力度。冰雪旅游客源市场较小的主要原因是较其他旅游形式，其门槛较高，需要一定技巧和一定费用，在全国 770 家室外滑雪场中，有超过九成的滑雪者为一次性体验用户，因惧冷、惧怕心理，其重游率极低，而重游者多为受过一定冰雪运动培训的人员。然而，当前中国冰雪运动人力资源极为匮乏，具体包括滑雪管理运营、滑雪从业、雪道制作维护、人工制冷、人工造雪、滑雪装备制造、滑雪培训教育等技术人才。其中，业界绝大多数滑雪管理、技术人员由哈尔滨市亚布力和吉林市北大壶两个老牌滑雪场输出，之后，在其他雪场二度培训输出滑雪人才。中国冰雪旅游文化、冰雪运动普及率较低，这将严重影响后期中国冰雪产业的可持续发展。因此，急需建立和系统完善当前雪/冰场职业教育和培训体系，确保冰雪运动人力资源数量充足、质量优秀、结构合理，以稳定现有冰雪旅游市场和促进中国冰雪运动稳定和持续发展。

中国冰雪旅游乃至冰雪体育产业要想做大做强，首要的任务是培养和吸引更多的人参与到冰雪旅游乃至产业项目中来，扎实的群众基础是冰雪旅游乃至产业持续发展的原动力。冰雪运动人力资源培养主要由多个渠

道：一是通过互联网、影视等媒介进行冰雪运动、宣传培训；二是通过滑雪协会、索道协会、造雪-压雪设备制造公司等相关机构培养冰雪产业装备专业技术人才；三是发挥冰雪旅游目的地基地作用，在实践工作中，培养各岗位所需的冰雪运动相关人才，同时对现有初级滑雪者进行现场培训，使之向中高级滑雪目标过渡；四是通过滑雪职业技术学院，开设非学历及学历教育，有条件的可以加强对外交流，引入国际滑雪先进理念和技术或鼓励冰雪人才引进，以培养或提升冰雪产业专业人才队伍及冰雪运动服务水平；五是在中小学课程中增加渗入冬春季冰雪运动教育，提高青少年冰雪运动的初期教育培训。尽管中国 20 世纪 70 年代末就实行了“百万青少年上冰雪”的群众活动，努力使“上冰雪”活动成为培养冰雪运动乃至冰雪体育后备人才的载体，但仅仅局限于东北地区，其他区域发展缓慢。总体上，冰雪运动人力资源培训要注重不同层次、不同类型的冰雪产业人才培养，以构建和完善合理的冰雪产业从业人员结构。

以北京—张家口举办冬奥会和全国冰雪运动“南展西扩”战略为契机，结合国家东北振兴、东部率先、中部崛起、京津冀协同、“一带一路”等发展战略和倡议，各级体育、教育、旅游部门积极配合，共同推进冰雪运动进校园、进社区，有条件的北方地区中小学应将冰雪运动项目列入冬季体育课教学内容，鼓励南方地区城市中小学积极与冰雪场馆或冰雪运动俱乐部建立合作，开设冰雪体育课程，促进青少年冰雪运动的普及发展。鼓励有条件的高等院校、职业学院设置和发展冰雪产业相关专业，支持学校与社会培训机构开展合作，通过冰雪运动培训学校、冰雪运动俱乐部、冰雪行业协会、冰雪装备制造企业等渠道，开展冰雪运动教学活动，重点培养一批高质量的冰雪运动员、教练、教师及冰雪技术人才，并注重大众化的冰雪产业技能培训与教育工作，以培育和储备潜在冰雪旅游客源市场。

六、全方位推介冰雪旅游，加大市场营销力度

东北、西北冰雪旅游资源与中东部旅游资源类型差异显著、互补性强，具有明显的垄断和竞争优势。然而，冰雪资源地处山区，大众游客对其认知程度较小，因此，全方位冰雪旅游推介与市场促销是冰雪资源富集区的首要任务。近年，尽管北京—张家口冬奥会的申办加快了中国冰雪运动的快速发展，但受众群体仍然很小，绝大多数冰雪旅游目的地知名度不高、信息不畅，其冰雪旅游发展仍显缓慢，其原因不仅是基础设施落后，

区域进入性较差，另一个不容忽视的原因是市场营销力度不够，旅游推介与市场营销经费投入不足，政府主导性不强。

冰雪旅游市场推介和营销是连接旅游者、冰雪旅游地和客源市场的最重要桥梁。今后，应在冰雪旅游产品营销的主题、方式、渠道、产品和价格等方面相互协调，从深度和广度两方面深入挖掘近、中、远域客源市场，提升客源市场规模和层次，共同推出有竞争力的冰雪旅游产品，提升冰雪旅游整体形象，促进区域冰雪旅游协调发展。冰雪旅游市场营销要借助当前具有一定知名度的国际品牌进行促销，特别要加强京津冀、长三角、珠三角远域客源市场的旅游对接工作。在冰雪旅游线路推销方面，一定要注重当前旅游消费者求知、求新、求奇、求乐的特殊心理要求，开发不同年龄段的冰雪体验探险旅游项目，只有这样才能使冰雪旅游开发在短期内获得较大进展，赢得更加广阔的客源市场。

特别地，滑雪产业的发展还需引进融合“大数据、云计算”等信息技术和互联网平台。通过构建网络营销网站来展示雪场差异化的特色滑雪产品和服务，扩宽对雪场特色经营的传播渠道，不断吸引游客。运用企业资源计划（enterprise resource planning，ERP）系统，分析雪场游客数据，利用大数据深入研究游客群体的经济条件、消费习惯和内在需求，对游客进行细分与定位，进行有针对性的滑雪产品设计，满足游客多层次需求，开展精准营销策略。同时，需要建立滑雪品牌战略营销的组织机构，成立雪场品牌策划部，对雪场营销进行全方位策划。寻找既热爱滑雪又是影视明星，且影响力大的人做雪场品牌代言，提高雪场知名度。重视与旅游企业合作，开展精准营销，以“体验式消费”吸引游客，拓宽雪场客源。借助“互联网+滑雪”大数据营销模式，提高营销的有效性，促进滑雪场走品牌发展道路，不断提升雪场竞争力。

七、加大环保监管力度，在保护基础上适度开发冰雪旅游

从国际经验来看，当滑雪场发展到一定阶段时，其环保问题将会成为发展瓶颈。滑雪场对当地水、植被、土壤、农业产生一定的影响（张瑞林和李凌，2021）。我国冰雪旅游地往往是城镇水源涵养和水土保持功能区。尽管冰雪体育、冰雪旅游被冠以生态产业、绿色产业、低碳产业，但冰雪旅游开发无疑会破坏一定的生态环境。冰雪产业开发对生态环境的影响主要集中在滑雪场建设期、扩建期对建设区水环境、植被、山体、地

貌、生物、土壤、景观等原有系统的破坏，以及运营期对大气、水环境的污染。特别地，冰雪运动乃至产业的发展对当地水资源消耗巨大，大部分滑雪场需要抽取地下水及其利用水库作为人造雪的主要水源，若不合理科学规划和合理配置水资源，必将挤占当地生态、生活、生产用水。中国绝大部分滑雪场积雪量不足以满足雪道的铺设和维护，人造雪已成为绝大部分滑雪场运营必不可少的内容。然而，绝大部分滑雪场则处于中国降水量低于400mm 区域。当前，滑雪场水资源保护和管理已成为至关重要的问题。基于此，未来滑雪场开发、建设及其运营管理必须要尽可能地减少对区域水资源的过度挤压和干扰。一方面要加强雪道融化后雪水的收集，另一方面要加大滑雪场污水回收与处理。融雪收集、污水处理净化后的水资源可继续用于人造雪，进而提高了水资源的利用效率。滑雪场对生态环境的另一主要影响集中在水土流失方面。冰雪产业的开发无疑将一定程度破坏森林草地植被，使山体水源涵养功能减弱，在雪道融化期极有可能诱发水土流失乃至滑坡泥石流。因此，在雪道建设过程中，要提前在雪道下垫面修建排水和防洪系统，避免水土流失及滑坡泥石流的发生。同时，在雪道建设期间要对护坡进行全方位的生态恢复措施，不仅要美化雪道两边景观，而且要提升生态植被覆盖率，固定护坡表层土壤，以防止水土流失。

总体上，要发挥环境影响评价监督功能。严格执行战略环境评价、规划环境评价、建设项目环境评价制度，确保从源头上防止人为活动对滑雪场生态环境的破坏，把雪道两侧乃至雪道下垫面地质灾害、生态破坏和水环境影响作为重点评估对象。坚持冰雪旅游发展与环境保护并重原则，把冰雪产业与生态文明建设有机结合，重视节能减排及生态保护，加强水库、水源保护以及生态、环境监测，在保护基础上发展冰雪旅游产业，即便损害了环境，也应在短期内修复。严格保护区域内资源特色，不得破坏自然景点和景物。严控滑雪场占用耕地事件，即便占用耕地，亦应通过占补平衡原则，确保耕地红线不动摇和农民生计不受影响。

八、完善安全防护体系，合理设置雪场分区

大风等极端天气事件、滑雪技能过低、雪场功能分区不佳均会造成滑雪者人身安全。因此，安全管理是雪场工作的重中之重，需常抓不懈、持之以恒地开展。政府相关机构应加强监督雪场行业安全标准的实施情况，使雪场严格执行国家体育总局发布的《中国滑雪场所管理规范（2017 年

修订版)》要求。为保障雪场安全运营，游客安全放心享受滑雪运动，雪场既要强化硬件设施建设，又要完善安全保障体系。完善雪场的雪上巡逻队、专职救护队、医疗室等安全防护机构设置，保证救护和巡视人员的数量和比例，合理配备急救仪器设备，定期开展紧急救护演练工作。

完善滑雪运动危险告知、天气信息通告、安全防护措施、危险因素合理控制、受伤游客合理救治、滑雪旅游购买保险提示等安全保障体系。合理进行雪场区域划分，按雪场功能划分为儿童区、游乐区、练习区、比赛区等不同区域，避免不同水平的游客混在同一区域发生碰撞。将雪道合理划分为初级道、中级道、高级道等适合不同滑雪水平游客的雪道。提高滑雪场照明度，增加监控设施，在雪道的危险路段设置减速标志，并安装雷达测速，避免超速。以防止超速情况下，发生严重的运动损伤事故。

九、深化国际冰雪产业合作，拓宽冰雪产业空间

建议以“冰上丝绸之路”“中蒙俄经济走廊”“北极航道”东北航线区域合作为依托，梳理全球冰雪产业发展概况，加深中俄、中加、中芬、中挪、中瑞冰雪产业国际合作内容及机制，把冰雪产业延伸至环北极，全年全方位开展国际冰雪旅游项目。与意大利、奥地利、瑞士、法国、瑞典、日本、美国等冰雪产业发达国家合作，提升造雪机、索道、压雪机、雪板、雪橇、冰刀等冰雪装备制造水平，促进中国冰雪装备制造业的快速发展。建立与多国间的冰雪旅游合作机制，不定期举办国际冰雪旅游文化节、冰雪赛事、交流活动、装备高层论坛、博览会，积极推进跨国冰雪体育、文化、旅游合作。积极参与北极地区资源开发和基础设施建设，积极探索冰雪装备制造、极端环境车辆、产品、材料研发等冰雪产业多国合作模式，以形成冰雪产业中国制造基地。高纬度和极地寒区可能迎来互联互通时代，及早谋划参与全球重大雪冰产业工程。中国参与极地发展，需要强有力的和冰雪相关的产业支撑，从安全角度，需要有参与保护极地的能力。这需要包括极地军事装备及其极地交通运输设施（包括船只、港口、机场等）设计、制造、后期维修和服务产业链。中国较强的传统工业基础，通过合理转型，寻求建立极地装备、设施制造产业链。

第十章　结论与展望

世界旅游组织《2015年全球旅游报告》显示，亚太地区多处新兴目的地成为继欧洲、北美等传统热门目的地之外的新宠，以中国为代表的亚太地区近十年来游客年均增长位列五洲之首，近5年增速保持在6%左右①。当前，中国已成为最主要的入境旅游接待国，中国旅游业呈现着更大的飞跃式发展态势。

相比其他旅游类型，中国滑雪产业起步较晚，但国民滑雪消费需求及消费观念在持续升温，滑雪运动乃至旅游政策及机制的制定对于滑雪旅游的快速发展具有显著的引导和促进作用。2015年，北京2022年冬奥会、冬残奥会申办成功，中国政府承诺“带动三亿人参与冰雪运动”。此次盛会为中国普及和快速发展冰雪运动和冰雪旅游提供了重大契机，且会极大地激发人民群众参与冰雪运动的热情，滑雪旅游也迎来了巨大的发展机遇。冬奥会申办成功已成为中国冰雪旅游发展进入快车道的重要时间节点。冬奥会申办成功后，国家出台了诸多冰雪旅游政策，足见国家促进冰雪产业和雪场建设的决心之大、力度之强。

近十年，中国冰雪运动实现了跨越式发展，特别是实现了质的飞跃。冰雪运动范围在逐年扩大，向“南展西扩”演进，发展目标向全民普及迈进，发展重点则更为突出冰雪活动、冰雪运动及其冰雪产业链。在这一过程中，冰雪运动政策演变对其影响巨大。总体上，中国冰雪运动政策的演变经历了蛰伏、初始、腾飞和赶超四个发展阶段。在政策刺激、资本助推、冬奥效应的全方位驱动下，近年来，中国滑雪旅游得到了空前发展，滑雪产业变得更加多元，市场消融容量不断扩大，滑雪旅游潜力被更深层次地挖掘。在此背景下，中国滑雪旅游发展极快、市场需求极为旺盛。国家体育总局“十三五”规划提出要大力普及冰雪运动项目，推进“冰雪

① http：//cat. org. cn/zixun/shouce/24844

运动‘南展西扩’”战略。2016 年，多部门联合印发《冰雪运动发展规划（2016—2025 年）》《全国冰雪场地设施建设规划（2016—2022 年）》《群众冬季运动推广普及计划（2016—2020 年）》。

2019 年底，全球新冠疫情暴发，全球冰雪产业受到了重创。2020 年全年滑雪人次下滑至 1100 万，同比下跌 47.37%。按 2019 年各类别滑雪场的滑雪人次增长率保守测算，疫情对于国内滑雪场造成的短期收入损失在 66.8 亿元左右，而考虑到其他损失，整体短期经济损失估计将超过 80 亿元（伍斌，2021）。然而，疫情并未阻止中国举办冬奥会的决心。同时，中国率先控制疫情为北京冬奥会顺利举办创造了有利条件。2021 年，《中华人民共和国国民经济和社会发展第十四个五年规划和 2035 年远景目标纲要》、文化和旅游部《“十四五”文化和旅游发展规划》、国家体育总局《“十四五”体育发展规划》相继发布。各规划均提出要以北京 2022 年冬奥会为契机，实现冰雪运动跨越式发展，促进冰雪产业全面升级，不断提升本土冰雪企业自主研发能力，打造冰雪产品高端品牌。此外，中国已有 10 个省市将冰雪旅游写入“十四五”规划纲要。以上这些重大契机、政策为中国滑雪旅游、冰雪运动及其产业发展提供了新的指导方向和政策保障。

雪场作为滑雪旅游、冰雪运动的空间载体，其空间布局应以科学有序的规划作为指导。受巨大的滑雪旅游消费需求和过热资本投资的双重驱动，中国雪场数量以几何增长方式快速增加。然而，大部分雪场选址不当，雪场建设缺乏规划，场地设计不合理，低水平重复建设现象严重，近距离空间布局混乱，进而出现雪场数量巨大，但滑雪旅游人次较小，经济效益低下的不良境况。同时，低水平滑雪场还存在雪质不高、设施陈旧、服务质量差、安全隐患等诸多问题。可以肯定，当前小规模雪场的过度建设和较高规模等级滑雪场需求不足将不可避免地影响未来中国滑雪产业的稳步发展。

中国雪场数量在持续增长，但形成的空间结构却存在一定的不合理性，面临着可持续发展的挑战。经过 30 年的发展，只有东北地区和京津冀地区发展较好，其余可以依赖丰富积雪资源的地区却一直没有形成良好的开发和运营，而且雪场空间布局极为不均衡，极大地限制了中国滑雪产业的发展。雪场建设高度依赖于气候、地形、积雪、人口、交通等各个因素，但是目前雪场的建设缺乏系统的准则和体系，对于滑雪场的分类与评价指标也不够完善，导致各地区在建设滑雪场时只着眼于暂时的经济效益（Moreno-Gené et al.，2020），没有统筹和规划好地区的整体发展（Hongmin et al., 2019)。如何根据各地区区位、气候、地形、积雪、经济等条件，合理建设和规划雪场，使之成为冰雪旅游、滑雪旅游、冰雪运动的综合目的地，是将来规划滑雪场建设、冰雪产业发展的主要目标。

总体上，中国冰雪旅游乃至产业发展仍处于初级阶段，尽管冰雪旅游目的地较多，但冰雪旅游人次、市场份额及产值较欧美、日韩差距巨大。为此，未来急需加强冰雪旅游资源评估与规划、冰雪旅游目的地生态环保监管、精品冰雪文化节庆培育等工作，冰雪运动人力资源培养，冰雪旅游潜在客源市场培育等工作。同时，需要发挥“旅游+”拉动力，夯实冰雪运动群众基础，探索滑雪场四季运营创新模式，明细政府部门对冰雪旅游经营管理的组织、引导和监管工作，加强冰雪旅游的社会宣传、推介及推广，特别是要加大针对圣诞节、元旦、春节、情人节等雪季节假日的冰雪旅游宣传工作。冰雪运动需要有一定的群众基础，薄弱的群众基础集中体现在冰雪运动后备人才的极度匮乏方面。今后，中国冰雪旅游乃至冰雪运动不仅需要加强冰雪运动政府主导、政策引领作用，而且需要完善和提升冰雪场地设施体系，夯实冰雪运动群众基础，培养冰雪运动人力资源，使冰雪旅游乃至冰雪产业得以可持续发展。

借鉴欧美、日韩地区冰雪旅游乃至产业数十年发展的经验教训，针对中国冰雪资源、气候条件、地理环境，因地制宜，遵循区域旅游业总体发展战略要求，中国冰雪旅游、冰雪体育乃至产业发展迅速，群众基础在逐年夯实，客源需求在逐年增加，部分冰雪旅游目的地正在经历对雪场规模等级进行更新换代、提质增效的过程，未来冰雪旅游目的地选址、规模等级确定、管理运营必须要兼顾近期与远期发展目标，切忌因短视经济行为造成不必要的资源和资本浪费。

雪场开发建设应以科学有序的规划作为指导，以达到可持续发展，而目前由于大众滑雪的广泛普及，对滑雪场的需求不断增加，许多项目盲目上马，雪场建设如雨后春笋，瞬间开遍各地。大部分雪场选址不当，雪场建设初期缺乏滑雪旅游的整体规划，低水平重复建设现象严重，直接导致旅游度假区功能分区及布局混乱。由于资金和技术不到位，雪场建设规模较小，仅能在有积雪的冬季起到较小的作用。

未来的滑雪旅游开发规划应该从全局出发，注重整体性，综合考虑各地市的优劣势，加强区域单元之间的协调、合作。滑雪旅游开发程度较高的地市要继续发挥优势，注重品牌效应和服务质量，同时加强与开发程度较低区域的交流与合作。滑雪旅游开发程度较低的地市要扬长避短，向旅游开发程度较高的地市学习，吸取经验教训。

参考文献

曹继宏:《滑雪旅游管理》, 哈尔滨, 黑龙江大学出版社, 2017.

曹小曙, 郑慧玲, 李涛, 等:《高铁对关中平原城市群可达性影响的多尺度分析》,《经济地理》2018 年第 12 期.

陈洁, 陆锋, 程昌秀:《可达性度量方法及应用研究进展评述》,《地理科学进展》2007 年第 5 期.

陈琳, 李谦:《新疆冰雪运动发展策略研究》,《冰雪运动》2012 年第 2 期.

陈小龙, 叶持跃, 刘文生, 等:《中国国家生态旅游示范区空间分布特征研究》,《生态科学》2018 年第 1 期.

戴特奇, 张玉韩, 赵娟娟:《中国民用运输机场的可达性溢出效应研究》,《地理学报》2013 年第 12 期.

窦文康, 王世金, 韩彤彤, 等:《中国滑雪场可达性及市场潜力测度》,《地理科学》2021 年第 2 期.

付晶莹, 江东, 黄耀欢:《中国公里网格人口分布数据集》, 北京, 全球变化科学研究数据出版系统, 2014.

韩杰, 韩丁:《中外滑雪旅游的比较研究》,《人文地理》2001 年第 3 期.

黄耀欢, 江东, 付晶莹:《中国公里网格 GDP 分布数据集》, 北京, 全球变化科学研究数据出版系统, 2014.

李平华, 陆玉麒:《可达性研究的回顾与展望》,《地理科学进展》2005 年第 3 期.

刘传瀛, 黄季夏, 王利, 等:《俄罗斯滑雪场空间格局及可达性》,《资源科学》2021 年第 1 期.

刘卫东:《经济地理学思维》, 北京, 科学出版社, 2013.

马淇蔚, 李咏华, 范雪怡:《老龄社会视角下的绿地空间可达性研究——以杭州市为例》,《经济地理》2016 年第 2 期.

明君, 蒙猛, 陈秀兰, 等:《对中国滑雪场合理布局的研究》,《冰雪运动》2009 年第 4 期.

年炜:《国外滑雪产业发展研究》,《中国高新技术企业》2017 年第 7 期.

潘竟虎, 从忆波:《中国民用机场可达性与服务范围测度》,《经济地理》2015 年第 2 期.

单兆鉴, Jiashan A:《中国阿勒泰国际古老滑雪文化论坛报告》, 北京, 光明出版社, 2016.

单兆鉴：《人类滑雪起源地：中国·新疆·阿勒泰》，北京，人民体育出版社，乌鲁木齐,新疆人民出版社，2011.

孙广丰，张宇：《吉林省冰雪体育旅游品牌发展建设探讨》，《冰雪运动》2007 年第 4 期.

孙莹，王玉顺，肖大威，等：《基于 GIS 的梅州客家传统村落空间分布演变研究》，《经济地理》2016 年第 10 期.

田有年：《中国滑雪产业的现状和发展趋势》，《沈阳体育学院学报》2006 年第 2 期.

王玲：《国内外冰雪旅游开发与研究述评》，《生态经济》2010 年第 3 期.

王德伟：《冰雪文化》，哈尔滨，哈尔滨出版社，1996.

王美霞，蒋才芳，王永明，等：《基于公路交通网的武陵山片区旅游景点可达性格局分析》，《经济地理》2014 年第 6 期.

王绍博，郭建科：《中国风景名胜区交通可达性及市场潜力空间测度》，《地理研究》2016 年第 9 期.

王世金：《中国冰川旅游资源空间开发与规划》，北京，科学出版社，2015.

王世金，徐新武，邓婕，等：《中国滑雪旅游目的地空间格局、存在问题及其保障机制》，《冰川冻土》2017 年第 4 期.

王世金，徐新武，颉佳：《中国滑雪场空间格局形成机制及其结构优化》，《经济地理》2019 年第 9 期.

王世金，徐新武，窦文康，等：《冰冻圈文化专题服务区划研究》，《地理学报》2022 年第 1 期.

吴丽敏，黄震方，周玮，等：《江苏省 A 级旅游景区时空演变特征及其动力机制》，《经济地理》2013 年第 8 期.

伍斌：《2020 中国滑雪产业白皮书（暨 2020 – 2021 雪季财年报告）》，http://www.ispo.com/ ,2021.

伍斌，魏庆华，孙承华，等：《冰雪蓝皮书：中国滑雪产业发展报告（2018）》，北京，社会科学文献出版社，2018.

伍斌，魏庆华，张鸿俊，等：《冰雪蓝皮书：中国滑雪产业发展报告（2019）》，北京，社会科学文献出版社，2019.

伍斌，李宇，魏庆华：《中国滑雪产业核心数据报告（2015–2019）》，北京，中国经济出版社，2020.

夏军，刘孟雨，贾绍凤，等：《华北地区水资源及水安全问题的思考与研究》，《自然资源学报》2004 年第 5 期.

谢志华，吴必虎：《中国资源型景区旅游空间结构研究》，《地理科学》2008 年第 6 期.

杨奇峰：《东北三省旅游滑雪场空间格局特征及优化研究》，哈尔滨，哈尔滨师范大学硕士学位论文，2019.

杨树人，安东雷：《北方人生活方式与冰雪运动文化》，《哈尔滨体育学院学报》2000 年第 3 期.

杨友宝，王荣成，李秋雨，等：《东北地区旅游资源赋存演化特征与旅游业空间重构》，

《经济地理》2015 年第 10 期.
叶海波:《基于产业集群的东北地区滑雪旅游产业结构升级优化研究》,哈尔滨,哈尔滨体育学院硕士研究生学位论文,2016.
曾文,向梨丽,李红波,等:《南京市医疗服务设施可达性的空间格局及其形成机制》,《经济地理》2017 年第 6 期.
张大春,张微,滕延峰:《冰雪体育旅游——东北地区协同发展的机制与创新》,北京,社会科学文献出版社,2021.
张贵海:《中国滑雪产业发展问题研究》,哈尔滨,东北林业大学博士学位论文,2008.
张瑞林,周文静,王伟:《认知、演进、域外借鉴:中国的滑雪场可持续发展研究》,《首都体育学院学报》2020 年第 3 期.
张瑞林,李凌:《冰雪体育产业转型发展的理论与实践研》,北京,人民出版社,2021.
赵敏燕,董锁成,苏腾伟,等:《世界滑雪旅游产业时空格局与发展趋势研究》,《冰雪运动》2016 年第 5 期.
钟屹,曾丽,吴江,等:《江苏省优质旅游景区分布格局和空间演变特征分析》《南京师大学报(自然科学版)》2020 年第 1 期.
周淑贞:《气象学与气候学》,北京,高等教育出版社,2000.
朱雪艳:《白雪白金——冰雪文化产业的崛起与发展》,北京,文化艺术出版社,2021.
Abegg, B. :"Natürliche und technische Schneesicherheit in einer wärmeren Zukunft",Forum Für Wissen,2012.
Abegg, B., Morin, S., Demiroglu, O. C., et al., 2020:"Overloaded! Critical revision and a new conceptual approach for snow indicators in ski tourism", *International Journal of Biometeorology*, May.
Adhikari, D., Barik, S. K., Upadhaya, K., 2012:"Habitat distribution modelling for reintroduction of ilex khasiana purk., a critically endangered tree species of northeastern india", *Ecological Engineering*, March.
Andreas, P., 2004:"Exploring the evolution of tourism resorts", *Annals of Tourism Research*, January.
Anselin, L., 1998:"Interactive techniques and exploratory spatial data analysis", Geographical information systems: Principles, techniques, management and applications.
Burakowski, E., Magnusson, M., 2012:"Climate Impacts on the Winter Tourism Economy in the United States", New York, Natural Resources Defense Council.
Chen, Y., Guo, F., Wang, J., et al., 2020:"Provincial and gridded population projection for China under shared socioeconomic pathways from 2010 to 2100", *Sci Data*, January.
Christaller, W., 1964:"Some considerations of tourism location in Europe: The peripheral region underdeveloped countries recreation areas", *Paper and Proceedings of Regional Science Association*,January.
Dawson, J., Scott, D., Mcboyle, G., 2009:"Climate change analogue analysis of ski tourism in

the northeastern USA", *Climate Research*, January.

Demiroğlu, O. C., 2016: "Climate change vulnerability of ski tourism in Germany and turkey", Istanbul Policy Center (IPC).

Douglas, G. P., 1999: "Tourism in Paris studies at the micro scale", *Annals of Tourism Research*, January.

Elsasser, H., Messerli, P., 2001: "The vulnerability of the snow industry in the Swiss Alps", *Mountain Research and Development*, April.

Escalante, T., Rodríguez-Tapia, G., Linaje M., 2013: "*Identification of areas of endemism from species distribution models threshold selection and Nearctic mammals*", *Forest Ecology and Management*, January.

Fahey, B., Wardle, K., Weir, P., 1999: "Environmental effects associated with snow grooming and skiing at Treble Cone Ski Field. Part 2: Snow properties on groomed and non-groomed slopes", *Science for Conservation* , 120.

Fang, Y., Scott, D., Steiger, R., 2019: "The impact of climate change on ski resorts in China", *International Journal of Biometeorology*, 65.

Fauve, M., Rhyner, H., Schneebeli, M., 2002: "Preparation and maintenance of pistes: handbook for practitioners", Davos, Swiss Federal Institute for Snow and Avalanche Research.

Fielding, A. H., Bell, J. F., 1997: "A review of methods for the assessment of prediction errors in conservation presence/absence models", *Environmental Conservation*, January.

Fischer, M. M., Getis, A., 2010: "Handbook of Applied Spatial Analysis", Berlin, Springer-Verlag Berlin Heidelberg.

Fischer, A., Olefs, M., Abermann, J., 2011: "Ski tourism in Austria's changing climate", *Annals of Glaciology*, 58.

Hahn F., 2011: "Künstliche Beschneiung im Alpenraum: Ein Hintergrundbericht. alpMedia/ Dezember 2004". Schaan, Switzerland: CIPRA International (International Commission for the Protection of the Alps). www. cipra. org/pdfs/454_de/at_download/file; accessed on 21 July 2011.

Hansen, W. G., 1959: "How accessibility shapes land use", *Journal of the American Institute of Planners*, February.

Hantel, M., Ehrendorfer, M., Haslinger, A., 2000: "Climate sensitivity of snow cover duration in Austria", *International Journal of Climatology*, June.

Hanzer, F., Carmagnola, C. M., Ebner, P. P., et al., 2020: "Simulation of snow management in Alpine ski resorts using three different snow models", *Cold Regions Science and Technology*, January.

Hongmin, A., Cunde, X., Minghu, D., 2019: "The Spatial Pattern of Ski Areas and Its Driving Factors in China: A Strategy for Healthy Development of the Ski Industry", *Sustainability*,

November.

Huang, X. D., Deng, J., Ma, X. F., et al., 2016: "Spatiotemporal dynamics of snow cover based on multi-source remote sensing data in China", *The Cryosphere*, October.

IPCC, 2014: "Climate Change 2014: Synthesis Report", Contribution of Working Groups I. II and III to the Fifth Assessment Report of the Intergovernmental Panel on Climate Change, IPCC, Geneva, Switzerland.

König, U., Abegg, B., 1997: "Impacts of climate change on tourism in the Swiss Alps", *Journal of Sustainable Tourism*, January.

Marmion, M., Parviainen, M., Luoto, M., et al., 2009: "Evaluation of consensus methods in predictive species distribution modelling", *Diversity and Distributions*, January.

Marshall, S. J., 2011: "The Cryosphere", Princeton, Princeton University Press.

Moreno-Gené J., Daries N., Cristóbal-Fransi E., et al. , 2020: "Snow tourism and economic sustainability: the financial situation of ski resorts in Spain" . *Applied Economics*, 52.

Oke, T. A., Hager, H. A., 2017: "Assessing environmental attributes and effects of climate change on sphagnum peatland distributions in North America using single- and multi-species models", *Plos One*, April.

Olefs, M., Fischer, A., Lang, J., 2010: "Boundary conditions for artificial snow production in the Austrian Alps", *Journal of Applied Meteorology and Climatology*, June.

Pan, J. H., Li, J. F., Cong, Y. B. 2015: "*Quantitative Geography Analysis on Spatial Structure of A-grade Tourist Attractions in China*", *Journal of Resources and Ecology*, January.

Qin, D. H., Ding, Y. J., Xiao, C. D., et al., 2018: "Cryospheric Science: research framework and disciplinary system", *National Science Review*, February.

Ristic, R., Markovic, A., Radic, B., et al., 2011: "Environmental impacts in Serbian ski resorts", *Carpathian Journal of Earth and Environmental Sciences*, June.

Rixen, C., Teich, M., Lardelli, C., et al., 2011: "Winter Tourism and Climate Change in the Alps: An Assessment of Resource Consumption, Snow Reliability, and Future Snowmaking Potential", *Mountain Research and Development*, March.

Rutty, M., Scott, D., Johnson, P. et al., 2017: "Using ski industry response to climatic variability to assess climate change risk: An analogue study in Eastern Canada", *Tourism Management*, February.

Schweiz, S., 2010: "Fakten und Zahlen zur Schweizer Seilbahnbranche" . Ausgabe 2010. Bern, Switzerland: Seilbahnen Schweiz.

Scott, D., Hall, C. M., Gossling, S., 2012: "Tourism and Climate Change: Impacts, Adaptation and Mitigation", Abingdon, Routledge.

SLF [Eidgenössisches Institut für Schnee- und Lawinenforschung], 2006: "Bilanzierung und Reduktion der CO_2-Emissionen in der Landschaft Davos. Eine Machbarkeitsstudie zum Klimaschutz", Schlussbericht zum KTI-Projekt Nr. 7984. 1.

Sophie, M., Romain, P., 2009: "Can the high-speed rail reinforce tourism attractiveness? The case of the high-speed rail between Perpignan (France) and Barcelona (Spain)", *Technovation*, September.

Steiger, R., 2010: "The impact of climate change on ski season length and snowmaking requirements in Tyrol, Austria", *Climate Research*, March.

Steiger, R., 2011 "The Impact of Snow Scarcity on Ski Tourism: An Analysis of the Record Warm Season 2006/2007 in Tyrol (Austria)", *Tourism Review*, March.

Steiger, R., Mayer, M., 2008: "Snowmaking and climate change: Future options for snow production in Tyrolean ski resorts", *Mountain Research and Development*, March.

Vanat, L., 2015: "International Report on Snow & Mountain Tourism: Overview of the Key Industry Figures for Ski Resorts", Geneve, Laurent Vana.

Vanat, L., 2016: "International Report on Snow & Mountain Tourism-Overview of the key industry figures for ski resorts (8th edition)", Geneva, Switzerland.

Vanat, L., 2018: "International Report on Snow & Mountain Tourism-Overview of the key industry figures for ski resorts (10th edition)", Geneva, Switzerland.

Vanat, L., 2019: "International Report on Snow & Mountain Tourism-Overview of the key industry figures for ski resorts (11th edition)", Geneva, Switzerland.

Vanat, L., 2020: "International Report on Snow & Mountain Tourism-Overview of the key industry figures for ski resorts (11th edition)", Geneva, Switzerland.

Wang, S. J., He, Y. Q., Song, X. D., 2010: "Impacts of Climate Warming on Alpine Glaciers Tourism and Adaptive Measures", *Journal of Earth Science*, February.

Wang, S. J., Xie, J., Zhou, L. Y., 2020: "China's glacier tourism: Potential evaluation and spatial planning", *Journal of Destination Marketing and Management*, December.

Weaver, D. B., 1998: "Peripheries of the periphery: Tourism in Tobago and Barbuda", *Annals of Tourism Research*, February.

Wei, Y. Q., Fang, Y. P., 2013: "Spatio-Temporal Characteristics of Global Warming in the Tibetan Plateau during the Last 50 Years Based on a Generalised Temperature Zone-Elevation Model", *Plos One*, April.

Witmer, U., 1986: "Erfassung, bearbeitung und kartierung von schneedaten in der Schweiz", Geographica Bernensia G25, Geographical Instiitute, University of Bern.

Wobus, C., Small, E. E., Hosterman, H., et al. 2017: "Projected climate change impacts on skiing and snowmobiling: a case study of the United States", *Global Environ Change*, July.

World Bank, 2018: "Financing a Resilient Urban Future: A Policy Brief on World Bank and Global Experience on Financing Climate-Resilient Urban Infrastructure." Washington, World Bank, December.

Wu, B. H., Yu, Y., 2010: "Principles of Tourism Planning", Beijing, China Tourism Press.

Xiao, C. D., Wang, S. J., Qin, D. H., 2015: "A preliminary study of cryosphere service function and value evaluation", *Advances in Climate Change Research*, Z1.

Yao, T. D., Pu, J. C., Lu, A., et al., 2007: "Recent glacial retreat and its impact on hydrological processes on the Tibetan Plateau, China and surrounding regions", *Arctic Antarctic and Alpine Research*, April.

Yi, Y. J., Zhou, Y., Cai, Y. P., et al., 2018: "The influence of climate change on an endangered riparian plant species: The root of riparian homonoia", *Ecological Indicators*, SEP.

Zhang, K. L., Yao, L. J., Meng, J. S., et al., 2018: "Maxent modeling for predicting the potential geographical distribution of two peony species under climate change", *Science of the Total Environment*, 634.

Zhang, Y. J., Fu, L., Pan, J., et al., 2017: "Projected changes in temperature extremes in China using PRECIS", *Atmosphere*, January.

Zhou, S. Z., 2000: "Meteorology and Climatology", Beijing, Higher Education Press.

Gilaberte-Búrdalo, M., López-Martínb, F., Pino-Otína, M. R., et al., 2014: "Impacts of climate change on ski industry", *Environmental Science and Policy*, 44.

Yrigoyen, C., del María, C., 2003 "Econometría espacial aplicada a la predicciónextrapolación de datos microterritoriales", Consejería de economía e innovación tecnológica. Comunidad de Madrid.

后　　记

冰冻圈是地球表层具有一定厚度且连续分布的负温圈层。其中，积雪是冰冻圈中分布范围最大的组成部分，冬春季覆盖地球北半球陆地面积的33%以上。积雪对气候系统地表能量平衡、水文过程、大气和海洋环流均有显著影响。同时，积雪变化对于生态系统及其人类社会也有重要作用。世界上超过10亿人的用水来源依赖于积雪资源。世界上许多干旱、半干旱地区，如中亚、北美落基山等地区，积雪是其重要的水源，这些水源不仅是重要的饮用水、灌溉用水和水力发电资源，而且积雪变化还与该区森林火险息息相关（积雪偏少年份对应火险增加年份）。

积雪资源还是世界上中低纬度山区重要的旅游资源。据统计，当前全世界室外雪场已超5000余处，滑雪人口超过4亿人次，年收入800多亿美元，滑雪旅游已成为许多冰雪资源富集国家的重点发展产业。2015年，中国获得2022年冬奥会举办权。2016年，国家体育总局相继发布《冰雪运动发展规划（2016—2025年）》《全国冰雪场地设施建设规划（2016—2022年）》《群众冬季运动推广普及计划（2016—2020年）》三项规划。2021年2月，文化和旅游部、国家发展和改革委员会、国家体育总局共同发布《冰雪旅游发展行动计划（2021—2023年）》。此后，中国雪场数量飞速增加。截至2019年，中国雪场数量770家，跃居全球数量第一位。当前，冰雪旅游已成为践行“冰天雪地也是金山银山”的主导产业。在政策刺激、资本助推、冬奥效应全方位的驱动下，近些年中国滑雪旅游得到了空前发展，滑雪产业变得更加多元，滑雪旅游市场消融容量将不断扩大，滑雪旅游乃至产业潜力将进一步放大。

依据国际上的体育产业发展规律，中国的经济总量、人均收入已经达到冰雪运动起步和高速发展阶段，目前全国形成的冰雪运动燎原之势就是这种规律的直接体现。加之，冬奥会的胜利召开，必将带动中国冰雪旅游的快速发展。未来20年，中国人均GDP将超过1.5万美元，50%以上的居民进入中等收入之列，旅游将成为大多数人的普遍性消费。中国冰雪旅游、冰雪体育乃至产业发展迅速，群众基础在逐年夯实，客源需求在逐年增加，部分冰雪旅游目的地正在经历对其规模等级进行更新换代、提质增效过程。今后，中国冰雪旅游乃至冰雪运动不仅需要加强冰雪运动政府主导、政策引领作用，而且需要完善和提升冰雪场地设施体系。特别地，还需要强化冰雪运动人力资源的培养，使滑雪产业得以可持续发展。

王世金

2021 年 12 月